선생님이 **강**력 **추**천하는

개념 PLUS

단원평가

국어

5·2

5~6학년군

여러분의 꿈을 응원합니다!!!

민들레에게는
하얀 씨앗을 더 멀리 퍼뜨리고 싶은 꿈이 있고,

연어에게는
고향으로 돌아가 알알이 붉은 알을 낳고 싶은 꿈이 있습니다.

여러분도 가지각색의 아름다운 꿈을 가지고 있지요?
꿈을 향해 달리는 길이 힘들지만
좋은 결과를 얻기 위해 달려 보아요.

여러분의 그 아름답고 소중한 꿈을 응원합니다.

구성과 특징

독서 단원 + 연극 단원 + 단원 요점
교과서 특별 단원의 내용을 확인하고, 단원별 핵심을 정리했습니다.

1. 단원 요점 정리

교과서 내용 가운데 가장 중요하고 중심이 되는 내용을 보기 쉽게 정리했습니다.

2. 개념을 확인해요

교과서 개념에 대한 주요 내용을 간단한 문제를 통하여 확인할 수 있습니다.

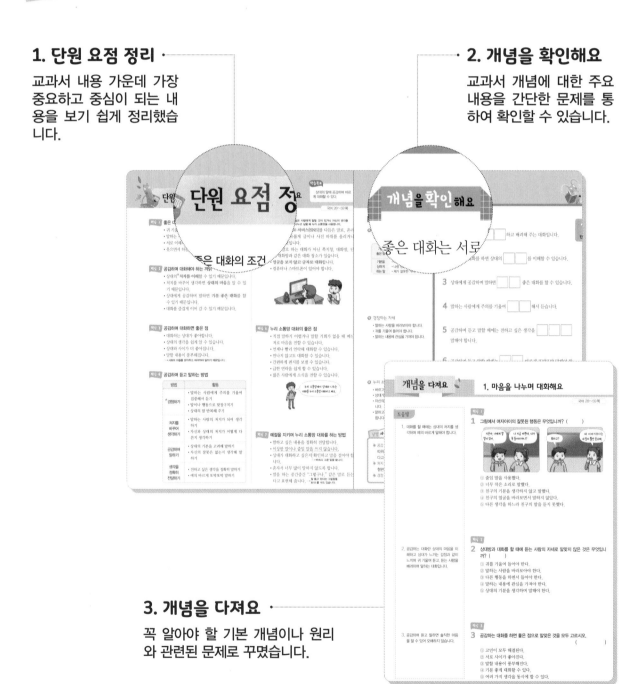

3. 개념을 다져요

꼭 알아야 할 기본 개념이나 원리와 관련된 문제로 꾸몄습니다.

4. 단원 평가

여러 가지 유형의 문제를 단원별로 구성하고, 도전, 실전으로 난이도를 구분하여 학습 목표를 이룰 수 있도록 하였습니다.

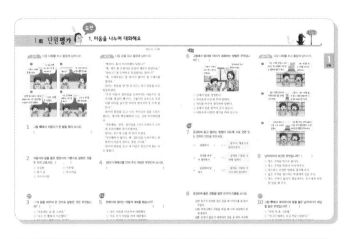

5. 창의 서술형 문제

서술형 평가에 대비할 수 있도록 다양한 문제로 구성하였습니다.

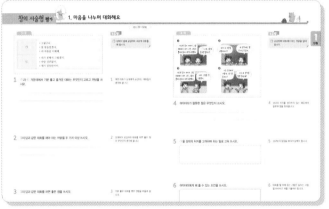

6. 100점 예상문제

핵심만 콕콕 짚어 중간 범위, 기말 범위, 전체 범위로 구분하여 구성하였습니다.

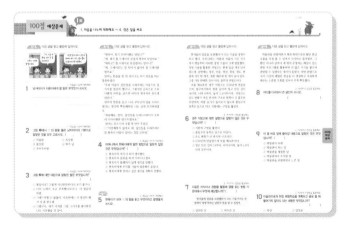

정답과 풀이

스스로 학습할 수 있도록 문제마다 자세한 풀이를 넣었으며 '더 알아볼까요!' 코너를 두어 문제를 정확하고 쉽게 이해할 수 있도록 하였습니다.

이 책의 특징

- 교과서 내용을 모두 반영하였습니다.
- 단원 요점을 꼼꼼하게 정리하였습니다.
- 여러 유형의 평가 문제를 통하여 쉽게 학습 목표를 이룰 수 있습니다.
- 권말 부록(100점 예상문제)으로 학교 시험에 완벽하게 대비할 수 있습니다.

차례

5·2

5~6학년군

국어 5-2

5~6
학년군

단원 요점 정리   1. 마음을 나누며 대화해요

핵심 1   좋은 대화의 조건
- 귀 기울여 들어 주는 대화입니다.
- 말하는 사람에게 ＊공감해 주는 대화입니다.
- 서로 이해하고 배려해 주는 대화입니다.
- 웃으면서 하는 대화입니다.

핵심 2   공감하며 대화해야 하는 까닭
- 상대의 ＊처지를 이해할 수 있기 때문입니다.
- 처지를 바꾸어 생각하면 상대의 마음을 알 수 있기 때문입니다.
- 상대에게 공감하며 말하면 기분 좋은 대화를 할 수 있기 때문입니다.
- 대화를 즐겁게 이어 갈 수 있기 때문입니다.

핵심 3   공감하며 대화하면 좋은 점
- 대화하는 상대가 좋아합니다.
- 상대의 생각을 쉽게 알 수 있습니다.
- 상대와 사이가 더 좋아집니다.
- 말할 내용이 풍부해집니다.
  └→ 서로의 마음을 생각하고 배려하며 말하기 때문입니다.

핵심 4   공감하며 듣고 말하는 방법

방법	활동
＊경청하기	• 말하는 사람에게 주의를 기울여 집중해서 듣기 • 말이나 행동으로 맞장구치기 • 상대의 말 반복해 주기
처지를 바꾸어 생각하기	• 말하는 사람의 처지가 되어 생각하기 • 자신과 상대의 처지가 어떻게 다른지 생각하기
공감하며 말하기	• 상대의 기분을 고려해 말하기 • 자신의 잘못은 없는지 생각하며 말하기
생각을 정확히 전달하기	• 전하고 싶은 생각을 정확히 말하기 • 예의 바르게 또박또박 말하기

핵심 5   누리 소통망 →많은 사람에게 알릴 것이 있거나 자신의 생각을 나누고 싶을 때 누리 소통망을 사용합니다.
- 소셜 네트워크 서비스[SNS]를 다듬은 말로, 온라인에서 자유롭게 글이나 사진 따위를 올리거나 나누는 것입니다.
- 직접 말로 하는 대화가 아닌 쪽지창, 대화방, 단체 대화방과 같은 대화 장소가 있습니다.
- 얼굴을 보지 않고 글자로 대화합니다.
- 컴퓨터나 스마트폰이 있어야 합니다.

핵심 6   누리 소통망 대화의 좋은 점
- 직접 말하기 어렵거나 말할 기회가 없을 때 메시지로 마음을 전할 수 있습니다.
- 언제나 빨리 연락해 대화할 수 있습니다.
- 만나지 않고도 대화할 수 있습니다.
- 간편하게 편지를 보낼 수 있습니다.
- 급한 연락을 쉽게 할 수 있습니다.
- 많은 사람에게 소식을 전할 수 있습니다.

누리 소통망에서 상대와 나누는 대화를 누리 소통망 대화라고 해요.

핵심 7   예절을 지키며 누리 소통망 대화를 하는 방법
- 말하고 싶은 내용을 정확히 전달합니다.
- 이상한 말이나 줄임 말을 쓰지 않습니다.
- 상대가 대화하고 싶은지 확인하고 말을 걸어야 합니다.
  └→ 바르고 고운 말을 씁니다.
- 혼자서 너무 많이 말하지 않도록 합니다.
- 말을 하는 중간중간 "그렇구나." 같은 말로 듣고 있다고 표현해 줍니다. →잘 듣고 있다는 그림말을 보내 줄 수도 있습니다.

조금 더 알기

⚙ 기분 좋은 말과 기분을 상하게 하는 말 예

기분 좋은 말	• 그렇구나. • 참 힘들었겠다. • 네 마음을 이해해.
기분을 상하게 하는 말	• 네가 못해서 그랬겠지. • 나랑 상관 없어. • 쟤가 잘못한 거야.

⚙ 경청하는 자세

• 말하는 사람을 바라보아야 합니다.
• 귀를 기울여 들어야 합니다.
• 말하는 내용에 관심을 가져야 합니다.

⚙ 누리 소통망에서의 대화 예절

• 바르고 고운 말을 씁니다.
• 상대가 싫어하는 말을 하지 않습니다.
• 자신의 의견만 너무 강요하지 않습니다.
• 말하고 싶은 내용을 정확하게 전달합니다.

낱말 사전

★ 공감 남의 마정, 의견, 주장 따위에 대하여 자기도 그렇다고 느낌.
★ 처지 처하여 있는 사정이나 형편.
★ 경청 귀를 기울여 들음.

개념을 확인해요

1 좋은 대화는 서로 ☐☐하고 배려해 주는 대화입니다.

2 공감하며 대화를 하면 상대의 ☐☐를 이해할 수 있습니다.

3 상대에게 공감하며 말하면 ☐☐ 좋은 대화를 할 수 있습니다.

4 말하는 사람에게 주의를 기울여 ☐☐해서 듣습니다.

5 공감하며 듣고 말할 때에는 전하고 싶은 생각을 ☐☐☐ 말해야 합니다.

6 공감하며 듣고 말할 때에는 ☐☐ 바르게 또박또박 말해야 합니다.

7 ☐☐☐☐☐이란 소셜 네트워크 서비스를 다듬은 말로 자유롭게 글이나 사진 따위를 올리거나 나누는 것입니다.

8 누리 소통망 대화는 얼굴을 보지 않고 ☐☐로 대화합니다.

9 누리 소통망 대화는 급한 ☐☐을 쉽게 할 수 있습니다.

10 누리 소통망 대화를 할 때에는 이상한 말이나 ☐☐☐을 쓰지 않습니다.

도움말

1. 대화를 할 때에는 상대의 처지를 생각하며 예의 바르게 말해야 합니다.

핵심 1

1 그림에서 여자아이의 <u>잘못된</u> 행동은 무엇입니까? (   )

지윤아, 너에게 할 말이 있어.

나 지금 바쁜데, 내가 꼭 들어야 하니?

뭐라고?

네 이야기보다는 내 일이 훨씬 중요해.

① 줄임 말을 사용했다.
② 너무 작은 소리로 말했다.
③ 친구의 기분을 생각하지 않고 말했다.
④ 친구의 얼굴을 바라보면서 말하지 않았다.
⑤ 다른 생각을 하느라 친구의 말을 듣지 못했다.

2. 공감하는 대화란 상대의 마음을 이해하고 상대가 느끼는 감정과 같이 느끼며 귀 기울여 듣고, 듣는 사람을 배려하며 말하는 대화입니다.

핵심 2

2 상대방과 대화를 할 때에 듣는 사람의 자세로 알맞지 <u>않은</u> 것은 무엇입니까? (   )

① 귀를 기울여 들어야 한다.
② 말하는 사람을 바라보아야 한다.
③ 다른 행동을 하면서 들어야 한다.
④ 말하는 내용에 관심을 가져야 한다.
⑤ 상대의 기분을 생각하며 말해야 한다.

3. 공감하며 듣고 말하면 솔직한 마음을 알 수 있어 오해하지 않습니다.

핵심 3

3 공감하는 대화를 하면 좋은 점으로 알맞은 것을 모두 고르시오.
(   )

① 고민이 모두 해결된다.
② 서로 사이가 좋아진다.
③ 말할 내용이 풍부해진다.
④ 기분 좋게 대화할 수 있다.
⑤ 여러 가지 생각을 동시에 할 수 있다.

핵심 4

4 공감하며 듣고 말하는 방법 가운데에서 '경청하기'에 해당하는 것은 무엇입니까? (   )

① 해결 가능한 방법 생각하기
② 자신의 잘못은 없는지 생각하며 말하기
③ 자신의 생각을 상대보다 더 많이 말하기
④ 말하는 사람에게 주의를 기울여 집중하기
⑤ 자신과 상대방의 처지가 어떻게 다른지 생각하기

도움말

4. 공감하며 듣고 말하는 방법에는 '경청하기', '처지를 바꾸어 생각하기', '공감하며 말하기', '생각을 정확히 전달하기'가 있습니다.

핵심 5

5 누리 소통망 대화에 대한 설명으로 알맞지 <u>않은</u> 것은 무엇입니까?

(   )

① 글자로 대화한다.
② 인터넷을 연결해야 한다.
③ 컴퓨터나 스마트폰이 있어야 한다.
④ 직접 얼굴을 보고 생각을 전달하지 않는다.
⑤ 표정을 보고 상대의 마음을 짐작할 수 있다.

5. 누리 소통망 대화는 상대를 직접 만나지 않고도 대화를 주고받을 수 있습니다.

핵심 6

6 다음 그림에서 남자아이의 말에 달아줄 답글로 알맞은 것은 무엇입니까?

(   )

그래, 누리 소통망으로 연락해 볼까?

빨리 나아서 학교에 가고 싶어. 모두 보고 싶어요. (ㅠ.ㅠ)

① 너는 정말 행복한 친구야!
② 공부 안 해서 정말 좋겠다.
③ 얼른 나아서 건강하게 돌아오렴.
④ 너 없이도 모두 잘 지내고 있단다.
⑤ 나도 너처럼 학교에 며칠만 쉬고 싶어.

6. 누리 소통망에서 대화를 할 때에는 자신이 상대의 상황이 되어 생각해 봅니다.

국어 28~59쪽

1~3 다음 대화를 보고 물음에 답하시오.

1 그림 ❶에서 지윤이가 한 말을 찾아 쓰시오.

( )

2 지윤이의 말을 들은 명준이의 기분으로 알맞은 것을 두 가지 고르시오. (,)

① 속상함
② 지루함
③ 화가 남
④ 부끄러움
⑤ 조마조마함

응용

3 ㉠의 말을 바꾸어 쓴 것으로 알맞은 것은 무엇입니까? ( )

① "다음에는 잘 좀 그려라."
② "나도 안 뽑혀서 서운했어."
③ "다음에는 뽑힐 거야. 힘내!"
④ "너보다는 내가 더 잘 그리지 않니?"
⑤ "서운하다고 생각하지 말고 더 노력해 봐."

4~5 다음 글을 읽고 물음에 답하시오.

"현욱아, 혹시 프라이팬도 닦았니?"
"예. 제가 철 수세미로 문질러 깨끗이 닦았어요."
"뭐라고? 철 수세미로 문질렀다는 말이니?"
"예. 수세미로는 잘 닦이지 않아서 철 수세미를 썼어요."
엄마는 한숨을 한 번 쉬시고는 다시 웃음을 띠고 말씀하셨다.
"우리 아들이 집안일을 도와주려는 마음으로 설거지를 열심히 했구나. 그렇지만 금속으로 프라이팬 바닥을 긁으면 바닥이 벗겨져서 못 쓰게 된단다."
엄마의 말씀을 듣고 나니 부모님의 일을 도와드렸다는 생각에 뿌듯하던 나는 금세 부끄러워졌다.
"죄송해요, 엄마. 집안일을 도와드리려다가 오히려 프라이팬만 망가뜨렸어요."
엄마는 웃으며 나를 꼭 안아 주셨다.
"미안해하지 않아도 돼. 집안일을 도와주려고 한 현욱이 마음이 엄마는 정말 고마워."
엄마의 말씀을 듣고 내 마음은 한순간에 봄눈 녹듯 풀렸다.

4 엄마가 현욱이를 안아 주신 까닭은 무엇인지 쓰시오.

( )

중요

5 현욱이와 엄마는 어떻게 대화를 했습니까?

( )

① 다른 사람과 비교하며 대화했다.
② 서로 자기 자랑을 하며 대화했다.
③ 서로 배려하고 공감하며 대화했다.
④ 자기가 하고 싶은 말만 하며 대화했다.
⑤ 상대방의 잘못은 없는지 따져가며 대화했다.

6 그림에서 엄마와 아이가 대화하는 방법은 무엇입니까? (　　　)

저희가 저녁도 차려 먹고 설거지도 했어요.

설거지까지? 우리 현욱이 다 컸네.

① 상대의 말을 경청한다.
② 속마음과 다르게 꾸며 말한다.
③ 처지를 바꾸어 생각하며 말한다.
④ 상대의 말을 끝까지 듣지 않는다.
⑤ 머릿속에 다양한 생각을 하며 듣는다.

7 공감하며 듣고 말하는 방법이 되도록 서로 관련 있는 것끼리 선으로 이으시오.

(1) 경청하기 ・ ・㉠ 말이나 행동으로 맞장구치기

(2) 처지를 바꾸어 생각하기 ・ ・㉡ 상대의 기분을 고려해 말하기

(3) 공감하며 말하기 ・ ・㉢ 말하는 사람의 처지가 되어 생각하기

8 공감하며 들은 경험을 말한 친구의 이름을 쓰시오.

소현: 친구가 속상한 일이 있을 때 이야기를 잘 들어 주었어.
나래: 어머니께서 꾸중을 하실 때 너무 속상해서 펑펑 울었어.
성훈: 동생이 줄넘기 대회에서 상을 못 받아 속상해하고 있을 때 별것 아니라고 웃어넘겼어.

(　　　　　　　)

9~10 다음 대화를 보고 물음에 답하시오.

❶ 청소 구역을 번갈아 가며 바꾸는 것이 어떨까? 다른 일도 경험하면 좋을 것 같아.

그래, 네 말은 청소 구역을 바꾸자는 의견이구나.

❷ 넓은 구역을 청소하는 학생은 힘든 일을 오랫동안 하게 돼.

그렇구나. 내가 너처럼 넓은 청소 구역을 맡았다면 너와 같은 마음이 들 것 같아.

❸ 그러니까 청소 구역을 자주 바꾸면 좋겠어.

너는 맡은 청소 구역이 넓어서 그동안 무척 힘들었겠다. 네 말대로 좋은 방법을 생각해 보자.

9 남자아이의 의견은 무엇입니까? (　　　)

① 청소 구역을 반으로 줄이자.
② 청소 구역을 번갈아 가며 바꾸자.
③ 청소하는 다양한 방법을 생각해 보자.
④ 넓은 구역을 청소하는 학생에게 상을 주자.
⑤ 청소 구역이 넓어서 힘들어하는 친구에게 따뜻한 말을 해 주자.

10 그림 ❸에서 여자아이의 말을 들은 남자아이가 대답할 말은 무엇입니까? (　　　)

① "착한 척 좀 그만해."
② "지나친 배려는 조금 부담스럽단다."
③ "나를 배려하며 말해 줘서 정말 고마워."
④ "너는 말만 잘하지 행동은 잘 안 하더라?"
⑤ "내가 힘들었다는 것을 미리 알아주지 그랬니."

11~13 다음 그림을 보고 물음에 답하시오.

11 여자아이에게 처한 상황으로 알맞은 것은 무엇입니까? (   )

① 집에 혼자 있어서 심심한 상황
② 친구와 다툰 뒤에 화해를 하고 싶은 상황
③ 전학 간 친구에게 편지를 쓰고 싶은 상황
④ 부모님께 어려운 부탁을 드리고 싶은 상황
⑤ 아끼던 물건을 망가뜨린 동생에게 화가 난 상황

주의

12 이처럼 누리 소통망 대화를 이용하면 좋은 경우를 모두 찾아 기호를 쓰시오.

> ㉠ 말할 기회가 없을 때
> ㉡ 직접 말하기 어려울 때
> ㉢ 말하기 대회에 나갈 때
> ㉣ 자신의 생각을 나누고 싶을 때

(   )

13 누리 소통망 대화에서 답글을 달 때에 주의할 점으로 알맞지 않은 것은 무엇입니까? (   )

① 바르고 고운 말을 쓴다.
② 줄임 말을 쓰지 않는다.
③ 글은 쓰지 않고 그림말만 쓴다.
④ 상대가 싫어하는 말을 하지 않는다.
⑤ 자신의 의견만 너무 강요하지 않는다.

14~16 다음 글을 읽고 물음에 답하시오.

보라, 내 열일곱 살 때야. 너덜너덜 짚신 신고 덜컹덜컹 ㉠소달구지 탔지. 가난한 조선 사람들은 자동차도 잘 몰랐어. 그런데
"사람이 ㉡괴물 타고 하늘을 난대!"
스미스란 미국 사람이 ㉢비행기를 타고 온다네? 온 마을이 들썩들썩. 내 마음도 들썩들썩.
구름처럼 몰려온 저 사람들 좀 봐. 구름을 뚫고 ㉣쇳덩이 괴물이 혼자만 날아올라. 이 산 위로 쑥, 저 하늘로 쌩 솟구치고 돌아 나와 못 가는 곳이 없네.
"사람들아, 이 날개를 봐. 정말 자유로워."
저 비행기란 놈이 그러네. 나는 땅에 딱 붙어 서서 두 발만 동동 굴렀어.
바로 그날 밤, 잠을 못 잤지. 바로 그날 밤, 꿈이 생겼지.
'여자라고 못 하겠어? 조선 사람이라고 왜 못 하겠어? 얼른얼른 커서 꼭 비행사가 될 거야.'

니 꿈은 뭐이가?
나는 하늘을 훨훨 날고 싶었어야.

「니 꿈은 뭐이가?」, 박은정

14 '나'는 비행기를 처음 보았을 때 어떤 기분이었는지 쓰시오.

(

15 '나'의 꿈은 무엇입니까? (   )

① 비행기를 만드는 것
② 하늘을 훨훨 나는 것
③ 세계 곳곳을 여행하는 것
④ 미국 사람을 만나보는 것
⑤ 미국에 가서 공부하는 것

16 ㉠~㉣ 가운데에서 가리키는 말이 다른 하나를 찾아 기호를 쓰시오.

(

17~18 다음 글을 읽고 물음에 답하시오.

그때는 일본이 조선을 다스리고 있었어. 일본이 조선 땅을 빼앗았거든. 조선 사람들은 거리로 몰려나와 소리쳤어. 나도 친구들과 거리로 몰려나와 소리쳤어.

"일본은 물러가라!"

"조선 땅에서 물러가라."

사람이 많이 잡혔네. 나도 일본 경찰에게 잡혔네. 경찰이 학교에 못 다니게 하네. 조선 사람들은 힘을 모아 싸웠어. 나는 무기를 나르고 돈을 모으다가 또 잡혔어. 깜깜한 감옥으로 끌려갔어. 내 손으로 내 나라를 되찾는 게 죄야?

우리 땅에서 또 싸우다 잡히면 죽을 거야. 나는 가족을 떠나 중국으로 가는 배를 탔지. 깜깜한 밤바다, 빼앗긴 내 나라 이제 다시는 못 갈지 몰라. 못 가는 곳이 없던데, 저 비행기란 놈은…….

'그래! 진짜로 비행사가 되는 거야. 비행기를 타고 날아가서 일본과 싸우는 거야!'

17 '내'가 처한 시대적 상황은 어떠합니까? (　　　)

① 일본과 친하게 지냈다.

② 일본에 나라를 빼앗겼다.

③ 중국에게 나라를 빼앗겼다.

④ 여자가 공부를 할 만큼 부유했다.

⑤ 중국을 빼앗을 만큼 나라 힘이 강했다.

18 '내'가 중국으로 간 까닭은 무엇입니까? (　　　)

① 중국이 일본을 다스리고 있어서

② 유명한 비행사를 만나기 위해서

③ 중국에 새로운 집을 마련해 두어서

④ 조선 사람들이 많이 모여 있다고 해서

⑤ 우리 땅에서는 더 이상 독립운동을 할 수 없어서

19~20 다음 글을 읽고 물음에 답하시오.

당계요 장군은 많이 놀랐지.

"여자가 어떻게 여기 왔나?"

"세상을 돌고 돌아 왔어요."

"여자가 왜 여기 왔나?"

"하늘을 날고 싶어서요."

"여자가 왜 비행사가 되려 하나?"

㉠"내 나라를 빼앗아 간 일본과 싸우려고요!"

"…… 좋다!" / 당 장군은 비행 학교에다 편지를 썼어. 여자가 자기 나라를 되찾으려고 왔으니 꼭 들여보내라고 썼어.

드디어 비행 학교 학생이 되었어. 남학생들과 똑같이 훈련했지. 빙글빙글 어지러움을 견디는 훈련, 비행기를 조종하고 고치는 기술까지 배웠어. 너무 힘들고 위험했어야. 학생들이 많이 떠났지만 나는 하루하루가 행복했어. 내 꿈을 따라서 산다는 게 꿈만 같았거든.

'언젠가 내 나라를 자유롭게 만들 거야. 반드시 저 하늘을 훨훨 날아갈 거야.'

19 '내'가 힘든 훈련을 하면서도 행복했던 까닭은 무엇입니까? (　　　)

① 꿈을 이루는 것이 기뻤기 때문에

② 남학생들보다 더 힘든 훈련을 했기 때문에

③ 훈련이 끝나면 부모님을 볼 수 있기 때문에

④ 훈련이 끝나면 우리나라로 돌아갈 수 있기 때문에

⑤ 우리나라가 독립을 했다는 사실을 알게 되었기 때문에

20 ㉠을 듣고 당계요 장군이 다음과 같은 방법으로 대화를 할 때 알맞은 말에 ○표를 하시오.

처지를 바꾸어 생각하기

⑴ 말도 안 되는 소리를 하고 있군.　　(　　　)

⑵ 여자는 하늘을 날면 안 된다. 돌아가라.
　　　　　　　　　　　　　　　　(　　　)

⑶ 내가 너라도 나라를 되찾기 위해 싸우고 싶을 것이다.　　　　　　　　　　　(　　　)

1~3 다음 대화를 보고 물음에 답하시오.

1 그림 ❶의 명준이가 지윤이에게 할 말의 내용은 무엇입니까? (　　)

① 자기가 그린 그림이 상을 받아서 기쁘다.
② 자기가 그린 그림이 뽑히지 않아서 서운하다.
③ 지윤이와 더 사이좋게 지내지 못해서 아쉽다.
④ 지윤이가 자기의 고민을 말하고 다녀서 속상하다.
⑤ 자기가 그린 그림을 지윤이가 보지 않아서 서운하다.

2 지윤이의 말을 들은 명준이의 기분은 어떠하겠습니까? (　　)

① 냉정하게 말해 준 지윤이가 고마울 것이다.
② 지윤이가 더 말을 많이 해서 속상할 것이다.
③ 자기를 무시하는 것 같아 기분이 나쁠 것이다.
④ 지윤이와 더 친하게 지내야겠다고 생각할 것이다.
⑤ 자기보다 더 힘든 고민이 있는 지윤이에게 미안할 것이다.

3 ㉠을 상대의 처지를 고려하여 말한 것은 무엇입니까? (　　)

① "너는 할 말도 참 많구나. 뭔데?"
② "그래? 무슨 일이야? 어서 말해 봐."
③ "내 생각에는 별것 아닌 것 같은데?"
④ "나 말고 다른 친구에게 말해 볼래?"
⑤ "말하지 않아도 알아. 말 안 해도 돼."

4 공감하며 대화해야 하는 까닭으로 알맞지 않은 것은 무엇입니까? (　　)

① 상대의 처지를 이해할 수 있기 때문이다.
② 대화를 즐겁게 이어 갈 수 있기 때문이다.
③ 처지를 바꾸어 생각하면 상대의 마음을 알 수 있기 때문이다.
④ 상대에게 공감하며 말하면 기분 좋은 대화를 할 수 있기 때문이다.
⑤ 상대의 입장이 되어 모든 고민을 쉽게 해결할 수 있기 때문이다.

5 지윤이의 말을 들은 명준이의 대답으로 알맞은 것은 무엇입니까? (　　)

명준: 이번에 그림 그리기에 자신감을 많이 잃었어.
지윤: 힘내! 너는 그림을 열심히 그리니까 다음에는 꼭 뽑힐 거야.

① "하나도 위로가 되지 않는구나."
② "네가 그걸 어떻게 아니? 잘난 척 하지 마."
③ "너는 친구의 기분은 조금도 생각하지 않니?"
④ "네가 뭘 알아? 그림 그리는 게 얼마나 힘든지 알아?"
⑤ "그렇게 말해 줘서 고마워. 다시 힘을 내서 해 볼게."

6~7 다음 글을 읽고 물음에 답하시오.

"현욱아, 혹시 프라이팬도 닦았니?"

"예. 제가 철 수세미로 문질러 깨끗이 닦았어요."

"뭐라고? 철 수세미로 문질렀다는 말이니?"

"예. 수세미로는 잘 닦이지 않아서 철 수세미를 썼어요."

엄마는 한숨을 한 번 쉬시고는 다시 웃음을 띠고 말씀하셨다.

"우리 아들이 집안일을 도와주려는 마음으로 설거지를 열심히 했구나. 그렇지만 금속으로 프라이팬 바닥을 긁으면 바닥이 벗겨져서 못 쓰게 된단다."

엄마의 말씀을 듣고 나니 부모님의 일을 도와드렸다는 생각에 뿌듯해하던 나는 금세 부끄러워졌다.

"죄송해요, 엄마. 집안일을 도와드리려다가 오히려 프라이팬만 망가뜨렸어요."

엄마는 웃으며 나를 꼭 안아 주셨다.

㉠"미안해하지 않아도 돼. 집안일을 도와주려고 한 현욱이 마음이 엄마는 정말 고마워."

엄마의 말씀을 듣고 내 마음은 한순간에 봄눈 녹듯 풀렸다.

6 현욱이가 설거지를 한 까닭은 무엇입니까?

( )

① 부모님께 용돈을 받기 위해서
② 집안일을 도와 드리기 위해서
③ 설거지를 하는 숙제를 하기 위해서
④ 어머니께서 설거지를 해 달라고 부탁을 하셔서
⑤ 동생과 싸운 벌로 설거지를 하라고 어머니께서 시키셔서

7 ㉠의 말을 들은 현욱이의 마음은 어떠할지 쓰시오.

_____

8~10 다음 대화를 보고 물음에 답하시오.

8 남자아이의 의견과 그 까닭은 무엇인지 쓰시오.

(1) 의견: _____

(2) 까닭: _____

_____

9 그림 ❶에서 여자아이는 어떻게 듣고 있습니까?

( )

① 팔짱을 낀 채 말을 듣고 있다.
② 주의를 기울여 집중하고 있다.
③ 중요한 내용을 적어 가며 듣고 있다.
④ 남자아이와 멀리 떨어져서 듣고 있다.
⑤ 건성으로 들으며 다른 일을 하고 있다.

10 그림 ❷에서 여자아이의 말에 어울리는 표정이나 행동은 무엇입니까? ( )

① 팔짱을 낀다.　　　② 눈을 감는다.
③ 엄청 크게 웃는다.　④ 어깨를 토닥여 준다.
⑤ 고개를 좌우로 흔든다.

11~13 다음 대화를 읽고 물음에 답하시오.

11 누리 소통망 대화를 할 때에 지켜야 할 예절로 알맞지 <u>않은</u> 것은 무엇입니까? (   )

① 바르고 고운 말을 쓴다.
② 할 말이 없으면 조용히 나간다.
③ 전달하려는 정확한 내용을 쓴다.
④ 적극적으로 댓글을 달아 생각을 전한다.
⑤ 공감한다는 표현으로 '추천하기'를 누른다.

12 그림 ❶에서 잘못한 점은 무엇인지 쓰시오.

(   )

13 다음은 그림 ❷의 내용을 예절을 지키며 대화한 것으로 바꾼 것입니다. 빈칸에 들어갈 알맞은 말을 쓰시오.

(   )

14~15 다음 그림을 보고 물음에 답하시오.

14 누리 소통망에서 대화한 사람들의 반응으로 알맞지 <u>않은</u> 것을 모두 고르시오. (,   )

① 공감하는 말을 했다.
② 응원하는 말을 했다.
③ 격려하는 말을 했다.
④ 비난하는 말을 했다.
⑤ 재촉하는 말을 했다.

15 ㉠에 들어갈 말로 알맞은 것에 ○표를 하시오.

(1) 선생님, 고맙습니다. 빨리 나을게요. 모두 정말 고마워.

(   )

(2) 모두모두 고마워. 그런데 왜 나 보러 안 오니? 실망이야.

(   )

🖊서술형

16 누리 소통망에서 공감하는 대화를 한 경험을 쓰시오.

_____

_____

_____

17~18 다음 글을 읽고 물음에 답하시오.

(가) 조그만 내 손으로 조물조물 집안일하고, 공장에서 일해서 쌀을 사 왔네. ㉠동생들 밥을 먹이니 나는 좋은데 어머니는 마음이 많이 아프다고 하셨어.

나 홀로 한글을 깨쳤어. 어느 날 목사님이 그러셨어. 너는 똑똑하니 학교를 공짜로 보내 주겠다고.

(나) 가난한 조선 사람들은 자동차도 잘 몰랐어. 그런데

"사람이 괴물 타고 하늘을 난대!"

스미스란 미국 사람이 비행기를 타고 온다네? 온 마을이 들썩들썩. 내 마음도 들썩들썩.

구름처럼 몰려온 저 사람들 좀 봐. 구름을 뚫고 쇳덩이 괴물이 혼자만 날아올라. 이 산 위로 쑥, 저 하늘로 쌩 솟구치고 돌아 나와 못 가는 곳이 없네.

"사람들아, 이 날개를 봐. 정말 자유로워."

저 비행기란 놈이 그러네. ㉡나는 땅에 딱 붙어 서서 두 발만 동동 굴렀어. 바로 그날 밤, 잠을 못 잤지. 바로 그날 밤, 꿈이 생겼지.

'여자라고 못 하겠어? 조선 사람이라고 왜 못 하겠어? 얼른얼른 커서 꼭 비행사가 될 거야.'

17 ㉠에서 어머니께서 마음이 많이 아프다고 하신 까닭은 무엇입니까? (   )

① '내'가 너무 똑똑했기 때문에
② '내'가 친딸이 아니었기 때문에
③ '내'가 몸이 많이 허약했기 때문에
④ '내'가 고생하는 것이 미안했기 때문에
⑤ '내'가 생각보다 집안일을 잘 못했기 때문에

18 ㉡에서 알 수 있는 마음은 무엇입니까? (   )

① 신기하고 놀랍다.
② 이상하고 무섭다.
③ 두렵고 겁이 난다.
④ 억울하고 어이가 없다.
⑤ 꿈에 나올까 봐 조마조마하다.

19~20 다음 글을 읽고 물음에 답하시오.

처음으로 비행기를 타는 날. 비행기에 올라타서 배운 대로 움직였지. 훌쩍! 날아올라, 깜짝! 너무 놀라 비행기가 부릉부릉, 눈앞이 기우뚱기우뚱. 잘 날다가 뚝 떨어지기도 해. 펑 터지기도 해. 조종간을 꽉, 이를 악물었지.

'진짜로 날고 있나?'

얼른 아래를 내려다봤더니…….

아름다워!

끝없는 산과 들과 강물이, 두 발목을 딱 붙들던 온 세상이 눈앞에서 너울너울 춤을 추네.

"이 세상아! 내 날개를 봐. 정말 자유로워. 구름을 뚫고 온몸이 날아올라."

내 이름은 권기옥. 사람들이 그러지, 처음으로 하늘을 난 우리나라 여자라고.

나는 하늘을 훨훨 날고 싶었어야. 온 세상이 너더러 날 수 없다고 말해도 날고 싶다면 이 세상 끝까지 달려가 보라. 어느 날 니 몸이 훨훨 날아오를 거야. 니 꿈을 좇으며 자유롭게 살게 될 거야.

보라, 니 꿈은 뭐이가?

19 '내'가 비행기를 처음 탔을 때의 마음으로 알맞은 것을 모두 고르시오. (   )

① 꿈을 이루어 기뻤다.
② 자유롭다고 생각했다.
③ 눈물이 날 만큼 끔찍했다.
④ 세상이 아름답다고 느꼈다.
⑤ 비행기를 탄 최초의 여자라서 자랑스러웠다.

서술형

20 자신의 꿈은 무엇인지, 꿈을 이루려고 어떤 노력을 할 것인지 쓰시오.

_____

_____

국어 28~59쪽

1~2

㉠	• 그렇구나. • 참 힘들었겠다. • 네 마음을 이해해.
㉡	• 네가 못해서 그렇겠지. • 나랑 상관없어. • 쟤가 잘못한거야.

도움말

☆ 상대의 말에 공감하며 바르게 대화를 해 봅니다.

1 ㉠과 ㉡ 가운데에서 기분 좋고 즐거운 대화는 무엇인지 고르고 까닭을 쓰시오.

_____

_____

1 어떤 대화가 상대에게 공감하는 대화일지 생각해 봅니다.

2 1의 답과 같은 대화를 해야 하는 까닭을 두 가지 이상 쓰시오.

_____

_____

2 상대에게 공감하며 대화를 하면 좋은 점이 무엇인지 생각해 봅니다.

3 1의 답과 같은 대화를 하면 좋은 점을 쓰시오.

_____

3 기분 좋은 대화를 했던 경험을 떠올려 봅니다.

4~6

☆ 공감하며 대화해야 하는 까닭을 알아 봅니다.

4 여자아이가 잘못한 점은 무엇인지 쓰시오.

_____

_____

4 상대의 처지를 생각하지 않는 태도에서 잘못된 점을 찾아봅니다.

5 ㉠을 상대의 처지를 고려하며 하는 말로 고쳐 쓰시오.

5 상대방의 입장을 헤아려 말해야 합니다.

6 여자아이에게 해 줄 수 있는 조언을 쓰시오.

6 대화를 할 때에 듣는 사람은 말하는 사람을 바라보고 귀를 기울여야 합니다.

1. 마음을 나누며 대화해요

도움말

⭐ 현욱이와 엄마의 대화를 통해 공감하는 대화가 무엇인지 생각해 봅니다.

7 그림 ❶에서 엄마가 공감하며 대화한 방법은 무엇인지 쓰시오.

7 경청하는 방법을 떠올려 봅니다.

_____

_____

8 그림 ❸에서 느껴지는 현욱이와 엄마의 마음은 무엇인지 쓰시오.

(1) 현욱이의 마음: _____

_____

(2) 엄마의 마음: _____

_____

8 현욱이와 엄마가 어떤 태도로 대화를 나누었는지 살펴봅니다.

9 현욱이와 비슷한 대화 경험을 떠올려 쓰시오.

9 상대의 말을 경청하고, 처지를 바꾸어 생각하면서 배려하며 말한 경험을 떠올려 정리해 봅니다.

10~12

① 공감한다는 것을 무엇으로 보여 주지?

② 댓글을 달아서 내 생각을 전할 수 있어.

③ 내 느낌을 표정으로 보여 줄 수 있을까? (^^, ㅜ.ㅜ, ^^;)

④ ?

도움말

⭐ 예절을 지키며 누리 소통망에서 대화하는 방법을 알아봅니다.

10 누리 소통망 대화를 할 때에 불편한 점은 무엇인지 쓰시오.

10 누리 소통망 대화는 인터넷이나 스마트폰이 있어야 가능합니다.

11 예절을 지키며 누리 소통망을 사용해 대화하는 방법을 한 가지 쓰시오.

11 누리 소통망이란 사회 관계망 서비스를 다듬은 말로 자유롭게 글이나 사진 따위를 올리거나 나누는 것입니다.

12 누리 소통망을 사용해 대화를 나눈 경험을 쓰시오.

12 쪽지창, 대화방, 단체 대화방 등 누리 소통망을 사용해 대화한 경험을 떠올려 봅니다.

핵심 1 지식이나 경험을 활용해 글을 읽으면 좋은 점

→ 글 내용을 더 잘 이해할 수 있고 새로운 지식을 더 많이 쌓을 수 있습니다.

• 글 내용을 쉽게 이해할 수 있습니다.
• 글 내용에 흥미를 느낄 수 있습니다.
• 글 내용을 깊이 이해할 수 있습니다.
• 이미 아는 내용과 비교하며 읽을 수 있습니다.
• 글 내용을 끝까지 집중해서 읽을 수 있습니다.
• 글 내용을 더 오래 기억할 수 있습니다.

핵심 2 지식이나 경험을 활용해 글을 읽는 방법

→ 알고 싶은 것, 짐작한 것, 새롭게 안 것을 중심으로 생각하며 읽습니다.

• 글과 관련 있는 내용을 조사합니다.
• 책을 고를 때 책 내용과 관련한 지식이나 경험을 떠올리며 읽을 수 있을지 생각합니다.
• 글을 읽다가 잘 모르는 내용이 나오면 먼저 관련 있는 지식을 공부합니다.
• 글을 골라 읽을 때에는 관련 있는 지식이나 경험이 많은 것으로 고릅니다.

책을 읽을 때 궁금한 점은 다른 책이나 자료를 찾아 가며 읽으면 좋을 것 같아.

내가 아는 내용과 책 내용을 비교하며 읽어야 해.

글을 읽기 전에 여러 가지 질문을 떠올려 본 뒤 떠올렸던 질문을 생각하며 글을 읽어야 해.

핵심 3 글을 읽으며 질문을 만드는 방법

• 글 제목만 보고 떠오르는 질문을 생각해 봅니다.
• 글쓴이의 ★처지가 되어 왜 글을 썼는지 생각해 봅니다.
• 글 내용과 자신이 아는 내용을 관련 지어 봅니다.

핵심 4 체험한 일을 떠올리며 감상이 드러나는 글 쓰기

→ 그때의 생생한 기억을 오래 간직하고 관련 내용을 조사하면서 체험한 장소에 대해 더 많은 것을 알게 됩니다.

• 체험한 일 가운데에서 기억에 남는 일을 여러 가지 떠올려 봅니다.
• 체험한 일은 무엇인지, 그때 들었던 생각이나 느낌은 어떠했는지 정리합니다.
• 체험한 내용에 대해 궁금한 내용을 서로 묻고 답하며 자신이 쓸 글에 어떤 내용을 넣으면 좋을지 생각합니다.
→ 글을 읽는 사람이 궁금해할 만한 내용이 무엇인지 알 수 있습니다.
• 글을 읽는 사람에게 도움이 되는 내용이 무엇일지 생각하며 글에 필요한 지식을 조사합니다.
• 글감을 정하고 글의 처음, 가운데, 끝에 들어갈 내용을 ★핵심어로 정리합니다.

> **체험과 감상이 드러나는 글을 쓰는 방법**
>
> • 인상 깊은 체험을 중심으로 쓰되, 내용이 잘 드러나게 자세히 풀어 씁니다.
> • 체험한 일에 대한 생각이나 느낌이 생생하게 전달되도록 씁니다.
> • 체험할 때 느낀 감동을 ★과장하지 않고 느낀 만큼 솔직하게 씁니다.

핵심 5 지식이나 경험을 활용해 함께 글 고치기

평가 기준	
내용	• 체험한 일을 자세히 풀어 썼는가? • 글 내용이 정확한가? • 어떤 일인지 이해하기 쉬운가?
조직	• 글 내용에 따라 문단을 구분했는가? • 처음, 가운데, 끝으로 나누었는가? • 사실과 의견을 구분해 썼는가?
표현	• 체험한 일을 생생하게 표현했는가? • 정확한 표현을 사용했는가? • 알기 쉬운 표현을 사용했는가?

핵심 6 지식이나 경험을 활용해 함께 글을 고칠 때 주의할 점

• 미리 정한 평가 기준을 생각하며 말합니다.
• 너무 심하게 ★비난하며 말하지 않습니다.
• 단점만 말하지 말고 어떻게 고치면 좋을지를 함께 말합니다.
→ 글을 쓴 사람의 마음을 헤아려 말합니다.

2
단원

조금 더 알기

자신의 지식이나 경험이 글을 읽는 데 주는 도움

- 내용을 더 잘 이해할 수 있게 도와줍니다.
- 글 내용에 더 집중할 수 있게 해 줍니다.

기행문을 쓰는 방법

- 본 것, 들은 것, 생각한 점, 느낀 점 등을 씁니다.
- 견문과 감상이 잘 드러나게 씁니다.

글에 대한 의견을 말하는 방법

- 글 내용에서 보충해야 할 부분을 말합니다.
- 읽는 사람의 처지에서 이해하기 쉬운 방향으로 말해 줍니다.
- 글의 목적이 분명한지 살펴보고 말해 줍니다.

낱말 사전

- ★ **처지** 처하여 있는 사정이나 형편.
- ★ **핵심어** 어떤 일이나 주제에 대하여 가장 중심이 되는 단어.
- ★ **과장** 사실보다 지나치게 부풀려서 나타냄.
- ★ **비난** 남의 잘못이나 결점을 책잡아서 나쁘게 말함.

개념을 확인해요

1 글을 읽을 때 지식이나 경험을 활용해 읽으면 글 내용을 더 잘 이해할 수 있고 새로운 ☐☐ 을 더 많이 쌓을 수 있습니다.

2 지식이나 경험을 활용해 글을 읽을 때에는 알고 싶은 것, 짐작한 것, ☐☐☐ 안 것을 중심으로 생각하며 읽습니다.

3 지식이나 경험을 활용해 글을 읽다가 잘 모르는 내용이 나오면 먼저 관련 있는 ☐☐ 을 공부합니다.

4 지식이나 경험을 활용해 글을 읽을 때에는 자신이 아는 내용과 책 내용을 ☐☐ 하며 읽습니다.

5 글을 읽으며 질문을 만들 때 글 ☐☐ 만 보고 떠오르는 질문을 생각해 봅니다.

6 체험한 일을 떠올리며 감상이 드러나는 글을 쓸 때에는 체험한 일 가운데에서 ☐☐ 에 남는 일을 여러 가지 떠올려 봅니다.

7 체험과 감상이 드러나는 글을 쓸 때에는 내용이 잘 드러나게 ☐☐☐ 풀어 씁니다.

8 체험과 감상이 드러나는 글을 쓸 때에는 체험한 일에 대한 생각이나 느낌이 ☐☐ 하게 전달되도록 씁니다.

9 체험과 감상이 드러나는 글을 쓸 때에는 체험할 때 느낀 감동을 ☐☐ 하지 않고 느낀 만큼 솔직하게 씁니다.

10 지식이나 경험을 활용해 함께 글을 고칠 때의 평가 기준은 내용, ☐☐, 표현으로 나누어 생각합니다.

국어 60~91쪽

도움말

1. 지식이나 경험을 떠올리며 글을 읽으면 이미 아는 내용에 새롭게 안 내용이 더해져서 글 내용을 더 쉽게 이해할 수 있고 더 오래 기억할 수 있습니다.

핵심 1

1 지식이나 경험을 활용해 글을 읽으면 좋은 점으로 알맞지 않은 것은 무엇입니까? (   )

① 글 내용을 모두 외울 수 있다.
② 글 내용을 쉽게 이해할 수 있다.
③ 글 내용을 깊이 이해할 수 있다.
④ 글 내용에 흥미를 느낄 수 있다.
⑤ 이미 아는 내용과 비교하며 글을 읽을 수 있다.

핵심 2

2 지식이나 경험을 활용해 글을 읽는 방법으로 알맞은 것에 모두 ○표를 하시오.

(1) 글과 관련 있는 내용을 조사한다. (   )
(2) 글을 읽다가 잘 모르는 내용이 나오면 그만 읽는다. (   )
(3) 책을 고를 때 지식이나 경험을 떠올리며 읽을 수 있을지 생각한다. (   )
(4) 글을 골라 읽을 때에는 가장 자신 있고 좋아하는 정보가 많은 것으로 고른다. (   )

2. 지식이나 경험을 활용해 글을 읽을 때에는 관련 있는 지식을 공부합니다.

3. 책을 읽을 때 궁금한 것은 책 내용을 찾아 가며 읽고, 아는 내용은 책 내용과 비교하며 읽습니다.

핵심 2

3 보기 의 항목에 따라 구분해 쓰시오.

보기

알고 싶은 것, 짐작한 것, 새롭게 안 것

(1)	조선 시대에는 음식이 상하지 않게 어떻게 보관했을까?
(2)	얼음을 나누어 주는 법이 존재했다니 신기해.
(3)	빙고는 얼음을 보관하는 창고라는 뜻인 것 같아.

핵심 4

4 체험한 일을 글로 쓰기 전에 남자아이에게 궁금한 내용을 물어보려고 합니다. 질문으로 알맞은 것은 무엇입니까? (   )

나는 미술관에 다녀온 경험을 글로 쓸 거야. 내가 좋아하는 작가의 작품을 직접 보니 굉장히 신기했어.

① 미술관은 어떻게 가니?
② 네가 좋아하는 작가는 누구이니?
③ 너는 앞으로 커서 무엇이 되고 싶니?
④ 미술관에서 네가 하는 일은 무엇이니?
⑤ 미술관이 아닌 더 재미있는 곳은 없었니?

도움말

4. 체험한 일과 관련 있는 질문을 해야 합니다.

핵심 5

5 지식이나 경험을 활용해 함께 글을 고칠 때 평가 기준이 다른 하나는 무엇인지 기호를 쓰시오.

> ㉠ 글 내용이 정확한가?
> ㉡ 어떤 일인지 이해하기 쉬운가?
> ㉢ 체험한 일을 자세히 풀어 썼는가?
> ㉣ 처음, 가운데, 끝으로 나누었는가?

(   )

5. 지식이나 경험을 활용해 함께 글 고치기를 할 때 평가 기준은 '내용, 조직, 표현'으로 나눌 수 있습니다.

핵심 6

5 지식이나 경험을 활용해 함께 글을 고칠 때 주의할 점을 쓰시오.

6. 다른 사람의 글에 대한 의견을 말하는 방법을 생각해 봅니다.

국어 60~91쪽

1~3 다음 글을 읽고 물음에 답하시오.

줄다리기하는 모습을 실제로 본 적 있나요? 줄다리기에 쓰이는 줄은 엄청나게 굵답니다. 옛날에는 어른이 줄 위에 걸터앉으면 발이 땅에 닿지 않을 정도였다고 해요. 요즘 영산 줄다리기에 쓰는 줄은 예전에 비하여 훨씬 가늘고 짧아졌는데도 굵기가 1.5미터, 길이가 40미터가 넘습니다. 또 암줄, 수줄로 나누어져 있지요.

「줄다리기, 모두 하나되는 대동 놀이」, 문화재청 엮음

1 무엇에 대해 설명하고 있습니까? (   )

① 줄다리기의 유래
② 줄다리기에 쓰이는 줄
③ 줄다리기를 하는 방법
④ 줄다리기를 하는 까닭
⑤ 줄다리기를 하면 좋은 점

응용

2 줄다리기에 대해 아는 지식이나 경험을 떠올린 것으로 알맞지 <u>않은</u> 것은 무엇입니까? (   )

① 운동회 때 줄다리기를 한 경험

② 우리나라 민속놀이 가운데 하나로, 두 편이 나누어 힘을 겨루는 놀이

줄다리기

③ 우리나라 무형 문화재로 지정되었다.

⑤ 줄다리기는 언제 할까?

④ 똑바로 서서 줄을 당기는 것보다 비스듬히 누워서 줄을 당기면 더 센 힘으로 줄을 당길 수 있다.

서술형

3 줄다리기에 참여하거나 줄다리기를 관람한 경험을 쓰시오.

_____

_____

_____

4~5 다음 글을 읽고 물음에 답하시오.

조상들은 대보름이면 모든 일을 제쳐 두고 줄다리기 준비에 정성을 쏟았어요. 그리고 마을 사람이 모두 함께 줄다리기를 했지요. 온 마을이 참여해서 집집마다 짚을 거두고 놀이에 필요한 돈과 일손을 내어 줄을 만들어 놀이를 한다는 게 생각처럼 쉬운 일은 아니랍니다. 그런데도 해마다 줄다리기를 거르는 법이 없었어요. 여기에는 봄기운이 시작되는 정월에 풍년을 기원하고, 줄다리기라는 큰 행사를 치르면서 마을 사람들이 마음을 한데 모아 무사히 한 해 농사를 지으려는 지혜가 담겨 있어요. 영산 줄다리기는 1969년에 국가 무형 문화재로 지정되었답니다.

4 이 글에 대한 설명으로 알맞은 것은 무엇입니까?

(   )

① 줄다리기를 하면 그 해 농사가 풍년이 되었다.
② 조상들은 설날이 되면 줄다리기 준비에 정성을 쏟았다.
③ 영산 줄다리기는 1969년에 국가 무형 문화재로 지정되었다.
④ 조상들은 한 해 농사보다 줄다리기 준비를 더 중요하게 생각했다.
⑤ 마을 사람들은 줄다리기에 필요한 돈과 일손을 쉽게 내어 주지 않았다.

5 줄다리기에 담긴 조상들의 지혜로 알맞은 것을 두 가지 고르시오. (,   )

① 풍년을 바라는 마음
② 다른 사람을 이기겠다는 마음
③ 온 가족의 건강을 바라는 마음
④ 무사히 한 해 농사를 지으려는 마음
⑤ 줄다리기를 전 세계에 알리겠다는 마음

여름철 무더위가 시작되면 누구나 냉장고 속의 시원한 얼음과 아이스크림, 그리고 선풍기와 에어컨 등을 떠올릴 것이다. 이것은 더위를 이기려는 한 방법이다. 그렇다면 우리 조상들은 무더위를 이기려고 어떻게 노력했을까? 우리 조상들이 살던 시대에도 냉장고가 있었을까? 결론적으로 말하자면 냉장고는 아니지만 냉장고 역할을 하는 석빙고가 있었다.

현대인의 생활필수품인 냉장고는 냉기나 얼음을 인공적으로 만드는 기계 장치이지만, 빙고는 겨울에 보관해 두었던 얼음을 봄·여름·가을까지 녹지 않게 효과적으로 보관하는 냉동 창고이다. 우리나라에서 얼음을 보관하기 시작했다는 기록은 『삼국사기』에 나타난다.

「조선의 냉장고 '석빙고'의 과학」, 윤용현

5 우리나라에서 얼음을 보관하기 시작했다는 것을 알 수 있는 책은 무엇인지 쓰시오.

(   )

7 두 번째 문단에서 알 수 있는 내용은 무엇입니까?

(   )

① 석빙고를 만들게 된 까닭
② 냉장고와 석빙고의 다른 점
③ 석빙고를 만들 때 어려운 점
④ 석빙고라는 이름이 정해진 유래
⑤ 석빙고가 음식을 녹지 않게 보관할 수 있었던 까닭

주의

8 이 글을 읽고 석빙고에 대한 궁금한 점을 떠올린 친구의 이름을 쓰시오.

> 예찬: 여름철에 더위를 이기는 또 다른 방법은 무엇일까?
> 도염: 겨울에 만든 얼음을 이듬해 가을까지 보관할 수 있었던 까닭은 무엇일까?
> 진성: 냉장고 안에서도 뜨거운 공기는 위로 올라가고 차가운 공기는 아래로 내려갈까?

(   )

석빙고는 온도 변화가 적은 반지하 구조로 한쪽이 긴 흙무덤 모양이며, 바깥 공기가 들어오지 않도록 출입구의 동쪽은 담으로 막고 지붕에 구멍을 뚫었다.

지붕은 이중 구조인데 바깥쪽은 열을 효과적으로 막아 주는 진흙으로, 안쪽은 열전달이 잘되는 화강암으로 만들었다. 천장은 반원형으로 기둥 다섯 개에 장대석이 걸쳐 있고, 장대석을 걸친 곳에는 밖으로 통하는 공기구멍이 세 개가 나 있다. 이 구멍은 아래쪽이 넓고 위쪽은 좁은 직사각형 기둥 모양인데, 이렇게 함으로써 바깥에서 바람이 불 때 빙실 안의 공기가 잘 빠져나온다. 즉, 열로 데워진 공기와 출입구에서 들어오는 바깥의 더운 공기가 지붕의 구멍으로 빠져나가기 때문에 빙실 아래의 찬 공기가 오랫동안 머물 수 있어 얼음이 적게 녹는 것이다. 또한 지붕에는 잔디를 심어 태양열을 차단했고, 내부 바닥 한가운데에 배수로를 5도 경사지게 파서 얼음에서 녹은 물이 밖으로 흘러 나갈 수 있는 구조를 갖추어 과학적이다.

9 석빙고의 출입구 동쪽이 담으로 막혀 있고 지붕에 구멍이 뚫려 있는 까닭은 무엇인지 쓰시오.

(   )

10 석빙고가 과학적이라고 말할 수 있는 까닭으로 알맞은 것에 모두 ○표를 하시오.

⑴ 지붕에 잔디를 심어 태양의 열을 차단했다.

(   )

⑵ 공기와 바람이 통하는 구멍을 모두 막았다.

(   )

⑶ 내부 바닥 한가운데에 경사지게 배수로를 파서 얼음에서 녹는 물이 밖으로 흘러 나가도록 했다.

(   )

11~13 다음 글을 읽고 물음에 답하시오.

　상설 전시실 바로 위에는 '한글 놀이터'와 '한글 배움터' 그리고 '특별 전시실'이 있었다. 아이들이 놀면서 한글을 배울 수 있는 '한글 놀이터', 한글에 익숙하지 않은 사람들을 위해 마련한 '한글 배움터'는 모두 체험과 놀이를 하면서 한글을 이해하도록 만들어졌다는 점이 흥미로웠다. '특별 전시실'에서는 국립한글박물관 개관 기념 특별전을 진행했는데, '세종 대왕, 한글문화 시대를 열다'라는 기획 아래 세종 대왕의 업적과 일대기, 세종 시대의 한글 문화, 세종 정신 따위를 주제로 한 전통적인 유물과 이를 현대적으로 해석한 현대 작가의 작품을 만날 수 있었다.

　㉠박물관을 관람하면서 책과 화면으로만 봤던 한글 유물을 직접 볼 수 있어서 신기하고 즐거웠다. 그뿐만 아니라 날마다 세 번씩 운영하는 해설이 있는 관람 프로그램을 활용하면 더 많은 지식을 쌓으며 관람할 수 있겠다는 생각이 들었다. 이번 관람으로 국어 시간에 배웠던 한글을 더 생생하고 자세하게 배우는 소중한 기회를 얻어서 무척 뿌듯했다.

11 글쓴이가 체험한 일은 무엇인지 쓰시오.

_____

_____

12 서로 관련 있는 것끼리 선으로 이으시오.

(1) 한글 놀이터 ・　・㉮ 놀면서 한글을 배울 수 있는 곳

(2) 한글 배움터 ・　・㉯ 세종 대왕과 관련한 것을 알 수 있는 곳

(3) 특별 전시실 ・　・㉰ 한글에 익숙하지 않은 사람들을 위한 곳

13 ㉠은 무엇을 나타낸 것인지 쓰시오.

(　　　　　　　　　　　　)

14~15 다음 글을 읽고 물음에 답하시오.

　국립한글박물관을 찾았다. 국립한글박물관은 '한글'로만 기록한 한글 자료와 한글을 활용한 작품들을 전시해 놓은 곳이다. 국립한글박물관은 용산 국립중앙박물관 옆에 있다. 우리 가족은 집 근처에서 지하철을 타고 가서 '박물관 나들길'을 이용해 박물관까지 걸어갔다. 이정표를 따라 걷다보니 큰 박물관 건물이 눈에 들어왔다.

14 이 글을 읽고 함께 고치려고 합니다. 자신의 의견을 말할 때 주의할 점으로 알맞지 <u>않은</u> 것은 무엇입니까? (　　　)

① 글쓴이의 입장을 헤아리며 말한다.
② 너무 심하게 비난하며 말하지 않는다.
③ 반드시 고쳐야 한다고 강요하며 말한다.
④ 미리 정한 평가 기준을 생각하며 말한다.
⑤ 단점만 말하지 말고 어떻게 고치면 좋을지를 함께 말한다.

주의

15 이 글을 읽고 아쉬운 점에 대한 의견을 나타낸 친구의 이름을 쓰시오.

(　　　　　　　　　　　　)

다음 글을 읽고 물음에 답하시오.

처음 발끝이 닿은 장소는 2층 '한글이 걸어온 길' 상설 전시실이었다. 전시실 이름처럼 '한글이 걸어온 길'을 주제로 마련한 상설 전시실은 총 3부로 구성되었다. 1부 주제는 '새로 스물여덟 자를 만드니'로, 세종 25년 한글이 그 모습을 드러내던 때를 살펴볼 수 있었고, 2부 주제는 '쉽게 익혀서 편히 쓰니'이며, 마지막으로 3부 주제는 '세상에 널리 퍼져 나아가니'이다. 상설 전시실의 이름이 한글의 역사를 잘 말해 주는 것 같았다.

16 다음은 지원이가 이 글을 읽고 고칠 점을 말한 것입니다. 고칠 점에 대한 의견은 무엇입니까? (　　　)

한글을 설명할 때 4학년 1학기 때 배운 『훈민정음 해례본』 내용도 함께 설명하면 읽는 사람이 이해하기 쉬울 거야.

① 알고 있는 지식을 활용해서 쓰자.
② 알기 쉬운 표현을 사용해서 쓰자.
③ 겪은 일에 대한 감상을 많이 쓰자.
④ 처음, 가운데, 끝으로 나누어 쓰자.
⑤ 한글과 관련 있는 그림이나 사진을 활용해서 자세히 쓰자.

중요

17 지식이나 경험을 활용해 함께 이 글을 고칠 때 평가할 내용으로 알맞지 않은 것은 무엇입니까? (　　　)

① 알기 쉬운 표현을 사용했는가?
② 체험한 일을 자세히 풀어 썼는가?
③ 처음, 가운데, 끝으로 나누었는가?
④ 체험한 일을 생생하게 표현했는가?
⑤ 내가 좋아하는 표현이 들어 있는가?

18 다른 사람의 글에 대한 의견을 말하는 방법으로 알맞은 것을 모두 고르시오. (　　　)

① 글의 목적이 분명한지 살펴보고 말한다.
② 글 내용에 대해 보충해야 할 부분을 말한다.
③ 내가 쓴 글과 비교하며 무엇이 더 나은지 말한다.
④ 의견은 무조건 따라야 한다며 명령하듯이 말한다.
⑤ 읽는 사람의 처지에서 이해하기 쉬운 방향으로 말한다.

응용

19 현장 체험학습 장소를 정하기 위한 계획을 세우려고 합니다. 빈칸에 각각 알맞은 말을 쓰시오.

장소	국립민속박물관
(1)	지하철 다섯 정거장, 10분
(2)	우리나라 전통 문화유산과 조상의 생활 모습을 알 수 있다.
식사 계획	국립민속박물관 근처 북촌 한옥 마을에 있는 한식집에서 점심을 먹는다.

서술형

20 현장 체험학습 장소로 가고 싶은 곳과 그 곳을 제안하는 까닭을 쓰시오.

_____

_____

_____

1~2 다음 글을 읽고 물음에 답하시오.

㈎ 줄을 다 만들면 여러 마을에서 모인 농악대가 앞장을 서고, 그 뒤로 수백 명의 장정이 줄을 어깨에 메고서 줄다리기할 곳으로 줄을 옮깁니다. 그리고 노인들과 아이들, 여자들이 행렬 끝에 서서 쫓아갑니다. 이렇게 줄을 메고 가는 모습을 멀리서 보면, 마치 용이 꿈틀거리는 것 같답니다.

㈏ 장소에 도착하자마자 줄을 당기는 것은 아닙니다. 한동안 암줄과 수줄을 합하지 않고 어르기만 하다가 어느 정도 시간이 지난 뒤에야 암줄에 수줄을 끼우고 비녀목을 지릅니다. 그러고 나서 양편에서 서로 힘차게 줄을 당겨서 승부를 가리지요. 이때 모두 신이 나서 자기편을 응원합니다.

1 줄다리기를 하기 전에 준비하는 과정으로 알맞은 것은 무엇입니까? (   )

① 줄다리기를 할 장소에 도착해서 줄을 만든다.
② 장정들이 줄을 만들고 노인과 아이들, 여자들이 줄을 옮긴다.
③ 마을 사람 모두가 용 모양으로 원을 그리고 농악놀이를 한다.
④ 수백 명의 사람들이 줄을 메고 줄다리기를 할 장소로 옮긴다.
⑤ 미리 암줄과 수줄을 합한 다음 줄다리기를 할 장소에서 다시 떼어 놓는다.

2 다음 뜻을 가진 낱말을 찾아 쓰시오.

줄다리기에서, 암줄에 수줄을 끼울 때 벗겨지지 않게 하기 위하여 수줄 가닥 사이에 끼우는 나무.

(   )

3~4 다음 글을 읽고 물음에 답하시오.

우리 조상들은 왜 줄을 만들어 서로 당기는 놀이를 했을까요? 그것은 농사와 관련이 깊어요. 오랜 세월 동안 농사를 지어 온 우리 조상들의 가장 큰 소망은 풍년이었어요. 농사가 잘되려면 물이 가장 중요하고요. 그런데 우리 조상들은 용이 물을 다스리는 신이라고 생각했답니다. 그래서 용을 닮은 줄을 만들고 흥겹게 줄다리기를 해서 용을 기쁘게 하려고 했어요. 물의 신인 용을 즐겁게 기쁘게 해야 풍년이 들 테니까요.

3 우리 조상들이 물을 다스리는 신이라고 생각한 동물은 무엇인지 쓰시오.

(   )

4 태서가 이 글을 읽은 방법은 무엇입니까? (   )

태서: 우리나라의 민속놀이인 풍물놀이도 풍년을 기원하며 많이 행해졌다는 것을 배운 적이 있어.

① 알고 있는 지식을 활용해서 글을 읽었다.
② 줄다리기를 한 경험을 떠올리며 글을 읽었다.
③ 친구에게 들은 내용을 떠올리며 글을 읽었다.
④ 새로 알게 된 정보를 비교해 가며 글을 읽었다.
⑤ 인터넷에서 조사한 내용을 활용해서 글을 읽었다.

5 빈칸에 들어갈 알맞은 말을 보기 에서 찾아 쓰시오.

보기

어렵게   흥미   쉽게

지식이나 경험을 활용해 글을 읽으면 글 내용을
((1)   ) 이해할 수 있고, 글 내용에
((2)   )를 느낄 수 있다.

6~8 다음 글을 읽고 물음에 답하시오.

조선 시대에는 서울 한강가에 얼음 창고를 만들었는데, 동빙고와 서빙고를 두었다. 동빙고는 왕실의 제사에 쓰일 얼음을 보관했고, 서빙고는 음식 저장용, 식용, 또는 의료용으로 쓸 얼음을 왕실과 고급 관리들에게 공급했다. 조선 시대의 빙고는 정식 관청이었으며, 얼음의 공급 규정을 법으로 엄격히 규정할 만큼 얼음의 공급을 중요하게 여겼다.

한겨울에 얼음을 보관했다가 쓰는 기술을 장빙이라고 했다. 우리나라는 여름과 겨울의 기온 차가 커서 옛날부터 장빙 기술이 크게 발달했다. 장빙 기술을 활용한 석빙고는 현재 일곱 개가 남아 있는데, 남한에는 경주, 안동, 영산, 창녕, 청도, 현풍에 각각 한 개가, 북한 해주에 한 개가 남아 있다. 그중 가장 완벽한 것이 바로 경주의 석빙고이다.

6 동빙고와 서빙고의 역할은 각각 무엇인지 쓰시오.

(1) 동빙고: _____

(2) 서빙고: _____

_____

7 석빙고가 남아 있는 장소가 <u>아닌</u> 것은 무엇입니까?
( )

① 영주 ② 안동 ③ 청도
④ 경주 ⑤ 창녕

8 다음은 이 글을 읽고 떠올린 것입니다. 관련 있는 것을 보기 에서 찾아 쓰시오.

보기
알고 싶은 것, 짐작한 것, 새롭게 안 것

조선 시대에는 빙고가 관청이었다는 사실이 신기하다.

( )

9~10 다음 글을 읽고 물음에 답하시오.

여기에다가 석빙고의 얼음을 왕겨나 짚으로 싸 보관했다. 왕겨나 짚은 단열 효과를 높이기도 하지만, 얼음이 약간 녹을 때 주변 열도 흡수하므로 왕겨나 짚의 안쪽이 온도가 낮아져 얼음을 오랫동안 보관할 수 있다.

석빙고는 자연 그대로의 순환 원리에 맞춰 계절의 변화와 돌, 흙, 바람, 지형 등을 활용해 자연 상태에서 가장 효과적으로 얼음을 오랫동안 저장할 수 있는 구조로 되어 있다. 이러한 시설은 세계적으로도 드문데 조상들의 과학적인 지혜를 한껏 엿볼 수 있다.

9 이 글을 읽고 알고 싶은 것을 나타낸 것의 기호를 쓰시오.

㉠ 빙고는 얼음을 보관하는 창고라는 뜻인 것 같다.
㉡ 석빙고의 구조를 그림으로 설명한 자료가 있으면 좋겠다.
㉢ 석빙고의 얼음은 왕겨나 짚에 싸서 보관한다는 것을 알았다.

( )

10 이 글 내용과 지식이나 경험을 관련지어 만든 질문은 무엇입니까? ( )

① 글의 제목은 무엇으로 정해야 할까?
② 글쓴이는 왜 석빙고의 원리를 설명한 글을 썼을까?
③ 석빙고의 원리를 이용해 만들 수 있는 다른 시설은 없을까?
④ 조상들의 과학적인 지혜를 엿볼 수 있는 다른 문화재에는 무엇이 있을까?
⑤ 석빙고에서는 얼음을 보관할 수 있다고 들었는데, 얼음이 녹지 않게 하는 방법은 무엇이었을까?

11 지식이나 경험을 활용해 글을 읽으면 좋은 점으로 알맞은 것을 두 가지 고르시오. (　 , 　)

① 궁금한 점이 많이 생긴다.
② 지식이나 경험이 더 풍부해진다.
③ 글을 읽을 때 더 집중할 수 있다.
④ 글의 내용을 모두 기억할 수 있다.
⑤ 글쓴이가 글을 쓴 까닭을 자세히 알 수 있다.

12 체험한 일을 글로 쓰려고 할 때, 체험 내용과 그 체험을 고른 까닭으로 알맞지 않은 것은 무엇입니까?

(　 　)

① 진영: 경주에 다녀온 것을 쓸 거야. 정말 놀랍고 뛰어난 유물이 많았어.
② 경수: 갯벌 체험 간 일을 쓸 거야. 갯벌 체험은 모두가 좋아하는 일이잖아.
③ 택연: 생존 수영을 다녀온 일을 쓸 거야. 수영할 때 주의할 점을 알게 되어 유익했어.
④ 선미: 생태원에 견학 갔던 일을 쓸 거야. 특별 전시관에서 본 진짜 개미집이 인상 깊었어.
⑤ 로야: 미술관에 다녀온 일을 쓸 거야. 내가 좋아하는 작가의 작품을 직접 보니 신기했어.

13 체험한 일을 떠올리며 친구들과 묻고 답하기 활동을 하면 좋은 점에 ○ 표를 하시오.

(1) 체험한 일을 재미있게 꾸며 쓸 수 있다.

(　 　)

(2) 글을 읽는 사람이 궁금해할 만한 내용이 무엇인지 알 수 있다. (　 　)

14~15 다음 글을 읽고 물음에 답하시오.

　상설 전시실 바로 위에는 '한글 놀이터'와 '한글 배움터' 그리고 '특별 전시실'이 있었다. 아이들이 놀면서 한글을 배울 수 있는 '한글 놀이터', 한글에 익숙하지 않은 사람들을 위해 마련한 '한글 배움터'는 모두 체험과 놀이를 하면서 한글을 이해하도록 만들어졌다는 점이 흥미로웠다. '특별 전시실'에서는 국립한글박물관 개관 기념 특별전을 진행했는데, '세종 대왕, 한글문화 시대를 열다'라는 기획 아래 세종 대왕의 업적과 일대기, 세종 시대의 한글 문화, 세종 정신 따위를 주제로 한 전통적인 유물과 이를 현대적으로 해석한 현대 작가의 작품을 만날 수 있었다.

　박물관을 관람하면서 책과 화면으로만 봤던 한글 유물을 직접 볼 수 있어서 신기하고 즐거웠다. 그 뿐만 아니라 날마다 세 번씩 운영하는 해설이 있는 관람 프로그램을 활용하면 더 많은 지식을 쌓으며 관람할 수 있겠다는 생각이 들었다. 이번 관람으로 국어 시간에 배웠던 한글을 더 생생하고 자세하게 배우는 소중한 기회를 얻어서 무척 뿌듯했다.

14 다음은 이와 같은 글을 쓰는 방법입니다. 빈칸에 들어갈 알맞은 말을 보기 에서 찾아 쓰시오.

보기

자세히　　　　짧게　　　　인상 깊은

　체험한 일을 글로 쓸 때에는 ((1)　　　　　) 체험을 중심으로 쓰되, 내용이 잘 드러나게 ((2)　　　　　) 풀어 쓴다.

15 두 번째 문단은 무엇을 나타낸 것입니까? (　 　)

① 감상　　　　　　② 한 일
③ 본 일　　　　　　④ 들은 일
⑤ 겪은 일

16~19 다음 글을 읽고 물음에 답하시오.

(가) 국립한글박물관을 찾았다. 국립한글박물관은 '한글'로만 기록한 한글 자료와 한글을 활용한 작품들을 전시해 놓은 곳이다. 국립한글박물관은 용산 국립중앙박물관 옆에 있다. 우리 가족은 집 근처에서 지하철을 타고 가서 '박물관 나들길'을 이용해 박물관까지 걸어갔다. 이정표를 따라 걷다 보니 큰 박물관 건물이 눈에 들어왔다.

(나) 처음 발끝이 닿은 장소는 2층 '한글이 걸어온 길' 상설 전시실이었다. 전시실 이름처럼 '한글이 걸어온 길'을 주제로 마련한 상설 전시실은 총 3부로 구성되었다. 1부 주제는 '새로 스물여덟 자를 만드니'로, 세종 25년 한글이 그 모습을 드러내던 때를 살펴볼 수 있었고, 2부 주제는 '쉽게 익혀서 편히 쓰니'이며, 마지막으로 3부 주제는 '세상에 널리 퍼져 나아가니'이다. 상설 전시실의 이름이 한글의 역사를 잘 말해 주는 것 같았다.

16 국립한글박물관에 대한 설명으로 알맞은 것은 무엇입니까? (　　　)

① 총 3층으로 되어 있다.
② 상설 전시실은 1층에 있다.
③ 용산 국립중앙박물관 안에 있다.
④ 한글을 활용한 작품들을 전시해 놓은 곳이다.
⑤ 여러 나라 언어로 기록한 자료를 전시해 놓은 곳이다.

17 상설 전시실에서 전시한 1~3부의 주제는 무엇인지 찾아 쓰시오.

(1) 1부 주제: (　　　　　　　　　　)
(2) 2부 주제: (　　　　　　　　　　)
(3) 3부 주제: (　　　　　　　　　　)

18 이 글에서 글쓴이가 느낀 점을 나타낸 문장은 무엇입니까? (　　　)

① 국립한글박물관을 찾았다.
② 이정표를 따라 걷다 보니 큰 박물관 건물이 눈에 들어왔다.
③ 우리 가족은 '박물관 나들길'을 이용해 박물관까지 걸어갔다.
④ 상설 전시실의 이름이 한글의 역사를 잘 말해 주는 것 같았다.
⑤ 상설 전시실 1부에서 세종 25년 한글이 그 모습을 드러내던 때를 살펴볼 수 있었다.

2단원

19 다음은 이 글을 읽고 고쳐야 할 점을 나타낸 것입니다. 무엇과 관련 있습니까? (　　　)

'발끝이 닿은 장소'보다는 '발길이 닿은 장소'가 더 자연스러운 것 같다.

① 내용　　　　② 조직
③ 표현　　　　④ 단계
⑤ 지식

서술형
20 다음 평가 기준을 생각할 때 이 글에서 고쳐야 할 점은 무엇인지 쓰시오.

사실과 의견을 구분해 썼는가?

_____

_____

_____

국어 60~91쪽

1~3

여름철 무더위가 시작되면 누구나 냉장고 속의 시원한 얼음과 아이스크림, 그리고 선풍기와 에어컨 등을 떠올릴 것이다. 이것은 더위를 이기려는 한 방법이다. 그렇다면 우리 조상들은 무더위를 이기려고 어떻게 노력했을까? 우리 조상들이 살던 시대에도 냉장고가 있었을까? 결론적으로 말하자면 냉장고는 아니지만 냉장고 역할을 하는 석빙고가 있었다.

현대인의 생활필수품인 냉장고는 냉기나 얼음을 인공적으로 만드는 기계 장치이지만, 빙고는 겨울에 보관해 두었던 얼음을 봄·여름·가을까지 녹지 않게 효과적으로 보관하는 냉동 창고이다. 우리나라에서 얼음을 보관하기 시작했다는 기록은 『삼국사기』에 나타난다. 또한 신라 시대 때에는 얼음 창고에 관한 일을 맡아보던 '빙고전'이라는 기관이 있었다고 한다.

도움말

☆ 지식이나 경험을 활용해 글을 읽는 방법을 알아봅니다.

1 무더위를 이기기 위한 나만의 방법을 쓰시오.

_____

_____

1 다른 사람에게 추천할 수 있는 무더위 이기는 방법을 떠올려 봅니다.

2 이 글의 제목은 「조선의 냉장고 '석빙고'의 과학」입니다. 제목을 보고 떠오르는 질문을 쓰시오.

_____

_____

2 글을 읽으며 질문을 만드는 방법
• 글의 제목만 보고 떠오르는 질문 생각해 보기
• 글쓴이의 입장이 되어 글을 쓴 까닭 생각해 보기
• 글 내용과 자신이 아는 내용을 관련지어 보기

3 이 글을 읽고 새롭게 안 것을 쓰시오.

_____

_____

3 글을 읽을 때 알고 싶은 것, 짐작한 것, 새롭게 안 것이 무엇인지 생각해 봅니다.

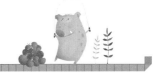

4~6

경주 문화재 견학

갯벌 체험

수영 교실

체험하면서 있었던 일 가운데에서 기억에 남는 일을 써 봐요. 예를 들어 생태원에 견학 갔던 일을 몰랐다면 인상 깊게 보거나 배운 것은 무엇인지 쓰고, 그에 대한 생각이나 느낌도 함께 써 봐요.

도움말

⭐ 체험한 일을 떠올리며 감상이 드러나는 글을 써 봅니다.

2
단원

4 체험한 일 가운데에서 떠올린 체험을 세 가지 쓰고, 인상 깊은 차례대로 쓰시오.

(1) 1위: _____

(2) 2위: _____

(3) 3위: _____

4 머릿속에 떠오르는 여러 가지 체험 내용을 정리해 봅니다.

5 체험한 일을 글로 쓸 때 가장 인상 깊은 체험은 무엇인지, 그때의 생각이나 느낌을 함께 쓰시오.

_____

_____

5 기억에 남는 일과 그 일을 떠올린 까닭을 함께 써 봅니다.

6 다음 친구의 말에 궁금한 내용을 물어보는 질문을 만들어 쓰시오.

나는 미술관에 다녀온 경험을 글로 쓸 거야. 내가 좋아하는 작가의 작품을 직접 보니 굉장히 신기했어.

6 미술관에 다녀온 친구에게 물어볼 수 있는 질문을 생각해 봅니다.

_____

_____

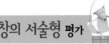

7~9

상설 전시실 바로 위에는 '한글 놀이터'와 '한글 배움터' 그리고 '특별 전시실'이 있었다. 아이들이 놀면서 한글을 배울 수 있는 '한글 놀이터', 한글에 익숙하지 않은 사람들을 위해 마련한 '한글 배움터'는 모두 체험과 놀이를 하면서 한글을 이해하도록 만들어졌다는 점이 흥미로웠다. '특별 전시실'에서는 국립한글박물관 개관 기념 특별전을 진행했는데, '세종 대왕, 한글문화 시대를 열다'라는 기획 아래 세종 대왕의 업적과 일대기, 세종 시대의 한글문화, 세종 정신 따위를 주제로 한 전통적인 유물과 이를 현대적으로 해석한 현대 작가의 작품을 만날 수 있었다.

도움말

☆ 체험과 감상이 드러나게 글을 써 봅니다.

7 체험한 일을 떠올리며 감상이 드러나는 글을 쓰는 방법을 쓰시오.

7 체험과 체험에 대한 감상을 글로 쓸 때에는 읽는 사람이 알고 싶어 하거나 궁금해 할 만한 내용을 써야 하고, 생각이나 느낌을 생생하게 전달되도록 써야 합니다.

8 이 글에서 고쳐야 할 점은 무엇인지 쓰시오.

8 체험한 일을 떠올리며 감상이 드러나는 글을 쓰면 그때의 생생한 기억을 오래 간직할 수 있습니다.

9 박물관을 관람한 경험과 그때의 느낌을 쓰시오.

9 박물관을 가게 된 까닭, 박물관에서 주의할 점, 박물관 견학을 하면서 느낀 점 등을 정리해 봅니다.

국립한글박물관을 찾았다. 국립한글박물관은 '한글'로만 기록한 한글 자료와 한글을 활용한 작품들을 전시해 놓은 곳이다. 국립한글박물관은 용산 국립중앙박물관 옆에 있다. 우리 가족은 집 근처에서 지하철을 타고 가서 '박물관 나들길'을 이용해 박물관까지 걸어갔다. 이정표를 따라 걷다 보니 큰 박물관 건물이 눈에 들어왔다.

처음 발끝이 닿은 장소는 2층 '한글이 걸어온 길' 상설 전시실이었다. 전시실 이름처럼 '한글이 걸어온 길'을 주제로 마련한 상설 전시실은 총 3부로 구성되었다. 1부 주제는 '새로 스물여덟 자를 만드니'로, 세종 25년 한글이 그 모습을 드러내던 때를 살펴볼 수 있었고, 2부 주제는 '쉽게 익혀서 편히 쓰니'이며, 마지막으로 3부 주제는 '세상에 널리 퍼져 나아가니'이다. 상설 전시실의 이름이 한글의 역사를 잘 말해 주는 것 같았다.

10 이 글을 읽고 고쳐야 할 점을 쓰시오.

11 이 글을 읽고 자신의 의견을 말할 때 주의할 점을 쓰시오.

12 지식이나 경험을 활용해 함께 글을 고치면 좋은 점을 쓰시오.

단원 요점 정리 3. 의견을 조정하며 토의해요

국어 92~123쪽

핵심 1 의견을 조정해야 하는 까닭

- 의견을 조정하지 않으면 토의를 *원활하게 진행할 수 없습니다.
- 말하는 사람들끼리 갈등이 생깁니다.
- 문제를 *합리적으로 해결할 수 없습니다.

핵심 2 토의 과정에서 의견을 조정하는 방법

문제 파악하기	• 해결하려는 문제를 정확히 파악합니다. • 여러 사람의 다양한 의견을 들어 봅니다.
의견 실천에 필요한 조건 따지기	• 자료를 찾아 의견을 뒷받침합니다. • 문제를 해결하기에 적합한 의견인지 생각합니다.
결과 예측하기	• 의견대로 실천했을 때 결과를 생각합니다. • 의견을 실천했을 때 일어날 수 있는 문제점을 *예측해 봅니다.
반응 살펴보기	• 어떤 의견을 더 따르고 싶어 하는지 살펴봅니다. • 의견에 대한 토의 참여자의 생각을 듣습니다.

┌ 의견을 조정하는 것은 상대 기분을 배려하면서 자기
└ 의견의 장점을 주장하는 말하기이기도 합니다.

핵심 3 의견을 조정하는 과정에 필요한 태도

- 의견과 발언에 집중합니다.
- 해결 방안을 끝까지 알아봅니다.
- 자신의 생각을 적극적으로 표현합니다.
- 결정한 의견에 따릅니다.

> **의견을 조정할 때 참여하는 태도**
> - 사회자: 여러 사람의 다양한 의견을 들어보기 위해서 문제를 다시 물어봅니다.
> - 참여하는 사람들: 사회자의 질문이나 상대의 의견을 귀 기울여 듣습니다.

┌ 의견을 조정하는 과정은 토의 절차 가운데에서
└ '의견 모으기'에 해당합니다.

핵심 4 의견을 조정할 때 생각해 보아야 할 질문

> - 해결할 문제가 무엇이지?
> - 의견을 실행하려면 무엇이 필요할까?
> - 의견을 실천하면 어떤 결과가 따를까?
> - 다른 친구들은 어떻게 생각할까?

┌ 찾은 자료를 읽으면서 필요한 내용을 옮겨 쓰면 더 도움이 됩니다.
└ 의견과 함께 보기 자료를 제시하면 한눈에 이해하기 쉽습니다.

핵심 5 자료에 따른 읽기 방법

컴퓨터를 활용한 신문 기사 검색하기	도서관에서 책 찾기
• 찾고 싶은 자료와 관련한 낱말을 컴퓨터로 검색합니다. • 신문 기사나 뉴스의 제목을 중심으로 훑어 읽습니다. • 의견을 뒷받침하는 기사문이나 보도문을 찾아 자세히 읽습니다. • 필요한 내용을 정리하고 날짜, 신문 또는 방송 이름을 씁니다.	• 찾고 싶은 자료와 관련한 책을 찾습니다. • 찾은 책의 차례를 살펴봅니다. ┈→ 책의 주요 내용을 알 수 있습니다. • 내용을 건너뛰며 읽으면서 관심 있는 내용을 찾습니다. • 의견을 뒷받침하는 내용을 좀 더 자세히 읽습니다. • 필요한 내용을 정리하고 글쓴이와 출판사를 씁니다.

┌ 자료 읽기에 필요한 시간과 노력을 절약하기 위해서입니다.
└ 제목을 중심으로 훑어 읽으면 본문 내용을 예상할 수 있습니다.

┌ 자료를 효과적으로 표현할수록 더욱 설득력 있게 근거를 제시할 수 있습니다. 믿을 수 있는, 정확한 자료임을 나타내기 위해서 자료의 출처를 씁니다.

핵심 6 찾은 자료를 정리해 알기 쉽게 표현하는 방법

- 중요한 낱말을 중심으로 요약해 나타낼 수 있습니다.
- 그림이나 도표를 이용해 자료를 나타내면 이해하기 쉽고 기억에 오래 남습니다.
- 자료를 보기 쉽게 *배치합니다.
- 반 친구들이 모두 알아볼 수 있는 크기로 씁니다.
- 제목과 내용의 크기를 다르게 합니다.

3
단원

조금 더 알기

의견을 조정해야 하는 까닭

　의견을 조정해야 모두가 받아들일 수 있는 결론을 정할 수 있기 때문입니다.

책과 인터넷 비교하기

- 책은 글, 사진, 그림으로 자료를 보여줍니다.
- 주제와 관련된 책장을 먼저 찾고 책을 찾아 읽습니다.
- 인터넷은 영상 자료도 볼 수 있습니다.
- 주제와 관련된 낱말을 인터넷 검색 엔진에 넣어서 찾습니다.

토의 주제를 정할 때 생각해야 할 점

- 우리 모두와 관련이 있는 문제인가요?
- 해결 방법을 찾을 수 있는 문제인가요?
- 우리가 변화를 이끌어 낼 수 있는 문제인가요?

낱말 사전

- ★ **원활** 모난 데가 없고 원만함.
- ★ **합리적** 이론이나 이치에 합당함. 또는 그런 것.
- ★ **예측** 미리 헤아려 짐작함.
- ★ **배치** 사람이나 물자 따위를 일정한 자리에 알맞게 나누어 둠.

개념을 확인해요

1 의견을 조정하지 않으면 참여자 모두가 [　][　]를 원활하게 진행할 수 없습니다.

2 의견을 조정하지 않으면 문제를 [　][　][　]으로 해결할 수 없습니다.

3 의견을 조정하는 과정은 '문제 파악하기 → 의견 실천에 필요한 조건 따지기 → [　][　] 예측하기 → 반응 살펴보기'입니다.

4 의견을 조정할 때에는 의견과 발언에 [　][　]하고, 자신의 생각을 [　][　][　]으로 표현합니다.

5 의견을 조정하는 것은 상대 기분을 배려하면서 자기 의견의 [　][　]을 주장하는 말하기이기도 합니다.

6 토의를 할 때 사회자가 마지막으로 토의에 참여한 모든 사람의 생각을 물어보는 시간을 가지면 의견에 대한 여러 사람의 [　][　][　] 의견을 들을 수 있습니다.

7 의견을 조정하는 과정은 토의 절차 가운데에서 [　][　][　] [　][　]에 해당합니다.

8 의견과 함께 보기 자료를 제시하면 한눈에 [　][　]하기 쉽습니다.

9 컴퓨터에서 필요한 자료를 찾을 때 제목을 중심으로 자료를 훑어 읽으면 본문 내용을 [　][　]할 수 있습니다.

10 자료의 [　][　]를 쓰는 까닭은 믿을 수 있는, 정확한 자료임을 나타내기 위해서입니다.

도움말

1. 토의를 할 때에 사회자는 토의 주제를 소개하고 토의를 이끌어나가는 역할을 합니다.

핵심 1

1 다음 그림에서 토의 주제는 무엇입니까? (   )

오늘은 미세 먼지가 심하니 외부 활동을 자제해 주시길 바랍니다. 체육 수업은 교실에서 하겠습니다.

날이 갈수록 심해지는 미세 먼지에 어떻게 대처해야 할까요?

① 미세 먼지에 대처하는 방안
② 여러 가지 외부 활동의 문제점
③ 체육 수업을 대체할 수 있는 방안
④ 공기 청정기를 설치해야 하는 까닭
⑤ 체육 수업을 교실에서 할 때의 문제점

2. 토의를 하는 까닭은 모두가 동의할 수 있는 합리적인 해결을 하기 위해서입니다.

핵심 2

2 의견을 조정해야 하는 까닭은 무엇입니까? (   )
① 한 사람의 의견이 중요하기 때문에
② 선생님께 칭찬을 받아야 하기 때문에
③ 모두가 같은 의견을 말해야 하기 때문에
④ 모두가 받아들일 수 있는 의견을 정해야 하기 때문에
⑤ 토의 시간이 길어지면 토의 참여자들이 힘들기 때문에

3. 토의를 할 때에는 상대의 의견을 비판하지 않고 존중해야 합니다. 또, 상대의 기분을 배려하며 예의를 지켜야 합니다.

핵심 3

3 학급 회의나 토의를 하는 태도로 알맞지 않은 친구는 누구입니까?
(   )
① 휘성: 토의에 적극적으로 참여했어.
② 진우: 상대의 의견을 존중하며 말했어.
③ 선영: 주장에 어울리는 근거를 같이 말했어.
④ 건호: 토의 주제와 관련 있는 의견을 말했어.
⑤ 지유: 친구들에게 내 의견에 따르도록 권유했어.

핵심 3

4 토의에서 의견을 조정하는 태도로 알맞지 <u>않은</u> 것의 기호를 쓰시오.

> ㉠ 의견과 발언에 집중한다.
> ㉡ 해결 방안을 끝까지 알아본다.
> ㉢ 자신의 생각을 적극적으로 표현한다.
> ㉣ 결정한 의견에 따른다.
> ㉤ 자신의 의견을 끝까지 내세운다.

( )

4. 토의에서 '문제 파악하기 → 의견 실행에 필요한 조건 따지기 → 결과 예측하기 → 반응 살펴보기'에 따라 의견을 조정합니다.

3 단원

핵심 5

5 다음 그림에서 의견을 제시한 방법은 무엇입니까? ( )

심해지는 미세 먼지
이제는 공기 청정기가 필수

학교 곳곳에 공기 청정기를 설치합니다. 신문 기사에 실린 전문가의 의견에 따르면 공기 청정기가 공기를 깨끗하게 해 준다고 합니다.

① 아무런 자료 없이 의견을 말하고 있다.
② 표와 그래프를 보여 주면서 의견을 말하고 있다.
③ 신문 기사를 자료로 제시하면서 의견을 말하고 있다.
④ 책에서 읽은 내용을 소개하면서 의견을 말하고 있다.
⑤ 전문가에게 직접 들은 내용을 제시하면서 의견을 말하고 있다.

5. 자료를 제시하며 의견을 말하면 정보를 눈으로 직접 확인할 수 있어 의견과 근거를 이해하기 쉽고, 더욱 풍부한 정보를 얻을 수 있습니다.

핵심 6

6 의견을 말할 때 표나 그래프 같은 자료를 제시하면 좋은 점은 무엇입니까?
( )

① 중요한 의견을 쉽게 요약할 수 있다.
② 얼마나 중요한 의견인지 평가할 수 있다.
③ 구체적인 숫자를 간단히 확인할 수 있다.
④ 상대방의 의견을 자신의 의견으로 만들 수 있다.
⑤ 어떤 의견을 말할 것인지 내용을 짐작할 수 있다.

6. 사진, 그림, 그래프 따위처럼 눈으로 확인하기 쉬운 자료를 제시하면 의견과 근거를 더 이해하기 쉽습니다.

1~3 다음 그림을 보고 물음에 답하시오.

1 토의 주제는 무엇인지 쓰시오.

( )

2 그림 **②**에서 남자아이의 의견에 대한 근거는 무엇입니까? ( )

① 교실 공기를 깨끗하게 해 주기 때문에
② 몸 속 미세 먼지를 배출해 주기 때문에
③ 학교에서 마스크를 나누어 주기 때문에
④ 몸에 해로운 미세 먼지를 막아 주기 때문에
⑤ 마스크를 쓰지 않으면 학교에 올 수 없기 때문에

응용
3 그림 **③**의 여자아이 의견에 대한 단점은 무엇입니까? ( )

① 공기 청정기의 종류가 너무 많다.
② 마스크를 쓰면 숨이 막히고 답답하다.
③ 공기 청정기를 설치하지 않은 곳이 없다.
④ 쓰고 난 마스크를 버리면 환경이 오염된다.
⑤ 공기 청정기가 없는 곳에서는 생활할 수가 없다.

4~5 다음 그림을 보고 물음에 답하시오.

4 그림 **②**에서 남자아이가 가장 잘못한 점은 무엇입니까? ( )

① 상대에게 예의를 지키지 않았다.
② 상대의 의견에 무조건 옳다고 따랐다.
③ 토의 주제와 관련 없는 근거를 말했다.
④ 토의에 집중하지 않고 다른 생각을 했다.
⑤ 토의 과정에 적극적으로 참여하지 않았다.

주의
5 의견을 조정하지 않으면 어떻게 되겠습니까?

( )

① 서로 배려하고 공감하게 된다.
② 문제를 합리적으로 해결할 수 없다.
③ 토의를 하는 시간을 절약할 수 있다.
④ 토의 주제와 관련된 말을 할 수 있다.
⑤ 다양한 의견 가운데에서 더 좋은 의견을 찾을 수 있다.

6 의견을 조정하지 않았을 때 일어날 수 있는 문제점을 말한 친구의 이름을 쓰시오.

> 재석: 문제에 대해 적절한 대처를 할 수 있어.
> 명수: 모두가 만족하는 의견을 하나로 쉽게 모을 수 있어.
> 준하: 서로 자기 의견만 맞다고 주장하다가 친구와 사이가 더 나빠질 수 있어.

(   )

7 그림을 보고 의견을 조정할 때 일어날 수 있는 문제에 해당하는 것에 ○표를 하시오.

(1) 의견과 근거에 따른 문제 (   )
(2) 토의 태도와 관련한 문제 (   )
(3) 토의 진행과 관련한 문제 (   )

8 의견을 조정하는 방법에 맞게 서로 관련 있는 것끼리 선으로 이으시오.

(1)	문제 파악하기	•		•	㉠	여러 사람의 다양한 의견을 들어 본다.
(2)	의견 실천에 필요한 조건 따지기	•		•	㉡	의견을 실천했을 때 일어날 수 있는 문제점을 예측한다.
(3)	결과 예측하기	•		•	㉢	어떤 의견을 더 따르고 싶어 하는지 살펴본다.
(4)	반응 살펴보기	•		•	㉣	자료를 찾아 의견을 뒷받침한다.

9~10 다음 글을 읽고 물음에 답하시오.

9 토의 참여자의 의견대로 실천했을 때 일어날 문제점은 각각 무엇인지 쓰시오.

(1) 공기 청정기를 설치하면 일어날 문제점:
(   )

(2) 미세 먼지 마스크를 사용하면 일어날 문제점:
(   )

10 그림 ❹에서 사회자가 토의 참여자들의 생각을 물어보는 시간을 가진 까닭은 무엇이겠습니까?

(   )

① 토의 참여자가 누구인지 알아보기 위해서
② 토의 참여자 모두에게 발언권을 주기 위해서
③ 토의 시간이 끝이 났다는 것을 알리기 위해서
④ 토의 참여자들의 다양한 의견을 들어 보기 위해서
⑤ 토의 참여자들이 토의 주제를 알고 있는지 확인하기 위해서

11~13 다음 그림을 보고 물음에 답하시오.

❶ 학교 곳곳에 공기 청정기를 설치합니다. 공기 청정기가 공기를 깨끗하게 해 줄 것입니다.

❷ 학교 곳곳에 공기 청정기를 설치합니다. 신문 기사에 실린 전문가의 의견에 따르면 공기 청정기가 공기를 깨끗하게 해 준다고 합니다.

11 남자아이의 의견은 무엇인지 쓰시오.

(　　　　　　　　　　　　　　)

12 그림 ❷에서 제시한 자료는 무엇입니까? (　　)

① 그림　　　　　　② 그래프
③ 동영상　　　　　④ 신문 기사
⑤ 설문 조사

 중요

13 그림 ❷와 같이 자료를 제시하면 좋은 점은 무엇입니까? (　　)

① 의견과 근거를 이해하기 쉽다.
② 전문가를 직접 만나볼 수 있다.
③ 의견과 근거를 모두 외울 수 있다.
④ 다양한 의견을 하나로 모을 수 있다.
⑤ 자신의 의견을 다른 의견으로 바꿀 수 있다.

14~15 다음 그림을 보고 물음에 답하시오.

건강한 학교생활을 하려면 틈새 시간을 어떻게 사용해야 할까요?

건강 달리기를 하면 어떨까?

식물 기르기를 하면 어떨까?

짧은 시간이라도 날마다 달리기를 하면 건강에 효과가 있다는 자료를 찾고 싶어.

교실에서 식물을 기르면 공기가 깨끗해진다는 자료를 찾고 싶어.

신문 기사를 찾아보자.

책을 찾아보자.

14 토의 주제는 무엇인지 쓰시오.

_____

_____

15 여자아이와 남자아이의 의견은 각각 무엇인지 쓰시오.

(1) 여자아이의 의견: (　　　　　　　　)
(2) 남자아이의 의견: (　　　　　　　　)

응용

16 토의 주제와 관련한 기사가 많을 때 신문 기사를 읽는 방법은 무엇입니까? (　　)

① 기사의 출처를 살펴본다.
② 그림이나 사진만 살펴본다.
③ 제목을 중심으로 훑어 읽는다.
④ 기사의 맨 마무리 부분을 읽는다.
⑤ 기사를 쓴 사람의 글을 찾아 읽는다.

세계보건기구[WHO]는 아동 비만을 21세기 최대 건강 문제 가운데 하나로 꼽고 있다. 한국도 예외는 아니다. 교육부에 따르면 2017년을 기준으로 우리나라 초중고 비만 학생은 100명당 약 17.3명인데 해마다 꾸준히 증가하고 있다.

영국의 한 초등학교에서 실시한 건강 달리기 프로그램이 성공을 거두어 큰 관심을 끌고 있다. 이 학교는 날마다 적절한 시간을 정해 1.6킬로미터를 달리게 하고 있다. 학생들을 관찰한 □□대학의 ○○박사는 "이 학교의 학생들에게는 비만 문제가 보이지 않는다."라고 했다.

미국 일리노이주의 한 학교 역시 건강 달리기로 하루를 시작한다. 이 학교의 학생들은 건강은 물론 집중력도 향상되었고, 우울증과 불안감은 줄어들었다고 한다.

『○○신문』

17 이 자료를 바탕으로 하여 내세울 수 있는 토의 주제는 무엇입니까? (   )

① 건강 달리기를 하는 방법
② 아동 비만을 해결하는 방법
③ 다양한 운동을 해야 하는 까닭
④ 영국 학생과 미국 학생의 차이점
⑤ 전국 초중고생의 고민 해결 방안

&주의

18 이 자료를 쉽게 표현하는 가장 좋은 방법은 무엇입니까? (   )

① 맨 앞부분 내용을 찾아 읽는다.
② 자료 내용을 빠른 속도로 읽는다.
③ 간단히 읽을 수 있도록 요약한다.
④ 어려운 낱말을 찾아 쉬운 말로 바꾼다.
⑤ 같은 내용을 다룬 다른 신문을 찾아본다.

3
단원

❶ 모두가 한꺼번에 운동장에 나오니 위험해 보여.
우리도 운동장을 사용하고 싶은데…….

❷ 음식물 쓰레기가 정말 많구나!
더 먹고 싶은데 번번이 더 달라고 할 수도 없고…….

19 그림 ❶과 다음 상황에서 해결해야 할 문제로 알맞지 <u>않은</u> 것은 무엇입니까? (   )

모두가 운동장에서 축구를 하고 싶지만 그럴 수 없다 보니, 세 팀에서 네 팀이 동시에 축구 골대를 씁니다.

① 운동장에 놀이 기구가 많지 않다.
② 운동장을 이용하는 학생 수가 많다.
③ 모두가 한꺼번에 운동장에 나와서 위험하다.
④ 여러 반이 하나의 축구 골대를 사용하고 있다.
⑤ 운동장에서 학생끼리 서로 부딪히는 안전사고가 많이 일어난다.

응용

20 그림 ❷와 비슷한 경험을 말한 친구의 이름을 쓰시오.

주민: 급식실에서 놀다가 선생님께 꾸중을 들었어.
지혜: 음식물 쓰레기통이 가득 차서 놀란 적이 있어.
재원: 교실 청소를 번갈아 가면서 했으면 좋겠어. 한 사람만 청소를 하면 불공평해.

(   )

1~3 다음 그림을 보고 물음에 답하시오.

❶ 마스크를 쓰고 생활합니다. 마스크가 몸에 해로운 미세 먼지를 막아 주기 때문입니다.

❷ 학교 곳곳에 공기 청정기를 설치합니다. 공기 청정기가 공기를 깨끗하게 해 줄 것입니다.

❸ 공기 청정기가 없는 곳은 어떻게 하나요? 그럼 공기 청정기가 설치된 곳에서만 지내야 하나요?

❹ 마스크를 쓰는 것은 안 불편한 줄 아십니까? 마스크를 쓰면 답답하고 숨을 쉬기 어렵습니다.

❺ 하루 종일 공기 청정기를 켜 놓으면 전기 소모가 많을 수 있습니다.

❻ 미세 먼지를 걸러야 하는데 그깟 전기가 중요합니까? 정말 뭘 모르시는군요.

1 토의 주제로 알맞은 것은 무엇입니까? (　　　)

① 전기를 절약하는 방법
② 환경오염에 대처하는 방안
③ 미세 먼지에 대처하는 방안
④ 건강한 몸을 만들기 위한 방법
⑤ 추운 겨울을 따뜻하게 보내는 방법

2 교실에 공기 청정기를 설치했을 때의 문제점은 무엇입니까? (　　　)

① 환경을 오염시킬 수 있다.
② 전기 소모가 많을 수 있다.
③ 나쁜 공기가 나올 수 있다.
④ 답답하고 숨을 쉬기 어렵다.
⑤ 건강이 나빠져서 질병이 발생할 수 있다.

📝 서술형

국어 92~123쪽

3 그림 ❹~❻에서와 같이 말하면 듣는 사람의 기분은 어떠하겠는지 쓰시오.

_____

_____

4 다음 그림에서 토의에 참여하는 태도의 잘못된 점은 무엇입니까? (　　　)

토의 주제: 미세 먼지를 어떻게 대처할 것인가?

공기 청정기를 설치하면 쓰고 난 마스크를 버리지 않아도 되니 환경을 보호할 수 있습니다.

마스크를 쓰면 추운 겨울에도 얼굴을 따뜻하게 할 수 있습니다.

① 토의를 하면서 딴생각을 했다.
② 상대를 무시하는 듯한 말을 했다.
③ 토의에 적극적으로 참여하지 않았다.
④ 토의 주제와 관련 없는 근거를 말했다.
⑤ 의견에 알맞은 근거를 내세우지 않았다.

5 다음은 의견을 조정하는 방법 가운데에서 무엇에 해당합니까? (　　　)

• 의견대로 실천했을 때의 결과를 생각한다.
• 의견에 따라 일어날 수 있는 문제점을 예측해 본다.

① 문제 파악하기　　② 결과 예측하기
③ 반응 살펴보기　　④ 의견 실천하기
⑤ 의견 실천에 필요한 조건 따지기

다음 글을 읽고 물음에 답하시오.

(가)

찾고 싶은 자료와 관련한 낱말을 컴퓨터로 검색한다.

신문 기사나 뉴스의 제목을 중심으로 훑어 읽는다.

↓

의견을 뒷받침하는 기사문이나 보도문을 찾아 자세히 읽는다.

↓

필요한 내용을 정리하고 날짜, 신문 또는 방송 이름을 쓴다.

(나)

찾고 싶은 자료와 관련한 책을 찾는다.

↓

찾은 책의 차례를 살펴본다.

↓

내용을 건너뛰며 읽으면서 관심 있는 내용을 찾는다.

↓

의견을 뒷받침하는 내용을 좀 더 자세히 읽는다.

↓

필요한 내용을 정리하고 글쓴이와 출판사를 쓴다.

6 글 (가)와 글 (나)는 각각 어떤 자료를 찾았는지 쓰시오.

(1) 글 (가): (   )

(2) 글 (나): (   )

7 자료를 훑어 읽는 까닭은 무엇입니까? (   )

① 지루하지 않기 위해서
② 주의를 집중하기 위해서
③ 중요한 내용을 적기 위해서
④ 관심 있는 내용을 찾기 위해서
⑤ 시간과 노력을 절약하기 위해서

서술형

8 자료의 출처를 쓰는 까닭은 무엇인지 쓰시오.

다음 글을 읽고 물음에 답하시오.

영국의 한 초등학교에서 실시한 건강 달리기 프로그램이 성공을 거두어 큰 관심을 끌고 있다. 이 학교는 날마다 적절한 시간을 정해 1.6킬로미터를 달리게 하고 있다. 학생들을 관찰한 □□대학의 ○박사는 "이 학교의 학생들에게는 비만 문제가 보이지 않는다."라고 했다.

미국 일리노이주의 한 학교 역시 건강 달리기로 하루를 시작한다. 이 학교의 학생들은 건강은 물론 집중력도 향상되었고, 우울증과 불안감은 줄어들었다고 한다.

『○○신문』

〈찬원이가 쓴 글〉

[건강 달리기의 효과]
• 비만 문제를 해결할 수 있다.
• 집중력이 향상되고, 우울증과 불안감이 줄어든다.

[건강 달리기를 실천한 예]
• 삼 년 동안 건강 달리기를 실시한 초등학교
• 비만 학생이 해마다 열네 명, 아홉 명, 네 명으로 줄어들었다.

9 신문 자료에서 알 수 있는 내용은 무엇입니까?

(   )

① 달리기의 종류와 방법
② 비만 학생이 많은 까닭
③ 건강 달리기의 좋은 점
④ 초등학교의 전체 학생 수
⑤ 학생들이 체육관을 이용하는 방법

10 찬원이는 찾은 자료를 어떻게 했습니까? (   )

① 읽기 쉽게 요약했다.
② 보기 쉽게 표로 나타내었다.
③ 사진과 그림으로 나타내었다.
④ 중요한 내용을 그대로 옮겨 적었다.
⑤ 글씨 크기를 다르게 하여 보기 쉽게 배치하였다.

11~12 다음 글을 읽고 물음에 답하시오.

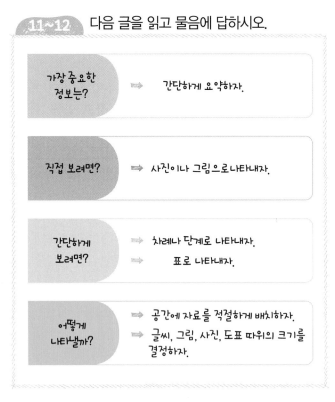

가장 중요한 정보는? ➡ 간단하게 요약하자.

직접 보려면? ➡ 사진이나 그림으로 나타내자.

간단하게 보려면? ➡ 차례나 단계로 나타내자. ➡ 표로 나타내자.

어떻게 나타낼까? ➡ 공간에 자료를 적절하게 배치하자. ➡ 글씨, 그림, 사진, 도표 따위의 크기를 결정하자.

11 찾은 자료를 알기 쉽게 표현하는 방법으로 알맞지 않은 것은 무엇입니까? (   )

① 막대의 길이로 그 크기를 표시한다.
② 가장 중요한 정보는 간단하게 요약한다.
③ 동그라미 안에 차지하는 크기를 표시한다.
④ 글씨는 화려하게 알록달록한 색깔로 표현한다.
⑤ 글씨는 친구들이 모두 알아볼 수 있는 크기로 쓴다.

12 알기 쉽게 표현한 자료를 검토할 때 생각할 점으로 알맞은 것에 모두 ○표를 하시오.

(1) 친구들이 좋아하는 자료를 배치했나요?
(   )

(2) 자료를 이해하기 쉽고 간단하게 나타냈나요?
(   )

(3) 사진 또는 그림은 설명하는 대상을 잘 나타냈나요?
(   )

13~14 다음 글을 읽고 물음에 답하시오.

13 그림 ❶과 그림 ❷는 각각 어디에서 일어나는 문제인지 쓰시오.

(1) 그림 ❶: (   )
(2) 그림 ❷: (   )

14 그림 ❷와 같은 문제점을 해결하기 위한 의견으로 알맞은 것은 무엇입니까? (   )

① 자율 배식을 하자.
② 학교에서 질서를 잘 지키자.
③ 쓰레기를 함부로 버리지 말자.
④ 웃어른께 예의를 지켜 말하자.
⑤ 학교 급식실에서 뛰어다니지 말자.

15 토의 주제를 정할 때 생각해야 할 점으로 알맞은 것을 모두 찾아 기호를 쓰시오.

ㄱ 우리 모두와 관련이 있는 문제인가?
ㄴ 해결 방법을 찾을 수 있는 문제인가?
ㄷ 의견이 제일 많이 나올 수 있는 문제인가?
ㄹ 우리가 변화를 이끌어 낼 수 있는 문제인가?

(   )

16~18 다음 글을 읽고 물음에 답하시오.

> **문제 파악하기**
>
> 음식물 쓰레기 문제를 해결할 수 있는 방법
>
> **의견 실천에 필요한 조건 따지기**
>
> 자율 배식이 음식물 쓰레기 문제를 해결해 줄 수 있는가?
>
> **㉠**
>
> 먹기 싫은 음식을 가져가지 않아서 남는 음식이 오히려 더 많아질 것이다.
>
> **반응 살펴보기**
>
> 자율 배식은 오히려 먹지 않고 남기는 음식이 늘어나는 문제를 불러올 것이다.
>
> **조정한 의견**
>
> ㉡

16 의견을 조정하는 절차 가운데에서 ㉠에 들어갈 말은 무엇인지 쓰시오.

(   )

17 ㉡에 들어갈 의견으로 알맞은 것은 무엇입니까?

(   )

① 급식을 없애고 각자 도시락을 싸 오자.
② 음식을 골고루 받아 편식하는 습관을 줄이자.
③ 싫은 음식이라도 몸에 좋은 것이니 참고 먹자.
④ 먹고 싶은 것만 먹을 수 있게 자율 배식을 하자.
⑤ 식판에 음식을 받을 때 못 먹는 음식을 미리 말씀드리고 조금만 받자.

서술형

18 학교 급식실에서 음식물 쓰레기를 줄이는 방법에 대한 의견과 까닭을 쓰시오.

_____

_____

19~20 다음 글을 읽고 물음에 답하시오.

19 토의 주제와 관련 있는 의견과 까닭을 바르게 말한 것은 무엇입니까? (   )

① 공부를 열심히 하자. 주변이 깨끗하면 공부를 잘하게 된다.
② 교실에 공기 청정기를 설치하자. 몸에 해로운 미세 먼지를 없애준다.
③ 교실에서 뛰어다니지 말자. 다른 친구와 부딪혀 넘어지거나 다칠 수 있다.
④ 교실에 쓰레기통을 없애자. 쓰레기통을 없애면 쓰레기를 버리지 않게 된다.
⑤ 청소 당번을 정하자. 책임감을 가지고 청소를 해서 교실이 깨끗해질 수 있다.

20 토의 과정에 참여한 자신의 모습을 되돌아보며 스스로 평가할 때 생각할 점으로 알맞지 않은 것은 무엇입니까? (   )

① 상대를 배려하며 의견을 말했나요?
② 토의 주제와 관련한 의견을 말했나요?
③ 토의 주제를 바꾸는 방법을 잘 알고 있나요?
④ 의견을 조정하는 과정에 스스로 참여했나요?
⑤ 의견을 뒷받침하는 다양한 자료를 마련했나요?

1~2

도움말

☆ 의견을 조정해야 하는 까닭을 알아봅니다.

1 쥐들이 토의를 하는 까닭은 무엇인지 쓰시오.

1 사회자는 토의 주제를 소개하고 토의를 이끄는 역할을 합니다.

2 이 토의에서 문제점은 무엇인지 쓰시오.

2 의견을 조정하지 않으면 모두가 받아들일 수 있는 의견을 정할 수가 없습니다.

3 이 토의 주제에 알맞은 의견과 근거를 쓰시오.

3 모두가 받아들일 수 있는, 실천 가능한 의견을 생각해 봅니다.

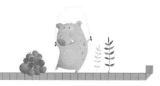

4~6

토의 주제: 미세 먼지에 대처하는 방안

❶ 공기 청정기가 없는 곳은 어떻게 하나요? 그럼 공기 청정기가 설치된 곳에서만 지내야 하나요?

마스크를 쓰는 것은 안 불편한 줄 아십니까? 마스크를 쓰면 답답하고 숨을 쉬기 어렵습니다.

❷ 하루 종일 공기 청정기를 켜 놓으면 전기 소모가 많을 수 있습니다.

미세 먼지를 걸러야 하는데 그깟 전기가 중요합니까? 정말 뭘 모르시는군요.

3
단원

4 토의 주제에 알맞은 의견을 쓰시오.

_____

_____

4 미세 먼지에 대처하는 방안을 떠올려 봅니다.

5 토의를 할 때 그림 ❶~❷와 같이 말하면 상대의 기분은 어떠하겠는지 쓰시오.

_____

_____

5 토의를 할 때에는 자기 주장만 옳다고 고집하지 않아야 합니다. 또 상대에게 예의를 지키고, 적극적으로 참여해야 합니다.

6 토의를 하면서 자신이나 친구의 참여 태도 때문에 일어난 일을 떠올려 쓰시오.

6 의견을 조정하는 과정에서 필요한 태도는 의견과 발언에 집중하고 자신의 생각을 적극적으로 표현하며 결정한 의견에 따르는 것입니다.

도움말

✿ 토의 과정에서 의견을 조정하는 방법을 알아봅니다.

7 의견 조정에 참여한 사람들의 태도는 어떠한지 쓰시오.

_____

_____

7 의견을 조정하는 것은 상대 기분을 배려하면서 자기 장점을 주장하는 말하기이기도 합니다.

8 이처럼 의견을 조정하는 과정이 필요한 까닭은 무엇인지 쓰시오.

_____

_____

8 의견을 조정할 때에는 해결할 문제를 파악하고 의견 실천에 필요한 조건을 따지면서 결과를 예측하고 마지막으로 전체의 반응을 살핍니다.

9 다음 의견 가운데에서 미세 먼지에 대처하는 방안에 더 적합하다고 생각하는 의견은 무엇인지 쓰시오.

토의 주제: 미세 먼지에 대처하는 방안
• 의견 1: 미세 먼지 마스크를 사용한다.
• 의견 2: 학교 곳곳에 공기 청정기를 설치한다.

9 어떤 의견을 더 선호하는지, 결정한 의견에 따른 자신의 역할은 무엇인지 생각해 봅니다.

세계보건기구[WHO]는 아동 비만을 21세기 최대 건강 문제 가운데 하나로 꼽고 있다. 한국도 예외는 아니다. 교육부에 따르면 2017년을 기준으로 우리나라 초중고 비만 학생은 100명당 약 17.3명인데 해마다 꾸준히 증가하고 있다.

영국의 한 초등학교에서 실시한 건강 달리기 프로그램이 성공을 거두어 큰 관심을 끌고 있다. 이 학교는 날마다 적절한 시간을 정해 1.6킬로미터를 달리게 하고 있다. 학생들을 관찰한 □□대학의 ○ 박사는 "이 학교의 학생들에게는 비만 문제가 보이지 않는다."라고 했다.

미국 일리노이주의 한 학교 역시 건강 달리기로 하루를 시작한다. 이 학교의 학생들은 건강은 물론 집중력도 향상되었고, 우울증과 불안감은 줄어들었다고 한다.

『○○신문』

도움말

☞ 찾은 자료를 정리해 알기 쉽게 표현하는 방법을 알아봅니다.

3
단원

10 건강 달리기의 효과는 무엇인지 요약하여 쓰시오.

(1) _____

(2) _____

10 자료를 읽기 쉽게 하려면 간단히 읽을 수 있도록 요약합니다.

11 이 글의 내용을 표나 그래프로 표현하면 좋은 점은 무엇인지 쓰시오.

_____

_____

11 자료를 알기 쉽게 표현하기 위해서는 정보를 어떻게 요약할지, 단계나 표로 간단하게 나타낼 수 있는지, 자료 배치나 글씨 크기는 어떻게 할지를 정해야 합니다.

12 이 글의 내용을 한눈에 알 수 있는 제목을 정하여 쓰시오.

12 제목을 통해 글의 내용을 짐작할 수 있어야 합니다.

단원 요점 정리

4. 겪은 일을 써요

핵심 1 문장 성분의 호응 관계

- 문장 성분이란 주어, 목적어, 서술어와 같이 문장을 *구성하는 부분을 말합니다.
- 시간을 나타내는 말에 어울리는 서술어가 따로 있습니다. →'어제, 오늘, 내일' 등
- 높임의 대상을 나타내는 말에 따라 달라지는 서술어가 있습니다.
- 주어에 따라 *호응하는 서술어가 있습니다.
- 문장 성분의 호응이 이루어지도록 글을 쓰면 문장의 뜻을 바르게 이해할 수 있습니다.

> **부사어의 호응**
>
> '결코, 전혀, 별로'와 같은 낱말은 '-지 않다', '-지 못하다'와 같은 부정적인 서술어 또는 '안', '못'이 꾸며 주는 서술어와 호응합니다.

핵심 2 글쓰기 과정

과정	활동
계획 하기	• 글 쓸 준비를 합니다. • 쉽고 재미있게 읽을 수 있는 글인지 생각합니다. • 글의 종류, 글을 읽을 사람을 생각합니다.
내용 생성 하기	• 쓸 내용을 떠올립니다. • 요즘 경험한 일이 무엇인지 떠올립니다. • 가족, 친구와 관련된 이야기를 떠올립니다.
내용 *조직 하기	• 쓸 내용을 나눕니다. • 쓸 내용 가운데에서 비슷한 내용을 묶습니다. • 차례대로 쓸지, 부분으로 나누어 쓸지 생각합니다.
표현 하기	• 직접 글을 씁니다. • 읽는 사람이 관심을 보일 만한 제목을 붙입니다. • 실감 나고 재미있게 표현합니다.
고쳐 쓰기	• 글을 고칩니다. • 읽는 사람이 이해하기 어려운 내용은 없는지 살펴봅니다. • 문장 성분의 호응이 바르지 않은 부분은 없는지 살펴봅니다.

핵심 3 겪은 일이 드러나게 글 쓰기

- 자신이 겪은 일 가운데에서 기억에 남는 일을 떠올려 봅니다.
- 글을 쓰는 목적, 글의 종류, 읽는 사람, 글의 주제 등을 정합니다. → 읽는 사람의 관심을 끌 수 있는 좋은 글감을 고릅니다. 경험과 같이 글을 쓰는 재료가 되는 것을 글감이라고 합니다.
- 글을 어떻게 조직할지 생각합니다.
- 글머리를 시작하는 여러 가지 방법을 알아보고 글쓰기를 시작합니다. → 글머리는 글의 전체적인 인상을 만들어 주는 중요한 역할을 합니다.
- 자신의 생각을 확인하며 글을 씁니다.
- 글을 쓸 때 생각해야 할 부분을 살펴보며 쓴 글을 평가합니다.

> **글을 쓸 때 생각해야 할 질문**
>
> - 읽는 사람이 흥미를 느낄 수 있는 제목과 글머리를 정했는지 생각해야 합니다.
> - 읽는 사람이 이해할 수 있도록 쓰는지 생각해야 합니다.
> - 재미있게 읽을 수 있는 방법을 찾아 쓰는지 생각해야 합니다.
> - 주제와 관련한 여러 가지 내용으로 쓰는지 생각해야 합니다.
> - 글을 조직한 대로 짜임새 있게 쓰며 문단을 나누는지 생각해야 합니다.
> - 맞춤법이 바른지, 불필요한 내용이 들어가지는 않았는지, 문장 성분의 호응이 바른지 생각합니다.

핵심 4 매체를 활용해 겪은 일이 드러나는 글 쓰기

→ 글로 생각을 나누기 편하고, 다른 사람이 올린 글을 읽고 정보를 얻을 수 있습니다.

- 의견 조정하기 방법으로 학급에서 활용할 매체를 정합니다.
- 매체를 활용해 글을 쓰거나 의견을 나눌 때 주의할 점은 무엇인지 알아봅니다. → 누가 쓴 글인지 이름을 밝힙니다.
- 매체를 활용해 겪은 일이 잘 드러나게 글을 씁니다.
- 친구가 쓴 글에 의견을 쓰거나 친구가 남긴 의견을 읽어 봅니다.
- 친구들과 나눈 의견을 바탕으로 하여 자신의 글을 고쳐 씁니다.

개념을 확인해요

1 ☐☐☐☐ 이란 주어, 목적어, 서술어와 같이 문장을 구성하는 부분을 말합니다.

2 '어제, 오늘, 내일'과 같은 말은 ☐☐ 을 나타내는 말입니다.

3 문장 성분의 호응이 이루어지도록 글을 써야 하는 까닭은 문장의 뜻을 바르게 ☐☐ 할 수 있기 때문입니다.

4 글쓰기 과정은 '계획하기 ➡ 내용 생성하기 ➡ 내용 ☐☐ 하기 ➡ 표현하기 ➡ 고쳐쓰기'의 단계를 거칩니다.

5 직접 글을 쓰는 단계는 ☐☐☐☐ 입니다.

6 경험과 같이 글을 쓰는 재료가 되는 것을 ☐☐ 이라고 합니다.

7 글을 조직할 때에는 처음-가운데-끝으로 나누어 쓰거나 일이 일어난 ☐☐ 과 결과를 중심으로 글을 쓸 수 있습니다.

8 ☐☐☐ 는 글의 전체적인 인상을 만들어 주는 중요한 역할을 합니다.

9 글을 쓸 때 처음 부분은 읽는 사람이 ☐☐ 를 느낄 수 있는 제목과 글머리를 정해야 합니다.

10 매체를 활용해 겪은 일이 드러나는 글을 쓰면 글로 생각을 나누기 편하고, 다른 사람이 올린 글을 읽고 ☐☐ 를 얻을 수 있습니다.

4 단원

도움말

1. 문장 성분의 호응이 잘 이루어지도록 글을 써야 문장의 뜻을 바르게 이해할 수 있습니다.

2. 주어와 서술어의 호응 관계, 시간을 나타내는 말과 서술어의 호응 관계, 높임의 대상을 나타내는 말과 서술어의 호응 관계가 알맞아야 뜻을 바르게 이해할 수 있습니다.

3. 겪은 일이 잘 드러나게 글을 쓰기 위해서는 '계획하기 ➡ 내용 생성하기 ➡ 내용 조직하기 ➡ 표현하기 ➡ 고쳐쓰기'의 단계를 거칩니다.

핵심 1

1 문장 성분의 호응 관계가 잘못된 것은 무엇입니까? (   )

① 민지가 지금 밥을 먹는다.
② 키와 몸무게가 엄청 늘었다.
③ 할머니께서 방에서 주무신다.
④ 동생이 어제 책을 세 시간 읽었다.
⑤ 태현이의 표정이 별로 좋아 보이지 않는다.

핵심 1

2 밑줄 그은 부분을 바르게 고친 것은 무엇입니까? (   )

① 동생이 빵과 우유를 마신다. ➡ 마셨다
② 오후에 축구를 차러 갈 것이다. ➡ 하러
③ 어제는 비가 많이 내린다. ➡ 내리고 있다
④ 할아버지께서 음식을 먹는다. ➡ 먹으신다
⑤ 나는 책 읽기를 별로 좋아한다. ➡ 싫어한다

핵심 2

3 다음 그림은 글쓰기의 과정 가운데에서 무엇에 해당합니까? (   )

① 계획하기
② 표현하기
③ 고쳐쓰기
④ 내용 생성하기
⑤ 내용 조직하기

도움말

핵심 3

4 겪은 일이 드러나게 글을 쓸 때 글감으로 알맞은 것은 무엇입니까?

( )

① 누구나 경험할 만한 것
② 주제가 잘 드러나지 않는 것
③ 내용을 자세히 풀어 쓸 수 없는 것
④ 장소나 등장인물의 변화가 너무 많은 것
⑤ 글을 읽는 사람이 흥미를 느낄 수 있는 것

4. 글감은 경험과 같이 글을 쓰는 재료가 되는 것을 말합니다. 글감을 떠올리고 그 가운데에서 좋은 글감을 고르는 일은 글쓰기에서 매우 중요합니다.

핵심 3

5 글을 조직하는 방법으로 알맞지 <u>않은</u> 것은 무엇입니까? ( )

① 시간의 순서에 따라 글을 쓴다.
② 장소의 변화에 따라 글을 쓴다.
③ 머릿속에서 생각나는 대로 글을 쓴다.
④ 일이 일어난 원인과 결과를 중심으로 글을 쓴다.
⑤ 처음–가운데–끝으로 나누어 일어난 일과 생각이나 느낌을 쓴다.

5. 글을 쓰기 전에 글 내용을 조직하는 까닭은 기초를 잘 정해야 좋은 글이 나올 수 있기 때문입니다.

4
단원

핵심 4

6 다음 글 모음집을 만드는 까닭으로 알맞은 것을 모두 고르시오.

(,)

  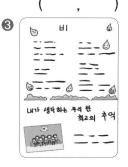

① 편집 능력을 평가하기 위해서
② 글쓰기 능력을 향상시키기 위해서
③ 다른 사람보다 잘했다는 것을 뽐내기 위해서
④ 다른 사람의 생각과 감정을 똑같이 따라 하기 위해서
⑤ 그동안 학습한 내용을 정리할 수 있는 기회를 가지기 위해서

6. 글 모음집을 모아 두면 글을 다시 읽고 그때의 생각을 알 수 있습니다.

1~3 다음 글을 읽고 물음에 답하시오.

"아함! 졸려."

㉠어제저녁에 방에서 컴퓨터를 하는데 졸음이 밀려온다. 안방으로 가서 가만히 누워 있는데 내 동생 용준이가 나를 툭툭 치며 장난을 걸어왔다. 나는 용준이가 또 덤빌까 봐 용준이 손을 잡고 안 놓아주었다. 그러다가 그만 내 눈에 쇳덩어리(용준이 머리)가 '쿵' 하고 부딪쳤다.

"아야!"

나는 너무 아파서 눈물을 글썽였다. 그랬더니 용준이가 혼날까 봐 따라 울려고 그랬다. 나는 결코 용준이를 아프게 한 적이 없는데도 말이다.

"야, 네가 왜 울어?"

그때였다. 아버지께서 눈을 크게 뜨며

"진윤서, 너 왜 동생 울려?"

하고 큰소리를 내셨다. 나한테만 뭐라고 하시는 아버지를 이해할 수 없었다. 나는 화가 나서 울며 내 방으로 들어가 침대에 누웠다.

'쳇, 나한테만 뭐라고 하고……'

1 언제 일어난 일인지 쓰시오.

( )

2 아버지의 말씀을 들은 윤서의 기분으로 알맞지 않은 것은 무엇입니까? (,)

① 속상함
② 억울함
③ 화가 남
④ 부끄러움
⑤ 조마조마함

3 ㉠을 바르게 고쳐 쓰시오.

_____

4~5 다음 글을 읽고 물음에 답하시오.

용준이가 문을 똑똑 두드렸다.

"누나야, 문 열어 봐."

"싫어."

나는 앞으로 용준이와 놀아 주지 않겠다고 다짐했다. 한참 있다가 어머니께서 오셨다. 문을 열어 보라고 하시는데 어머니의 목소리가 별로 좋아 ㉠보였다. 나는 혼이 날까 봐 살짝 문을 열었다.

"윤서야, 너 좋아하는 연속극 해."

"일기 쓸래요."

그때 안방에서 아버지가 ㉡불렸다.

"윤서야, 이리 와 봐."

나는 입을 쭉 내밀고 절대 앉기 싫다는 표정으로 아버지 옆에 앉았다.

"왜 울었어?"

"잘못은 용준이가 했는데 저만 야단맞아서요."

"서러웠니?"

"예."

"윤서가 다 컸다고 아빠가 쉽게 생각했어. 미안하구나."

"……"

4 이 글을 읽고 알 수 있는 내용은 무엇입니까?

( )

① 윤서는 동생을 아끼고 사랑한다.
② 윤서는 일기 쓰는 것을 좋아한다.
③ 어머니께서는 연속극을 좋아하신다.
④ 아버지 때문에 어머니께서 화가 나셨다.
⑤ 잘못은 동생이 했는데 윤서만 아버지께 야단을 맞았다.

5 ㉠, ㉡을 바르게 고쳐 쓰시오.

(1) ㉠ 보였다 ➡ ( )

(2) ㉡ 불렸다 ➡ ( )

6 호응 관계가 바르게 된 문장은 무엇입니까?

( )

① 아버지가 동생을 불렀다.
② 할아버지께서 집으로 왔다.
③ 웃음이 '피식' 하고 웃어 버렸다.
④ 어머니의 표정이 별로 좋아 보였다.
⑤ 어젯밤에 배가 아파서 응급실에 갔다.

7 경험이 드러나는 글을 쓰는 과정이 차례대로 나열된 것은 무엇입니까? ( )

① 내용 생성하기 → 계획하기 → 내용 조직하기 → 표현하기 → 고쳐쓰기
② 내용 생성하기 → 계획하기 → 표현하기 → 내용 조직하기 → 고쳐쓰기
③ 계획하기 → 내용 생성하기 → 내용 조직하기 → 표현하기 → 고쳐쓰기
④ 계획하기 → 내용 생성하기 → 표현하기 → 내용 조직하기 → 고쳐쓰기
⑤ 계획하기 → 표현하기 → 내용 생성하기 → 내용 조직하기 → 고쳐쓰기

8 다음 밑줄 그은 문장을 고친 까닭이 바르게 되도록 빈칸에 각각 알맞은 말을 쓰시오.

> <u>할아버지는 얼른 밥을 다 먹고</u> 또 일하러 나가셨다.
> (할아버지께서는 얼른 진지를 다 잡수시고)

(1) ( )의 대상을 나타내는 말과
(2) ( )의 호응 관계가 알맞지 않아서이다.

9 다음은 글쓰기의 과정 가운데 무엇에 해당합니까?

( )

① 글을 고치는 단계
② 직접 글을 쓰는 단계
③ 쓸 내용을 나누는 단계
④ 글 쓸 준비를 하는 단계
⑤ 글 내용을 떠올리는 단계

주의

10 다음 문장이 <u>잘못된</u> 까닭은 무엇입니까? ( )

> ㉮ 나는 책 읽기를 별로 좋아하는 편이다.
> ㉯ 선생님 말씀은 전혀 들어 본 내용이었다.
> ㉰ 나는 친구가 거짓말을 한 것이 결코 바른 행동이라고 생각한다.

① 긴 내용을 한 문장으로 줄여 썼기 때문에
② '친구, 선생님, 나'를 높이지 않았기 때문에
③ 시간을 나타내는 말이 들어 있지 않기 때문에
④ 주어와 서술어의 호응 관계가 알맞지 않기 때문에
⑤ '결코, 전혀, 별로'와 같은 낱말과 서술어가 어울리지 않기 때문에

11~12 다음 글을 읽고 물음에 답하시오.

㉮ 내가 이번 대회에 참가하면서 느낀 점은 도전을 하고 그 목표를 성취하려고 노력하는 순간들도 소중하다는 것을 느꼈다.

㉯ 평소 은주는 바른 말을 쓰고 친구들을 잘 이해하는 친구였기 때문에 나는 결코 은주가 한 행동이라고 생각했다.

㉰ 선생님께서는 이번 시험 문제가 쉽다고 말씀하셨는데 전혀 쉬워서 친구들이 모두 놀랐다.

㉱ 그림책은 어린아이들이나 읽는 것이라고 생각해서 평소에 별로 읽는 편이다. 하지만 부모님께서 권해 주신 그 책은 내 생각과 달랐다.

11 다음 말과 관련 있는 낱말을 모두 찾아 쓰시오.

'~지 못하다', '~지 않다'라는 서술어와 호응한다.

( )

12 밑줄 그은 부분을 각각 바르게 고쳐 쓰시오.

(1)
소중하다는 것을 느꼈다.

➡ ( )

(2)
생각했다.

➡ ( )

(3)
전혀 쉬워서

➡ ( )

(4)
별로 읽는 편이다.

➡ ( )

13 다음 내용은 글쓰기 과정 가운데에서 무엇에 해당하는지 쓰시오.

• 쓸 내용을 떠올린다.
• 요즘 경험한 일이 무엇인지 떠올린다.
• 가족, 친구와 관련된 이야기를 떠올린다.

( )

🔊

14 겪은 일이 드러나는 글을 쓰기 전에 글감을 정하려고 합니다. 빈칸에 들어갈 말로 알맞지 않은 것은 무엇입니까? ( )

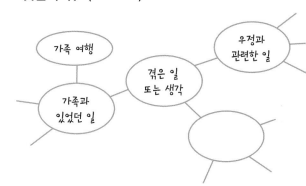

① 매일 학교에 다닌 일
② 친한 친구와 다툰 일
③ 처음 비행기를 탄 일
④ 박물관으로 현장 체험 학습을 간 일
⑤ 그림 그리기 대회에서 상을 받은 일

15 빈칸에 '글감'과 '주제' 가운데 알맞은 말을 각각 쓰시오.

경험과 같이 글을 쓰는 재료가 되는 것을 ((1))(이)라고 하고, 자신이 글로 나타내고 싶은 생각을 ((2))(이)라고 한다.

 주의

16 다음 글머리를 시작하는 방법은 무엇입니까?

( )

> 키가 작고 눈이 동그란 그 친구는 항상 웃는 아이였다.

① 대화 글로 시작하기
② 인물 설명으로 시작하기
③ 날씨 표현으로 시작하기
④ 속담이나 격언으로 시작하기
⑤ 의성어나 의태어로 시작하기

중요

17 글을 쓸 때 생각할 점으로 알맞지 <u>않은</u> 것은 무엇입니까? ( )

① 어려운 낱말을 얼마나 많이 쓰는가?
② 읽는 사람이 이해할 수 있도록 쓰는가?
③ 글을 조직한 대로 짜임새 있게 쓰는가?
④ 주제와 관련한 여러 가지 내용으로 쓰는가?
⑤ 재미있게 읽을 수 있는 방법을 찾아 쓰는가?

18 매체를 활용해 겪은 일이 드러나는 글을 쓸 때 활용할 매체가 갖추어야 할 조건으로 알맞은 것을 모두 골라 기호를 쓰시오.

> ㉠ 반 학생이 모두 사용할 수 있어야 한다.
> ㉡ 친구의 글에 비판을 할 수 있어야 한다.
> ㉢ 긴 글을 쉽게 올리고 다 같이 볼 수 있어야 한다.
> ㉣ 다른 사람의 글을 마음대로 가져다 쓸 수 있어야 한다.

( )

19~20 다음 그림을 보고 물음에 답하시오.

4 단원

19 이와 같은 글 모음집을 만드는 까닭이 <u>아닌</u> 것은 무엇입니까? ( )

① 글쓰기 능력을 향상하기 위해서이다.
② 학교 숙제를 할 때 더 편리하기 위해서이다.
③ 스스로 자신의 생활과 글을 돌아볼 수 있기 때문이다.
④ 자신이 쓴 글을 다시 읽을 수 있고, 그때의 생각을 알 수 있기 때문이다.
⑤ 그동안 학습한 내용을 정리하고 발표할 수 있는 기회를 가지기 위해서이다.

20 글 모음집을 컴퓨터로 편집할 때의 좋은 점은 무엇입니까? ( )

① 정감이 있다.
② 깔끔하고 수정하기 쉽다.
③ 그림을 많이 그릴 수 있다.
④ 글쓰기 능력을 높일 수 있다.
⑤ 어려운 낱말을 많이 쓸 수 있다.

1 목적어가 들어 있지 <u>않은</u> 문장은 무엇입니까? ( )

① 윤서가 친구와 도서관에 갔다.
② 미술시간에 동생이 그림을 그린다.
③ 어머니께서 나에게 심부름을 시키셨다.
④ 은찬이는 어제 세 시간 동안 책을 읽었다.
⑤ 할머니께서 맛있는 간식을 만들어 주셨다.

2 시간을 나타내는 말과 서술어의 호응이 바르게 된 문장을 찾아 기호를 쓰시오.

> ㉠ 어제는 비가 올 것이다.
> ㉡ 친구와 내일 영화관에서 만났다.
> ㉢ 아기가 지금 새근새근 잠을 잔다.
> ㉣ 어젯밤에 아버지와 나는 공원에서 운동을 한다.

( )

3 초록색으로 쓴 낱말과 서술어의 호응 관계가 알맞은 무엇입니까? ( )

① 날씨가 그다지 덥지 않다.
② 아버지 말씀은 전혀 들어 본 내용이었다.
③ 나는 너의 생각을 도저히 이해할 수 있다.
④ 우리는 내일까지 반드시 이 문제를 풀었다.
⑤ 그 숙제를 해내는 일은 여간 어려운 일이다.

4~5 다음 글을 읽고 물음에 답하시오.

"아함! 졸려."
어제저녁에 방에서 컴퓨터를 하는데 졸음이 밀려왔다. 안방으로 가서 가만히 누워 있는데 내 동생 용준이가 나를 툭툭 치며 장난을 걸어왔다. 나는 용준이가 또 덤빌까 봐 용준이 손을 잡고 안 놓아 주었다. 그러다가 그만 내 눈에 쇳덩어리(용준이 머리)가 '쿵' 하고 부딪쳤다.
"아야!"
나는 너무 아파서 눈물을 글썽였다. 그랬더니 용준이가 혼날까 봐 따라 울려고 그랬다. 나는 ㉠결코 용준이를 아프게 한 적이 있다.
"야, 네가 왜 울어?"
그때였다. 아버지께서 눈을 크게 뜨며
"진윤서, 너 왜 동생 울려?"
하고 큰소리를 내셨다. 나한테만 뭐라고 하시는 아버지를 이해할 수 없었다. 나는 화가 나서 울며 내 방으로 들어가 침대에 누웠다.
'쳇, 나한테만 뭐라고 하고……'

4 윤서에게 일어난 일은 무엇입니까? ( )

① 동생과 장난치다가 머리를 다쳤다.
② 아버지와 동생과 재미있게 놀았다.
③ 동생과 장난치다가 아버지께 혼이 났다.
④ 동생과 다투다가 넘어져서 머리를 다쳤다.
⑤ 아픈 동생을 돌봐주어서 아버지께 칭찬을 받았다.

5 ㉠이 잘못된 까닭은 무엇입니까? ( )

① '있다'를 '있었다'로 써야 한다.
② '있다'를 '있으시다'로 써야 한다.
③ '아프게'를 '아프시게'로 써야 한다.
④ '결코' 뒤에 오는 서술어를 '없다'로 써야 한다.
⑤ '결코' 뒤에 오는 서술어를 '있을 것이다'로 써야 한다.

6~7 다음 글을 읽고 물음에 답하시오.

"왜 울었어?"

"잘못은 용준이가 했는데 저만 야단맞아서요."

"서러웠니?" / "예."

"윤서가 다 컸다고 아빠가 쉽게 생각했어. 미안하구나."

"……."

"용준이 너 이리 와."

아버지의 호령에 용준이가 똥 마려운 아이처럼 쭈뼛쭈뼛 다가왔다.

"누나……, 미안."

㉠용준이가 씩 웃으며 나를 쳐다보셨다. 웃음이 나오려는 것을 참고 아버지 쪽으로 얼굴을 돌렸는데 ㉡아버지께서 손으로 하트 모양을 만들고 계셨다. ㉢그만 웃음이 피식 웃어 버렸다. ㉣아버지께서도 웃었다. 내 마음이 녹아 버렸다.

"윤서야, 연속극 보고 가."

"그냥 일기 쓸래요."

"그래? 알았다."

㉤나는 내 방으로 들어와서 일기를 쓰셨다.

'역시 가족은 가족이구나. 이런 것이 가족의 정이지.'

6 윤서의 마음이 풀린 까닭은 무엇입니까? (   )

① 아버지와 동생이 윤서 앞에서 춤을 추어서

② 동생이 윤서 앞에서 무릎을 꿇고 눈물을 흘려서

③ 아버지와 동생이 윤서의 속상한 마음을 달래 주어서

④ 어머니께서 윤서가 좋아하는 드라마를 보여 주셔서

⑤ 어머니께서 윤서에게 일기를 안 써도 된다고 말씀하셔서

서술형

7 ㉠~㉤ 가운데에서 바르게 쓴 문장을 찾아 기호를 쓰시오.

(   )

8 다음은 글쓰기 과정과 그 과정에서 무엇을 하는지 관련 있는 것끼리 선으로 이으시오.

(1) 계획하기 •　　• ㉠ 쓸 내용을 나누는 단계

(2) 내용 생성하기 •　　• ㉡ 글 쓸 준비를 하는 단계

(3) 내용 조직하기 •　　• ㉢ 쓸 내용을 떠올리는 단계

(4) 표현하기 •　　• ㉣ 직접 글을 쓰는 단계

(5) 고쳐쓰기 •　　• ㉤ 글을 고치는 단계

4단원

9 다음 문장에서 잘못된 부분을 괄호 친 부분과 같이 고친 까닭으로 알맞은 것은 무엇입니까? (   )

우리가 환경을 보호해야 하는 까닭은 환경 파괴의 피해가 결국 우리에게 돌아오는 것이라고 생각한다.
(돌아오기 때문이다)

① 문장이 너무 길어 이해하기 힘들어서

② 의견과 그에 대한 까닭이 알맞지 않아서

③ 주어와 서술어의 호응 관계가 알맞지 않아서

④ 시간을 나타내는 말과 서술어의 호응 관계가 알맞지 않아서

⑤ 높임의 대상을 나타내는 말과 서술어의 호응 관계가 알맞지 않아서

서술형

10 다음 낱말을 넣어 짧은 글을 지으시오.

별로

11 겪은 일이 드러나게 글을 쓸 때 계획하기 단계에서 생각하지 <u>않아도</u> 되는 내용은 무엇입니까?

( )

① 쓰는 목적　　　　② 읽는 사람
③ 글의 종류　　　　④ 글의 주제
⑤ 판매 기간

12 다음은 글쓰기 단계에서 무엇에서 이루어지는 활동에 해당합니까? ( )

❶ 자신의 기억에 남는 일을 적어 기억 조각을 만든다.
❷ 친구와 짝이 되어 서로의 기억 조각 가운데에서 두 개를 뽑는다.
❸ 기억 조각에 적힌 일에 대해 생각이나 느낌을 이야기한다.
❹ 다른 친구를 세 명 이상 새롭게 만나 이야기를 나눈다.
❺ 자신의 경험이나 생각을 친구들의 경험이나 생각과 비교해 보고 더 많은 기억을 떠올린다.

① 계획하기　　　　② 내용 생성하기
③ 조직하기　　　　④ 내용 표현하기
⑤ 고쳐쓰기

서술형

13 겪은 일이 드러나는 글을 쓰려고 합니다. 어떤 일을 글로 쓸지 계획을 세우고 빈칸에 각각 알맞은 말을 쓰시오.

(1) 쓰는 목적	
(2) 읽는 사람	
(3) 글의 주제	
(4) 글의 종류	

14 글 ㉮와 글 ㉯의 글머리를 시작하는 방법은 무엇입니까? ( )

㉮ "가는 날이 장날"이라더니 해변은 축제 때문에 사람들로 가득했다.

㉯ "내일 지구가 멸망할지도 나는 사과나무 한 그루를 심겠다."라는 말이 있다.

① 대화 글로 시작하기
② 날씨 표현으로 시작하기
③ 인물 설명으로 시작하기
④ 속담이나 격언으로 시작하기
⑤ 의성어나 의태어로 시작하기

15 쓴 글을 다시 읽고 고쳐 쓸 때 생각해야 할 점으로 알맞지 <u>않은</u> 것은 무엇입니까? ( )

① 글 내용에 어울리는 제목을 붙였는가?
② 반복되는 말, 꾸며 주는 말을 많이 썼는가?
③ 글머리가 읽는 사람의 흥미를 끌 수 있는가?
④ 어휘 사용이 적절하며 읽는 사람이 이해할 수 있는가?
⑤ 읽는 사람이 재미있게 읽을 수 있도록 적절한 표현 방법을 사용했는가?

16 빈칸에 들어갈 알맞은 말은 무엇입니까? ( )

매체를 활용해 글을 쓸 때에는 읽기 쉽게 글자 크기와 줄 간격 등을 조정하고 누가 쓴 글인지 □□□을 밝힌다.

① 의견　　　　② 이름
③ 댓글　　　　④ 내용
⑤ 시간

17 이와 같이 자신이 썼던 글을 모아 둔 글을 무엇이라 고 합니까? (　　　)

① 신문
② 소설책
③ 전자책
④ 글 모음집
⑤ 주장하는 글

18 다음을 보고 알맞은 것의 기호를 쓰시오.

　㉠ 깔끔하다.
　㉡ 정감이 있다.
　㉢ 수정하거나 인쇄하기 쉽다.
　㉣ 깨끗하게 편집하기 어려울 수 있다.
　㉤ 직접 그린 그림이나 손글씨 등을 보여주기 어렵다.

(1) 손으로 쓴 것: (　　　　　　　)
(2) 컴퓨터로 편집한 것: (　　　　　　　)

〈정해야 할 것〉　　　〈필요한 역할〉

4
단원

19 글 모음집을 만들기 전에 정해야 할 것과 필요한 역 할을 나누기 위한 토의를 하려고 합니다. 정해야 할 것으로 알맞지 <u>않은</u> 것은 무엇입니까? (　　　)

① 글 모음집의 제목
② 글 모음집을 읽을 사람
③ 글 모음집을 판매할 사람
④ 글 모음집에 들어갈 내용
⑤ 글 모음집에 들어갈 분량

20 글 모음집을 만들 때 주의할 점으로 알맞은 것을 모 두 골라 기호를 쓰시오.

　㉠ 읽을 사람을 고려하며 내용을 구성한다.
　㉡ 가장 잘하는 사람 한 명이 글 모음집을 모두 꾸 민다.
　㉢ 글 모음집을 만들 계획과 목적에 알맞게 만들어 야 한다.
　㉣ 친구들끼리 사용하는 은어나 비속어를 넣어 재미 있게 꾸민다.

(　　　　　　　)

도움말

☆ 호응 관계를 생각하며 겪은 일이 드러난 글을 읽어 봅니다.

1~2

"아함! 졸려."

어제저녁에 방에서 컴퓨터를 하는데 졸음이 밀려왔다. 안방으로 가서 가만히 누워 있는데 내 동생 용준이가 나를 툭툭 치며 장난을 걸어왔다. 나는 용준이가 또 덤빌까 봐 용준이 손을 잡고 안 놓아주었다. 그러다가 그만 내 눈에 쇳덩어리(용준이 머리)가 '쿵' 하고 부딪혔다.

"아야!"

나는 너무 아파서 눈물을 글썽였다. ㉠그랬더니 용준이가 혼날까 봐 따라 울려고 그랬다. 나는 ㉮결코 용준이를 아프게 한 적이 없는데도 말이다.

"야, 네가 왜 울어?"

그때였다. 아버지께서 눈을 크게 뜨며

"진윤서, 너 왜 동생 울려?"

하고 큰소리를 내셨다. ㉡나한테만 뭐라고 하는 아버지를 이해할 수 없었다. 나는 화가 나서 울며 내 방으로 들어가 침대에 누웠다.

'쳇, 나한테만 뭐라고 하고…….'

1 ㉠에서 알 수 있는 마음은 무엇인지 쓰시오.

_____

_____

1 자신은 잘못한 것이 없는데 상대방이 울면 어떤 마음이 들지 생각해 봅니다.

2 ㉡의 문장이 잘못된 부분을 찾고 그 까닭을 쓰시오.

(1) 잘못된 부분: _____

(2) 잘못된 까닭: _____

_____

2 문장 성분의 호응이 제대로 이루어지지 않은 부분을 찾아봅니다.

3 ㉮를 넣어 문장 호응이 바르게 되도록 짧은 글을 지으시오.

_____

_____

3 문장 성분의 호응이 바르게 이루어져 문장의 뜻을 정확하게 이해할 수 있습니다.

4~6

(가) 용준이가 문을 똑똑 두드렸다.

"누나야, 문 열어 봐."

"싫어."

나는 앞으로 용준이와 놀아 주지 않겠다고 다짐했다. 한참 있다가 어머니께서 오셨다. 문을 열어 보라고 하시는데 어머니의 목소리가 별로 좋아 보이지 않았다. 난 혼이 날까 봐 살짝 문을 열었다.

"윤서야, 너 좋아하는 연속극 해."

㉠"일기 쓸래요."

(나) "누나……, 미안."

용준이가 씩 웃으며 나를 쳐다보았다. 웃음이 나오려는 것을 참고 아버지 쪽으로 얼굴을 돌렸는데 아버지께서 손으로 하트 모양을 만들고 계셨다. ㉮그만 웃음이 '피식' 하고 웃어 버렸다. 아버지께서도 웃으셨다. 내 마음이 녹아 버렸다.

"윤서야, 드라마 보고 가."

㉡"그냥 일기 쓸래요."

"그래? 알았다."

나는 내 방으로 들어와서 일기를 썼다.

'역시 가족은 가족이구나. 이런 것이 가족의 정이지.'

4 글 (나)에서 윤서의 마음이 녹아 버린 까닭은 무엇인지 쓰시오.

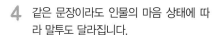

4 같은 문장이라도 인물의 마음 상태에 따라 말투도 달라집니다.

5 ㉠과 ㉡에 어울리는 말투는 무엇인지 쓰시오.

(1) ㉠에 어울리는 말투:

(2) ㉡에 어울리는 말투:

5 '역시 가족은 가족이구나. 이런 것이 가족의 정이지.'라고 생각한 까닭은 무엇인지 생각해 봅니다.

6 ㉮를 바르게 고치고, 고친 까닭을 쓰시오.

(1) 고친 부분:

(2) 잘못된 까닭:

6 문장 성분의 호응이 이루어지도록 해야 하는 까닭을 생각해 봅니다.

7~8

○ 할아버지는 얼른 밥을 다 먹고 또 일하러 나가셨다.
○ 어제저녁 우리 가족은 함께 동네 공원으로 산책을 나간다.
○ 우리가 환경을 보호해야 하는 까닭은 그 피해가 결국 우리에게 돌아
  오는 것이라고 생각한다.

도움말

☆ 문장 성분의 호응 관계를 알아봅니다.

7 문장 ○~○이 각각 잘못된 문장인 까닭은 무엇인지 쓰시오.

(1) ○:

(2) ○:

(3) ○:

7 주어, 높임의 대상, 시간을 나타내는 말과 서술어의 호응 관계를 살펴봅니다.

8 문장 성분의 호응이 알맞지 않으면 어떻게 되는지 쓰시오.

8 글을 쓰거나 말을 할 때 문장을 잘못 쓰면 어떻게 되는지 생각해 봅니다.

9 다음 문장을 완성하시오.

(1) 내 짝꿍은 여간:

(2) 선생님께서는:

(3) 나는 내일:

9 '결코, 여간, 전혀'과 같은 낱말 뒤에는 어떤 서술어가 어울리는지 생각해 봅니다.

10 겪은 일이 드러나는 글을 쓸 때 어떤 글감이 좋은지 쓰시오.

_____

_____

_____

10 글감을 떠올리고 그 가운데에서 좋은 글감을 고르는 일은 글쓰기에서 중요합니다.

11 최근에 겪은 일 가운데 가장 기억에 남는 일과 그 까닭을 쓰시오.

_____

_____

_____

11 다른 사람에게 소개할 만한 경험인지 떠올려 봅니다.

4
단원

12 **11**번의 문제를 떠올려 겪은 일이 드러나게 글을 쓸 때 글머리를 간략하게 쓰시오.

12 글머리를 시작하는 방법은 '날씨 표현으로 시작하기, 대화 글로 시작하기, 의성어나 의태어로 시작하기, 인물 설명으로 시작하기 따위가 있습니다.

단원 요점 정리   5. 여러 가지 매체 자료

핵심 1 여러 가지 *매체 자료 알기

매체 자료		정보 전달 방법
인쇄 매체 자료	신문, 잡지	글, 그림, 사진
영상 매체 자료	영화, 드라마	소리, 자막 등의 여러 가지 *연출 방법
인터넷 매체 자료	누리소통망 [SNS], 문자 메시지	인쇄 매체 자료와 영상 매체 자료에서 사용하는 방식을 모두 사용함.

└ 글과 그림이 주는 시각 정보를 잘 살펴볼 뿐만 아니라 화면 구성과 소리에 담긴 정보도 탐색해야 합니다.

핵심 2 매체 자료의 특성을 생각하며 알맞은 방법으로 읽기

• 인물이 처한 상황이나 사건을 파악하며 「허준」의 동영상을 봅니다.
• 전하려는 내용을 어떻게 표현했는지 찾아봅니다.
  – 인물이 처한 상황을 표현한 방법을 찾아봅니다.
  – 각 장면에서 <u>사용한 음악은 어떤 느낌을 주는지</u> 생각해 봅니다.
    └ •음향 효과

핵심 3 알맞은 방법으로 매체 자료를 읽고 주요 내용 정리하기

• 인물 탐구 계획을 세웁니다.
  – 어떤 인물을 조사할지 생각해 봅니다.
  – 인물의 어떤 점을 소개할지 생각해 봅니다.
  – 인물이 한 일을 탐구하기 위해 어떤 자료를 조사하면 좋을지 생각해 봅니다.
• 인물에 대한 영상 매체 자료를 보고 주요 내용을 정리합니다.
  – 자료를 통해 알 수 있는 점을 정리합니다.
  – 자료에 사용한 음악은 어떤 효과를 주는지 생각합니다. → 김득신에 대한 영상에서 묵묵히 노력하는 인물의 모습을 더욱 강조하기 위해서 잔잔하고 차분한 느낌의 음악을 사용했습니다.
  – 인물의 성격이나 본받을 점을 친구들과 이야기해 봅니다.
• 매체 자료에 따른 읽기 방법을 생각합니다.
• 매체 자료를 활용해 추가 자료를 찾아 읽어 봅니다.

핵심 4 매체 자료의 특성을 생각하며 이야기를 읽고 현실 세계와 비교하기

• 「마녀사냥」의 내용을 파악합니다.
• 「마녀사냥」이라는 제목의 의미를 생각합니다.
• 「마녀사냥」을 읽고 자신의 삶과 비교합니다.
  – 등장하는 인물과 비슷한 경험을 떠올립니다.
  – 등장하는 인물들의 말과 행동에 대하여 생각해 봅니다.
  – 인터넷 매체를 이용하는 방법에 대하여 이야기를 나눕니다.
• 대화 예절을 지키며 「마녀사냥」에 대해 이야기를 나눕니다.

핵심 5 인터넷 매체를 이용하는 방법

• 적절한 정보를 어디에서 어떻게 찾을지를 정확히 아는 자세가 필요합니다.
• 정보를 분별하는 능력이 있어야 합니다.
• 다른 사람에게 예의를 갖추는 것이 반드시 필요합니다.

핵심 6 대화할 때 지켜야 하는 예절

• 친구의 말을 잘 듣고 적극적으로 반응합니다.
• 다른 사람의 말이 끝날 때까지 기다렸다가 말합니다.
• 대화 내용에 집중하며 관련 있는 내용을 말합니다.
• 혼자서만 너무 길게 말하거나 한두 문장으로 짧게 말하지 않습니다.

핵심 7 알리고 싶은 인물 소개하기

• 여러 가지 매체를 활용해 인물을 조사하고, 조사한 인물과 관련해 소개하고 싶은 내용을 떠올려 봅니다.
• 자신이 조사한 내용 가운데에서 떠올린 내용과 관련된 부분을 찾아 밑줄을 그어 봅니다.
• 밑줄 그은 부분을 읽고 이해하기 어렵거나 친구들에게 설명하기 어려운 부분을 찾아 알기 쉽게 바꾸어 봅니다.
• 알리려는 내용을 써 봅니다.
• 친구들 앞에서 알리고 싶은 인물을 발표해 봅니다.

조금 더 알기

매체 자료에 따른 표현 방법의 차이

• 텔레비전은 소리나 화면을 다양하게 이용해 표현합니다.
• 휴대 전화 문자 메시지는 문자, 그림 말, 사진, 동영상 따위를 모두 활용해 생각을 표현합니다.

매체 자료를 읽는 방법

• 인쇄 매체 자료: 글과 그림과 사진이 주는 시각 정보를 잘 살펴봅니다.
• 영상 매체 자료: 화면 구성을 잘 살피고 소리에 담긴 정보도 탐색합니다.
• 인터넷 매체 자료: 인쇄 매체 자료와 영상 매체 자료에서 사용하는 방식을 모두 사용합니다.

영상 매체의 읽기 방법

영상 매체는 다양한 표현 방법을 활용하기 때문에 활용한 요소들이 나타내는 바가 무엇인지 생각하며 봅니다.

낱말 사전

★ **매체** 어떤 작용을 한쪽에서 다른 쪽으로 전달하는 물체. 또는 그런 수단.
★ **연출** 연극이나 방송극 따위에서, 각본을 바탕으로 배우의 연기, 무대 장치, 의상, 조명, 분장 따위의 여러 부분을 종합적으로 지도하여 작품을 완성하는 일. 또는 그런 일을 맡은 사람.

개념을 확인해요

1 영화, 드라마는 ☐☐ 매체 자료에 속합니다.

2 인터넷 매체 자료는 정보를 전달하기 위해 인쇄 매체와 ☐☐ 매체 자료에서 사용하는 방식을 모두 사용합니다.

3 인쇄 매체 자료를 읽을 때에는 글과 그림과 사진이 주는 ☐☐ 정보를 잘 살펴봅니다.

4 매체 자료에서 전하려는 내용을 어떻게 표현했는지 찾아볼 때에는 인물이 처한 ☐☐ 을 표현한 방법을 찾아봅니다.

5 영상 매체 자료에서 각 장면에 사용한 ☐☐ 은 어떤 느낌을 주는지 생각해 봅니다.

6 인물 ☐☐ 계획을 세울 때에는 어떤 인물을 조사할지 생각해 봅니다.

7 인물 탐구 계획을 세울 때에는 인물의 어떤 점을 ☐☐ 할 것인지 생각해 봅니다.

8 자료에 사용한 음악은 어떤 ☐☐ 를 주는지 생각합니다.

9 인터넷 매체 자료를 이용할 때에는 적절한 ☐☐ 를 어디에서 어떻게 찾을지를 정확히 아는 자세가 필요합니다.

10 대화 ☐☐ 을 지키며 이야기를 나누기 위해서는 대화 내용에 집중하며 관련 있는 내용을 말합니다.

도움말

1. 매체 자료는 그 특성이 다르기 때문에 그것을 이용하는 방법도 다릅니다.

2. 인터넷 매체 자료란 최종 사용자가 콘텐츠에 접근할 수 있도록 전자 기기의 힘을 이용하는 매체 자료입니다.

3. 인쇄 매체 자료는 정보를 전달하려고 글과 그림과 사진을 사용하며, 영상 매체 자료는 음악, 화면 연출과 같은 방법으로 내용을 전달합니다.

핵심 1

1 여러 가지 매체 자료가 정보를 전달하는 방법을 찾아 선으로 연결하시오.

(1) 인터넷 매체 자료 •   • ㉠ 글, 그림, 사진을 사용함.

(2) 영상 매체 자료 •   • ㉡ 소리, 자막 등 여러 가지 연출 방법을 사용함.

(3) 인쇄 매체 자료 •   • ㉢ 인쇄 매체와 영상 매체에서 사용하는 방식을 모두 사용함.

핵심 2

2 ㉠~㉢ 가운데 인터넷 매체 자료를 읽기 방법과 관계있는 것의 기호를 쓰시오.

㉠ 글과 그림과 사진이 주는 시각 정보를 잘 살펴본다.
㉡ 인쇄 매체 자료와 영상 매체 자료를 읽는 방식을 모두 사용한다.
㉢ 화면 구성을 잘 살피고 소리에 담긴 정보도 탐색해야 한다.

(　　　　　　)

핵심 3

3 영상 매체 자료를 감상하고 매체 자료의 특성을 생각하며 전하려는 내용의 표현 방법을 알아볼 때 살펴볼 내용으로 알맞지 않은 것은 무엇입니까?

(　　)

① 장면을 보고 사건을 어떻게 표현했는지 찾아본다.
② 글과 그림과 사진이 주는 시각 정보를 잘 살펴본다.
③ 인물이 처한 상황이나 사건을 파악하며 동영상을 본다.
④ 각 부분에서 사용된 음악은 어떤 느낌을 주는지 생각해 본다.
⑤ 인물이 처한 상황을 표현하려고 사용한 화면 연출 방법을 찾아본다.

핵심 4

4 알맞은 방법으로 '인물 소개하기'와 관계있는 매체 자료를 읽고 주요 내용을 정리하는 방법을 잘못 말한 친구는 누구인지 쓰시오.

> 태희: 영상 자료에 사용한 음악은 어떤 효과를 주는지 생각했어.
> 영훈: 영상 자료를 보고 자료를 통해 인물에 대해 알 수 있는 점을 정리했어.
> 선호: 인물에 대해 조사한 친구의 성격이나 본받을 점을 친구들과 이야기했어.

(   )

핵심 5

5 매체 자료의 특성을 생각하며 다음 글을 현실 세계와 비교하는 방법으로 알맞은 것은 무엇입니까? (   )

> 민서영의 두 번째 거짓말!
> 여러분, 민서영은 또 한 번 여러분을 우롱하고 있습니다. 민서영이 내놓은 사진들을 살펴보면 단박에 그걸 알 수 있습니다.
> 민서영 아빠가 의료 봉사를 하고 있는 사진은 인터넷 여기저기에서 얼마든지 퍼 올 수 있는 사진들입니다. 사진 속 의사가 민서영 아빠라는 걸 누가 증명해 줄까요?
> 또 패션쇼 사진도 마찬가지입니다. 민서영이 마음만 먹으면 다른 디자이너의 패션쇼 사진을 얼마든지 퍼 올 수 있는 게 아닙니까?
> 민서영은 교묘한 잔꾀로 우리 모두를 속여 넘기려는 것입니다.
>
> 「마녀사냥」, 이금희

① 설명 대상을 찾아본다.
② 등장인물의 가족관계를 파악한다.
③ 몇 명의 인물이 등장하는지 알아본다.
④ 인터넷 매체 자료의 종류에 대해 이야기를 나눈다.
⑤ 등장하는 인물들의 말과 행동에 대하여 생각해 본다.

5
단원

핵심 6

6 다음 가운데 대화 예절에 대한 설명으로 알맞은 것에 ○표, 틀린 것에 ×표를 하시오.

⑴ 친구의 말을 잘 듣고 적극적으로 반응한다.   (   )
⑵ 말하는 시간을 자유롭게 조절할 수 있도록 한다.   (   )
⑶ 대화 내용에 집중하며 관련 있는 내용을 말한다.   (   )

국어 186~209쪽

1~2 다음 그림을 보고 물음에 답하시오.

1 ㉮~㉰ 가운데 다음과 같은 종류의 매체 자료는 무엇인지 기호를 쓰시오.

> 아파트 게시판에 붙은 광고지

( )

2 다음 가운데 보기 와 관계있는 내용을 말한 친구는 누구인지 쓰시오.

> 인야: ㉮는 글과 그림으로 나타낸 시각 정보를 잘 살펴보는 것이 좋겠어.
> 영훈: ㉯는 화면 구성을 잘 살피고 소리에 담긴 정보도 탐색해야 해.
> 철수: ㉰를 읽을 때에는 인쇄 매체 자료와 영상 매체 자료를 읽는 방식을 모두 사용하면 좋을 것 같아.

> 보기
> 글과 그림이 주는 시각 정보를 잘 살펴볼 뿐만 아니라 화면 구성과 소리에 담긴 정보도 탐색해야 해.

( )

 중요

3 성격이 비슷한 매체 자료끼리 짝짓지 <u>않은</u> 것은 무엇입니까? ( )

① 인쇄 매체 자료 – 잡지
② 인쇄 매체 자료 – 신문
③ 영상 매체 자료 – 드라마
④ 인터넷 매체 자료 – 영화
⑤ 인터넷 매체 자료 – 누리 소통망[SNS]

4 다음과 같은 방법으로 정보를 전달하는 매체 자료의 예를 한 가지 쓰시오.

> 소리, 자막 등 여러 가지 연출 방법

( )

주의

5 다음 매체 자료의 특징으로 알맞지 <u>않은</u> 것은 무엇입니까? ( )

① 글과 사진을 함께 보며 읽어야 한다.
② 그림말과 문자를 함께 보며 읽어야 한다.
③ 화면 구성과 소리에 담긴 정보만 탐색한다.
④ 사진과 글을 모두 살펴 내용을 잘 이해해야 한다.
⑤ 장면과 어우러지는 음악이나 연출 기법의 의미를 생각하며 읽어야 한다.

다음 장면을 보고 물음에 답하시오.

시험일이 촉박한데 허준이 병을 치료해 주기를 바라는 마을 사람이 많은 상황

6 이 장면은 「허준」 동영상의 한 장면입니다. 이 매체 자료에 대한 설명으로 알맞은 것을 두 가지 고르시 오. (　,　　)

① 영상 매체 자료이다.
② 유도지가 주인공이다.
③ 글을 사용하여 정보를 전달한다.
④ 사진을 사용하여 정보를 전달한다.
⑤ 화면 연출, 음향 효과 따위에 주의를 기울여야 한다.

서술형

7 다음 상황을 표현하기 위한 연출 방법을 생각하여 적절한 내용을 쓰시오.

시험일이 촉박한 상황에서 주인공이 밤새도록 환 자를 치료하는 상황

_____

_____

8 문제 **7**의 장면에 사용하기에 효과적인 음악은 무엇 입니까? (　　)

① 밝은 느낌의 음악　　② 비장한 느낌의 음악
③ 시원한 느낌의 음악　④ 평화로운 느낌의 음악
⑤ 부드럽고 여유 있는 느낌의 음악

다음 표를 보고 물음에 답하시오.

장면	표현 방법
유도지가 뇌물을 주는 상황	카메라가 사건을 일으키는 인물을 가까이 다가가면서 보여 준다.
무엇인가 이상하다고 느끼는 상황	㉠

5단원

9 ㉠에 들어갈 내용으로 알맞은 것은 어느 것입니까?
(　　)

① 치료 장면을 연달아 보여 준다.
② 인물의 속마음을 그대로 들려준다.
③ 인물이 주위를 두리번거리는 모습을 가까이 보여 준다.
④ 인물이 놀라는 모습에 맞추어 긴장감이 느껴지는 음악을 들려준다.
⑤ 인물의 피곤한 모습에 맞추어 졸음이 쏟아질 듯한 느낌의 음악을 들려준다.

중요

10 이와 같은 영상 매체 자료에서 활용되는 표현 방법에 대한 설명으로 알맞지 <u>않은</u> 것은 무엇입니까?
(　　)

① 소리로 내용을 전달한다.
② 자막으로 내용을 전달한다.
③ 영상 연출로 내용을 전달한다.
④ 음악 연출로 내용을 전달한다.
⑤ 한 가지 표현 방법을 활용하여 내용을 전달한다.

11 매체 자료를 감상한 경험을 나타낸 것입니다. 매체 자료에 대해 잘못 말한 친구는 누구인지 쓰시오.

> 영주: 인쇄 매체 자료의 일종인 문자 메시지로 재미있는 표정을 지은 친구의 사진을 전송받았어.
> 경훈: 얼마 전에 「마당을 나온 암탉」을 동화로 읽은 뒤에 영상 매체 자료의 일종인 만화 영화를 봤어.
> 진희: 「라이온킹」을 영화로 봤는데, 오늘에 인터넷 매체 자료인 누리소통망[SNS]에서 뮤지컬로도 상연된다는 광고를 보았어.

( )

&주의

12 알맞은 방법으로 매체 자료를 읽고 인물에 대한 주요 내용을 정리하는 방법으로 알맞지 <u>않은</u> 것은 무엇입니까? ( )

① 자료를 통해 알 수 있는 점을 정리한다.
② 인물의 성격이나 본받을 점을 정리한다.
③ 어떤 인물을 조사하면 좋을지 생각한다.
④ 영상 매체 자료만 참고하고 인쇄 매체 자료는 참고하지 않도록 한다.
⑤ 인물이 한 일을 탐구하기 위해 어떤 자료를 조사하면 좋을지 생각한다.

13 다음 내용을 바탕으로 알 수 있는 것은 무엇입니까? ( )

> 「마당을 나온 암탉」을 동화로 읽은 뒤에 만화 영화를 보았습니다.

① 동화는 영상 매체 자료이다.
② 영화는 인터넷 매체 자료이다.
③ 모든 매체 자료는 같은 내용을 표현한다.
④ 매체 자료에 따라 같은 내용이 다르게 표현될 수 있다.
⑤ 동화는 소리, 자막 등 여러 가지 연출 방법을 사용한다.

14~15 다음 글을 읽고 물음에 답하시오.

(가) 김득신은 열 살에 처음 글을 배우기 시작했다. 김득신은 정 삼품 부제학을 지낸 김치의 아들로 태어났다. 주변에서는 우둔한 김득신을 포기하라고 했다. 하지만 김득신의 아버지는 공부를 포기하지 않는 김득신을 대견스럽게 여겼다.

(나) 김득신은 자신의 한계를 극복하기 위해 만 번 이상 읽은 책에 대한 기록을 남긴다. 김득신은 59세에 문과에 급제해 성균관에 입학한다. 김득신은 많은 책과 시를 읽었지만 자신만의 시어로 시를 쓴다. 많은 사람들이 김득신의 시를 높이 평가했다.

14 보기 를 참고하여 (나) 부분에 사용되었을 음악에 대한 설명으로 알맞은 것은 무엇입니까? ( )

> 보기
>
> 음악이 주는 효과
> 꾸준히 노력해서 자신의 한계를 극복한 김득신의 삶을 돌아보는 느낌을 준다.

① 슬픈 느낌의 음악
② 고요하고 평화로운 느낌의 음악
③ 우울하고 가라앉는 느낌의 음악
④ 춤을 추고 싶은 생각이 들게 하는 음악
⑤ 안 좋은 일이 일어날 듯한 느낌의 음악

서술형

15 김득신의 아버지는 김득신을 어떻게 여겼는지 쓰시오.

_____

_____

16~18 다음 글을 읽고 물음에 답하시오.

(가)   「마녀사냥」

[앞부분 이야기]
　전학 온 서영이는 성격이 좋아 금세 친구들과 잘 어울렸다. 그런 서영이가 부러운 미라는 핑공 카페에 '흑설 공주'라는 아이디로 서영이와 관련한 거짓 글을 올린다. 아이들은 서영이가 거짓으로 부모님 이야기를 한다는 '흑설 공주'의 글을 읽고 수군대기 시작한다.
　한편, 미라와 친해지고 싶었던 민주는 '흑설 공주'인 미라가 거짓말을 하고 있다는 것을 알았지만 서영이에게 그 사실을 알리지 못하고 망설인다.

　민주는 날마다 핑공 카페를 들여다보았다. 혹시 서영이가 무슨 반박 글을 올리지 않을까 해서였다. 그러던 어느 날 민주는 눈이 휘둥그레졌다.

(나)　민주는 떨리는 마음으로 서영이가 올린 글을 읽어 보았다. 흑설 공주에 대한 분노, 엄마 아빠에 대한 자부심과 사랑과 함께 흑설 공주의 글이 모두 사실이 아니라는 걸 당당하게 밝혀 놓은 글이었다.
　'역시 민서영이구나.'

16 갈등을 겪는 인물은 누구누구인지 쓰시오.

(　　　　　　　　　　　　)

17 흑설 공주가 핑공 카페에 거짓 글을 올린 결과 일어난 일은 무엇입니까? (　　　)

① 흑설 공주의 이름을 밝혔다.
② 민서영이 자신의 잘못을 시인했다.
③ 민서영이 흑설 공주에 대한 거짓 글을 올렸다.
④ 민서영이 흑설 공주의 글에 대한 반박 글을 올렸다.
⑤ 흑설 공주의 분노를 가라앉히기 위해 민서영이 사과했다.

18 다음 뜻을 가진 말을 찾아 쓰시오.

• 15세기 이후 이교도를 박해하는 수단으로 쓰였던 방법
• 뜻이 다른 사람을 따돌리는 현상

(　　　　　　　　　　　　)

19~20 다음 글을 읽고 물음에 답하시오.

<	>

　삐삐: 그럼 흑설 공주와 민서영, 둘 중 한 사람은 우릴 속이고 있는 거네?
　허수아비: 맞다. 흑설 공주가 근거도 없이 얼토당토않은 글을 올리지는 않았을 것이다. 내가 보기에 민서영이 거짓말을 하고 있는 것 같다.
　솔로몬: 이 사실을 밝힐 수 있는 명탐정은 누구인가?

　아이들의 댓글은 꼬리에 꼬리를 물고 이어졌다. 민주는 숨을 죽인 채 카페에 올라온 글들을 읽고 또 읽었다.

19 인물들이 이야기를 나누는 공간은 어디인지 쓰시오.

(　　　　　　　　　　　　)

20 인터넷 매체 자료를 이용하는 잘못된 태도와 관련지어 생각할 때 이 글에서 허수아비가 고쳐야 할 태도는 무엇입니까? (　　　)

① 친구의 말을 인정해야 한다.
② 대화 내용에 집중해야 한다.
③ 혼자 너무 길게 말하지 않아야 한다.
④ 정보를 분별하는 능력이 있어야 한다.
⑤ 적절한 정보를 어디에서 어떻게 찾을지를 미리 알아 두어야 한다.

국어 186~209쪽

[1~2] 다음 글을 읽고 물음에 답하시오.

은주: ㉠사진은 전하려는 내용을 글과 사진으로 표현해.

경호: ㉡텔레비전은 영상으로 내용을 전달해.

주하: [㉢]은/는 글, 그림, 사진, 영상을 모두 활용해 내용을 전달해.

1 ㉠과 관계있는 설명을 모두 고르시오.
( )

① 잡지와 성격이 비슷하다.
② 글, 그림, 사진으로 정보를 전달한다.
③ 누리 소통망[SNS]과 표현 방법이 비슷하다.
④ 소리, 자막 등 여러 가지 연출 방법을 사용한다.
⑤ 글과 그림으로 나타낸 시각 정보를 잘 살펴본다.

2 ㉡과 성격이 비슷한 매체 자료의 예를 한 가지만 쓰시오.
( )

3 ㉢에 들어갈 말은 무엇입니까? ( )
① 라디오
② 홍보 팻말
③ 영상 매체 자료
④ 인쇄 매체 자료
⑤ 인터넷 매체 자료

서술형

4 인터넷 매체 자료를 잘 읽으려면 무엇에 주의하며 읽어야 하는지 쓰시오.

_____

_____

_____

5 다음과 같은 정보 전달 방법을 사용하는 매체 자료와 표현 방법이 비슷한 것은 무엇입니까? ( )

인쇄 매체 자료와 영상 매체 자료에서 사용하는 방식을 모두 사용한다.

① 신문
② 잡지
③ 영화
④ 드라마
⑤ 누리소통망[SNS]

6 매체 자료에 대해 바르게 설명한 내용은 무엇입니까? ( )

① 세희: 복도 알림판에 붙은 광고지는 영상 매체 자료야.
② 영주: 음악, 음향 등은 인쇄 매체 자료의 표현 수단 가운데 하나야.
③ 은혁: 거실에 켜진 텔레비전은 그림말과 문자를 함께 보며 읽어야 해.
④ 경호: 영상 매체 자료를 잘 읽으려면 화면 구성을 잘 살피고 소리에 담긴 정보도 탐색해야 해.
⑤ 영은: 인쇄 매체 자료는 장면과 어우러지는 음악이나 연출 기법의 의미를 생각하며 읽어야 해.

[7~8] 다음 표를 보고 물음에 답하시오.

	(가)	(나)
장면	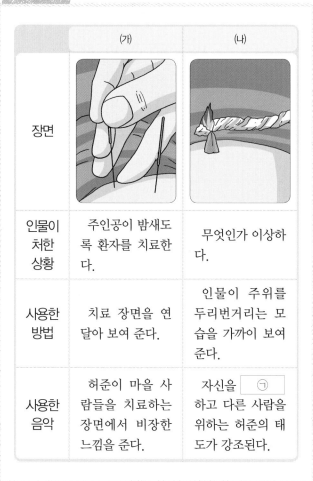	
인물이 처한 상황	주인공이 밤새도록 환자를 치료한다.	무엇인가 이상하다.
사용한 방법	치료 장면을 연달아 보여 준다.	인물이 주위를 두리번거리는 모습을 가까이 보여 준다.
사용한 음악	허준이 마을 사람들을 치료하는 장면에서 비장한 느낌을 준다.	자신을 ㉠ 하고 다른 사람을 위하는 허준의 태도가 강조된다.

7 누구에 대한 어떤 매체 자료인지 쓰시오.

(1) 누구에 대한 자료인가? (   )

(2) 어떤 종류의 매체 자료 장면인가?

(   )

8 ㉠에 들어갈 말은 무엇입니까? (   )

① 무시   ② 휴식

③ 희생   ④ 재촉

⑤ 치료

9 사진 와 영상 ㉯에 대해 바르게 설명한 것은 무엇입니까? (   )

① ㉯는 인쇄 매체 자료이다.

② ㉯는 시각 정보만 잘 살펴야 한다.

③ ㉮는 소리에 담긴 정보를 살펴야 한다.

④ ㉯는 화면에 담긴 정보를 살펴야 한다.

⑤ ㉯는 신문, 잡지와 같은 종류의 매체 자료이다.

🖊️ **서술형**

10 인물의 마음이 잘 드러나도록 [보기]의 그림말을 활용한 문자 메시지로 고쳐 쓰시오.

[보기]

ㅋ,ㅌ	_..,;;	ㅠ_ㅠ	⊖_⊖	(◉.◉;;)	(__)	(__*)
피곤함	지루함, 난처함	슬픔, 눈물	졸림	놀람	잘하는 모습	부끄러움
^_^;;	*^ㅁ^*	@@	^○^	☞☜	┏(^^)┛	┏(;--)┛
난처함	기쁨	어지러움	신남	부끄러움	달려감	도망감

허준: 정신을 차려야 한다. 여기서 무너지면 안 돼!

_____

_____

11~14 다음 글을 읽고 물음에 답하시오.

김득신은 열 살에 처음 글을 배우기 시작했다. 김득신은 정삼품 부제학을 지낸 김치의 아들로 태어났다. 주변에서는 우둔한 김득신을 포기하라고 했다. 하지만 김득신의 아버지는 공부를 포기하지 않는 김득신을 대견스럽게 여겼다. 김득신은 스무 살에 처음으로 작문을 했다. 김득신의 아버지는 공부란 꼭 과거를 보기 위한 것만이 아니니 더욱 노력하라고 김득신을 격려했다. 김득신은 같은 책을 반복해서 여러 번 읽으며 공부했으나 하인도 외우는 내용을 기억하지 못하는 등 한계를 드러냈다. 김득신은 자신의 한계를 극복하기 위해 만 번 이상 읽은 책에 대한 기록을 남긴다. 김득신은 59세에 문과에 급제해 성균관에 입학한다. 김득신은 많은 책과 시를 읽었지만 자신만의 시어로 시를 쓴다. 많은 사람들이 김득신의 시를 높이 평가했다.

11 이 글을 통해 알 수 있는 내용이 **아닌** 것은 무엇입니까? (   )

① 인물의 작품
② 인물의 가치관
③ 인물의 교우 관계
④ 인물이 살았던 시대
⑤ 인물의 독특한 행동

12 이 글을 읽고 주요 내용을 바르게 요약한 내용은 무엇입니까? (   )

① 김득신은 어린 시절 집안 형편이 어려웠다.
② 김득신은 공부를 해도 이해를 잘했고 자존감이 강한 사람이었다.
③ 김득신의 아버지는 공부란 과거를 보기 위한 것이라고 가르쳤다.
④ 김득신은 아버지의 나이 59세에 아버지의 도움으로 성균관에 입학하였다.
⑤ 김득신은 자신이 잘 이해하지 못하더라도 계속 책을 읽으려고 노력한 사람이다.

서술형

13 김득신처럼 독특한 공부 방법을 가진 인물과 그 인물을 매체 자료를 이용해 조사하는 방법을 한 가지 쓰시오.

_____

_____

14 이 글에 나타난 김득신의 생각의 생각으로 알맞은 것은 무엇입니까? (   )

① 노력은 머리를 이기지 못한다.
② 공부는 힘써서 되는 일이 아니다.
③ 나는 아버지 덕분에 뛰어난 재능과 두뇌를 가졌다.
④ 주변에서 우둔하다고 하니 공부 아닌 길을 찾아야겠다.
⑤ 재주가 남만 못하다고 해서 자기 자신에 대해 한계를 지으면 안 된다.

15 영상 매체 자료 외의 자료를 이용해 인물에 대해 조사하고 매체 자료에서 찾은 자료를 읽는 방법을 바르게 말한 친구를 모두 고르시오.

철호: 인터넷에서 자료를 검색하여 올바른 정보인지 판단하며 읽겠습니다.
민식: 다큐멘터리를 찾아보며 여러 가지 표현 요소들이 나타내는 바가 무엇인지 생각하며 읽겠습니다.
영훈: 인물이 소개된 책을 찾아 글로 표현한 내용을 머릿속으로 떠올리며 내용을 꼼꼼하게 확인하며 읽겠습니다.

(   )

16~18 다음 글을 읽고 물음에 답하시오.

민주는 마치 자기 일처럼 고소하기 짝이 없었다. 하지만 웬걸, 싸움은 그게 끝이 아니었다. 흑설 공주가 곧바로 서영이의 글을 읽고 또 다른 공격을 해 온 것이다.

> 민서영의 두 번째 거짓말!
> 여러분, 민서영은 또 한 번 여러분을 우롱하고 있습니다. 민서영이 내놓은 사진들을 살펴보면 단박에 그걸 알 수 있습니다.
> 민서영 아빠가 의료 봉사를 하고 있는 사진은 인터넷 여기저기에서 얼마든지 퍼 올 수 있는 사진들입니다. 사진 속 의사가 민서영 아빠라는 걸 누가 증명해 줄까요?
> 또 패션쇼 사진도 마찬가지입니다. 민서영이 마음만 먹으면 다른 디자이너의 패션쇼 사진을 얼마든지 퍼 올 수 있는 게 아닙니까?
> 민서영은 교묘한 잔꾀로 우리 모두를 속여 넘기려는 것입니다.

흑설 공주는 마치 먹이를 문 사자처럼 좀처럼 서영이를 잡고 놓아주지 않았다. 그러자 핑공 카페는 점점 더 흑설 공주와 민서영의 싸움을 구경하려는 구경꾼들로 가득 찼다.

16 사건의 원인과 결과를 생각하여 ㉠에 알맞은 내용을 쓰시오.

흑설 공주가 핑공 카페에 민서영에 관련한 거짓 글을 올림.	⇒	민서영이 흑설 공주의 글에 대한 반박 글을 올림.
		↓
㉠	⇐	카페 가입자들이 흑설 공주를 비난함.

_____

_____

서술형

17 이 글의 인물들은 인터넷 카페에서 이야기를 나누고 있습니다. 인터넷 카페를 이용하는 바른 방법을 한 가지 이상 쓰시오.

_____

_____

18 이 글의 제목인 「마녀사냥」을 주제로 한 다음 대화에서 은서가 지키지 <u>않은</u> 대화 예절은 무엇입니까?
(   )

> 영수: 흑설 공주는 왜 자꾸 민서영을 비난하는 거지? 별다른 근거도 없이 비방하고 의심만 하고 있잖아.
> 은서: 나 어제 언니랑 놀이동산에 가서 놀이기구를 탔는데 정말 무서웠어.

① 친구의 말을 무시하지 않는다.
② 혼자 너무 길게 말하지 않는다.
③ 친구의 말에 기분 나쁘게 대꾸하지 않는다.
④ 이야깃거리와 관련 없는 내용을 말하지 않는다.
⑤ 다른 사람의 말이 끝나기 전에 끼어들지 않는다.

19 알리고 싶은 인물을 소개할 때 들어갈 내용으로 알맞지 <u>않은</u> 것은 무엇입니까? (   )

① 인물이 겪은 고난
② 인물이 이룬 업적
③ 인물이 태어난 날짜
④ 인물이 아는 모든 사람들
⑤ 인물이 좋아하거나 싫어하는 것

서술형

20 매체 자료를 활용해 다른 사람들에게 알리고 싶은 인물을 조사하는 방법을 쓰시오.

_____

_____

5
단원

국어 186~209쪽

1~3

인물이 처한 상황	장면	사용한 방법
주인공이 밤새도록 환자를 치료한다.		치료 장면을 연달아 보여 준다.
피곤해도 쓰러지면 절대 안 된다고 다짐한다.		(1)
(2)		인물이 주위를 두리번거리는 모습을 가까이 보여준다.

도움말

☆ 병을 치료하는 의원인 「허준」이 시험 일이 촉박한 가운데에서도 마을 사람들의 병을 치료해 주는 내용의 동영상 장면입니다.

1 (1)의 빈칸에 들어갈 인물이 처한 상황을 장면으로 표현하기 위해 사용한 방법을 쓰시오.

_____

_____

1 실제 영상에 표현된 화면 연출, 음향 등에 주의를 기울여 살펴봅니다.

2 (2)의 빈칸에 들어갈 인물의 눈동자가 흔들리는 모습을 가까이 보여 줌으로써 어떤 상황을 나타낸 것인지 쓰시오.

_____

_____

2 허준이 주위를 두리번거리는 모습을 통해 어떤 상황을 표현하려고 한 것인지 생각해 봅니다.

3 이와 같은 영상 매체 자료를 읽는 방법을 쓰시오.

_____

_____

3 영상 매체 자료는 소리, 자막 등 여러 가지 연출 방법을 사용하여 장면을 나타냅니다.

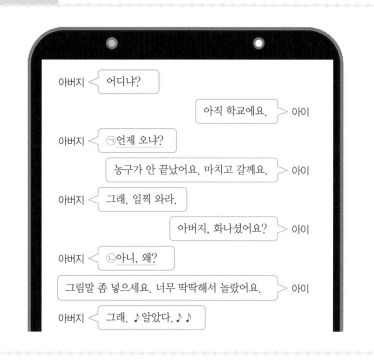

아버지 ◁ 어디냐?

아직 학교에요. ▷ 아이

아버지 ◁ ㉠언제 오냐?

농구가 안 끝났어요. 마치고 갈께요. ▷ 아이

아버지 ◁ 그래. 일찍 와라.

아버지, 화나셨어요? ▷ 아이

아버지 ◁ ㉡아니, 왜?

그림말 좀 넣으세요. 너무 딱딱해서 놀랐어요. ▷ 아이

아버지 ◁ 그래. ♪알았다.♪♪

4 이와 같은 매체 자료가 정보를 전달하는 방법은 무엇인지 쓰시오.

_____

_____

4 문자 메시지는 글, 그림, 사진뿐만 아니라 소리, 자막 등 여러 가지 연출 방법을 사용하여 정보를 전달합니다.

5 아이는 왜 아버지가 화가 났다고 생각하였는지 쓰시오.

_____

5 그림말은 컴퓨터나 휴대 전화의 문자와 기호, 숫자 등을 조합하여 만든 그림 문자로 감정이나 느낌을 전달할 때 사용합니다.

6 아버지의 마음이 잘 드러나도록 **보기** 의 그림말을 활용해 ㉠과 ㉡의 메시지를 다시 쓰시오.

6 그림말을 활용하여 부드럽게 표현해 봅니다.

보기

ㅋ,ㅌ	_..._;;	ㅠ_ㅠ	⊖_⊖	(◉.◉;;)	(__)	(__*)
피곤함	지루함, 난처함	슬픔, 눈물	졸림	놀람	잘하는 모습	부끄러움
^_^;;	*^□^*	@@	^○^	☞☜	┌(^^)┘	┌(;--)┘
난처함	기쁨	어지러움	신남	부끄러움	달려감	도망감

(1) ㉠: (   )

(2) ㉡: (   )

7~9

김득신은 열 살에 처음 글을 배우기 시작했다. 김득신은 정삼품 부제학을 지낸 김치의 아들로 태어났다. 주변에서는 우둔한 김득신을 포기하라고 했다. 하지만 김득신의 아버지는 공부를 포기하지 않는 김득신을 대견스럽게 여겼다. 김득신은 스무 살에 처음으로 작문을 했다. 김득신의 아버지는 공부란 꼭 과거를 보기 위한 것만이 아니니 더욱 노력하라고 김득신을 격려했다. 김득신은 같은 책을 반복해서 여러 번 읽으며 공부했으나 하인도 외우는 내용을 기억하지 못하는 등 한계를 드러냈다. 김득신은 자신의 한계를 극복하기 위해 만 번 이상 읽은 책에 대한 기록을 남긴다. 김득신은 59세에 문과에 급제해 성균관에 입학한다. 김득신은 많은 책과 시를 읽었지만 자신만의 시어로 시를 쓴다. 많은 사람들이 김득신의 시를 높이 평가했다.

도움말

⭐ 민찬이가 김득신에 대해 찾은 영상 매체 자료를 보고 주요 내용을 정리한 내용입니다.

7 우스꽝스러우면서도 안타까운 김득신의 모습을 강조하기 위해 어떤 느낌의 음악이 다음 장면에 사용되었을지 생각하여 빈칸에 쓰시오.

장면	음악의 느낌	음악이 주는 효과
		읽은 내용을 자꾸 잊어버리는 우스꽝스러우면서도 안타까운 김득신의 모습이 강조된다.

7 전달하려는 느낌을 잘 살릴 수 있는 음은 어떤 느낌을 주는 것이면 좋을지 생각해 봅니다.

8 김득신에게서 본받을 점을 쓰시오.

8 김득신은 공부를 해도 잘 이해를 하지 못했지만 실망하거나 기죽지 않았으며 자신이 잘 이해하지 못하더라도 계속 책을 읽으려고 노력했습니다.

9 다른 매체 자료를 이용해 김득신에 대해 더 조사할 수 있는 다른 매체 자료의 이름과 그것의 적절한 읽기 방법을 쓰시오.

(1) 또 다른 매체 자료:

(2) 그 매체 자료의 읽기 방법:

9 인쇄 매체 자료, 영상 매체 자료, 인터넷 매체 자료 등 다양한 매체 자료를 바탕으로 조사할 수 있습니다.

흑설 공주의 글이 사실이 아니라는 증거 두 가지

㉠여러분, 저는 흑설 공주에게 모함을 받고 있는 민서영입니다.

여러분 중에서도 흑설 공주의 글을 읽고 여전히 제가 거짓말쟁이라고 의심하는 분들이 있다는 걸 알고 매우 슬펐습니다. 만약 아직도 저에 대한 의심과 오해를 풀지 못한 분이 있다면 아래에 있는 사진을 참조해 주시기 바랍니다.

첫 번째는 우리 아빠가 아프리카 탄자니아 은좀베에서 의료 봉사를 하고 있는 병원의 모습을 찍은 사진입니다. 진찰실에서 청진기를 들고 아프리카 아이를 진찰하고 있는 분이 바로 우리 아빠입니다. 정말 자랑스러운 우리 아빠 말이지요.

두 번째는 디자이너인 우리 엄마가 지난봄에 연 패션쇼 모습을 찍은 사진입니다. 엄마가 디자인한 옷을 입은 모델들이 패션쇼를 하고 있는 모습이 보이지요?

이처럼 뚜렷한 증거를 올렸으니 여러분은 이제 제가 거짓말쟁이가 아니라는 걸 믿으시겠지요?

추신: 이제 증거를 밝혔으니 흑설 공주는 터무니없는 글로 나와 우리 엄마, 아빠를 모함하는 일을 그만두기 바란다.

서영이가 핑공 카페에 아빠가 은좀베 마을에서 의료 봉사를 하는 모습과 엄마가 디자인한 옷을 입고 모델들이 패션쇼를 하는 사진을 올리자 이번에는 서영이를 응원하는 댓글과 흑설 공주를 비난하는 댓글이 수없이 올라와 있었다.

10 이 글의 인터넷 대화방과 같은 인터넷 매체 자료를 바르게 이용하는 방법은 무엇인지 쓰시오.

_____

_____

_____

11 ㉠과 같이 인터넷 대화방에서 부정확한 근거로 누군가를 공격을 받는 민서영의 마음은 어떠한지 쓰시오.

_____

_____

도움말

✐ 뜻이 다른 사람을 따돌리는 현상을 '마녀사냥'이라고 하듯이 이 이야기에서도 부정확한 내용을 근거로 누군가를 공격하는 현상을 다룬 내용입니다.

5 단원

10 거짓 글로 인해 상처받는 사람이 없도록 하려면 어떤 점에 주의해야 할지 생각해 봅니다.

11 이 글은 '흑설 공주가 핑공 카페에 민서영과 관련한 거짓 글을 올림. → 민서영이 흑설 공주의 글에 대한 반박 글을 올림. → 카페 가입자들이 흑설 공주를 비난함.'의 과정으로 사건이 이루어지고 있습니다.

단원 요점 정리 6. 타당성을 생각하며 토론해요

핵심 1 토론이 필요한 경우 (예)

• 쓰레기통 주변이 오히려 더 지저분해져 쓰레기통을 없애자고 토론했습니다.
• 우리 학교는 두 시간을 연달아 수업할 때 쉬는 시간이 없어 힘들어서 한 시간을 마치면 반드시 쉬는 시간이 필요하다는 주제로 토론을 한 적이 있습니다.
• 학교 안에서 스마트폰을 사용하는 문제에 대해 토론이 필요했습니다.
→ 토론은 찬반 양쪽이 나뉜 상태에서 양편 각각 자기 쪽의 의견을 받아들이도록 상대편을 설득하는 경쟁적 의사소통 과정입니다.

핵심 2 토론을 하면 좋은 점

• 타당한 근거를 들어 말하기 때문에 문제 해결에 도움이 됩니다.
• 토론 과정에서 자신의 주장과 근거를 명확하게 정리할 수 있습니다.
• 자신과 생각이 다른 사람의 입장도 이해할 수 있습니다.
• 문제 해결에 더 나은 방법이 무엇인지 결정하는 데 도움이 됩니다.

┌ 자신의 의견을 상대가 받아들이도록 하기 위해서는 자신이 옳다고 우기기보다 타당한 근거를 들어 말해야 합니다.

핵심 3 글을 읽고 근거 자료의 타당성 평가하기

• 자료가 주장을 잘 뒷받침하는지 살펴보아야 합니다. → 주장을 뒷받침하는 근거 자료에는 전문가의 면담 자료, 설문 조사 자료 따위가 있습니다.
• 해당 분야 전문가를 면담한 것인지 따져 보아야 합니다.
• 조사 대상과 범위가 적절한지 따져 보아야 합니다.

면담 자료	• 주장을 뒷받침하는 자료인가? • 믿을 만한 전문가의 의견인가?
설문 조사 자료	• 주장을 뒷받침하는 자료인가? • 자료의 *출처가 믿을 만한가? • 조사 범위가 적절한가?

핵심 4 토론 절차와 방법 알기

주장 펼치기	• 근거를 들어 주장을 펼칩니다. • 근거와 관련해 구체적인 자료를 제시합니다.
*반론하기	• 상대편 토론자의 주장을 요약합니다. • 상대편의 주장이 타당하지 않다는 것을 밝히기 위한 질문을 합니다. • 주장에 대한 근거나 그에 대한 자료가 적절하지 않다는 것을 밝힙니다.
주장 다지기	• 자기편의 주장을 요약합니다. • 상대편에서 제기한 반론이 타당하지 않음을 지적합니다. • 자기편 주장의 장점을 정리합니다.

└ 듣는 사람이 자기편의 주장을 확실히 이해할 수 있도록 자기편 주장의 장점을 한번 더 말하는 것도 좋습니다.

핵심 5 주제를 정해 토론하기 → 찬반 양론이 뚜렷하며 찬성편과 반대편 여론이 비슷한 것으로 정합니다.

• 학급 친구들과 함께 토론 주제를 정해 봅니다.
• 정한 토론 주제를 살펴보며 자신은 어느 편에서 토론할지 정해 봅니다.
• 주장과 근거를 바탕으로 하여 토론을 준비해 봅니다.
• 주장과 근거를 바탕으로 하여 토론에 필요한 자료를 준비해 봅니다.
• 토론의 규칙과 절차를 지키며 역할에 따라 토론해 봅니다.

핵심 6 글을 읽고 독서 토론하기

• 작품을 읽고 친구들과 토론하고 싶은 주제를 정합니다.
• 정한 주제에 따라 독서 토론합니다.
 – 독서 토론을 할 때에는 자신의 의견에 대한 까닭을 구체적으로 말해야 합니다.
• 독서 토론을 하면서 생각이 바뀌거나 더 확고해진 것과 독서 토론을 하고 난 뒤의 느낌을 정리합니다.

개념을 확인해요

6단원

1 토론을 하면 타당한 근거를 들어 말하기 때문에 문제 ☐☐에 도움이 됩니다.

2 ☐☐을 하면 자신과 생각이 다른 사람의 입장을 이해할 수 있습니다.

3 자신의 의견을 상대가 받아들이도록 하기 위해서는 자신이 옳다고 우기기보다 타당한 ☐☐를 들어 말해야 합니다.

4 ☐☐☐☐과 범위가 적절한지 따져 보아야 합니다.

5 설문 조사 자료를 평가할 때에는 자료의 ☐☐가 믿을 만한가 살펴보아야 합니다.

6 면담 자료를 평가할 때에는 믿을 만한 ☐☐☐의 의견인가 살펴보아야 합니다.

7 토론은 주장 펼치기 ➡ ☐☐하기 ➡ 주장 다지기의 절차에 따라 이루어집니다.

8 토론의 절차 가운데 자기편 주장의 장점을 정리하는 것은 주장 ☐☐☐를 할 때 해야 할 일입니다.

9 토론의 규칙과 ☐☐를 지키며 역할에 따라 토론해 봅니다.

10 독서 토론을 할 때에는 자신의 의견에 대한 ☐☐을 구체적으로 말해야 합니다

6. 타당성을 생각하며 토론해요

국어 210~231쪽

도움말

1. 토론은 찬반 양쪽이 나뉜 상태에서 양편 각각 자기 쪽의 의견을 받아들이도록 상대편을 설득하는 과정입니다.

핵심 1

1 토론이 필요한 경우로 알맞지 <u>않은</u> 것은 무엇입니까? (   )

① 휴대전화 사용으로 부모님과 의견이 다른 경우
② 친구들과 연극을 꾸밀 때 연극 주제에 대한 의견이 서로 다른 경우
③ 쓰레기통 주변에 버려진 쓰레기를 줄이는 방법에 대해 의논하는 경우
④ 학교에서 인사말을 "착한 사람이 되겠습니다."로 하는 문제에 대해 서로 의견이 다른 경우
⑤ 우리 학교는 쉬는 시간이 없이 두 시간을 연달아 수업하는데 한 시간을 마치면 꼭 쉬는 시간이 필요하다는 주제에 대해 의견이 서로 다른 경우

2. 토론은 타당한 근거를 들어 말하기 때문에 자신의 의견을 상대가 받아들이도록 할 수 있습니다.

핵심 2

2 토론을 하면 좋은 점으로 알맞은 것은 무엇입니까? (   )

① 문제를 해결하는 데 도움이 되지 않는다.
② 토론 과정에서 자신의 주장과 근거를 바꿀 수 있다.
③ 자신의 입장을 상대방에게 일방적으로 전할 수 있다.
④ 타당한 근거를 들어 말하기 때문에 문제 해결에 도움이 된다.
⑤ 근거가 옳은지 따지지 않고도 문제 해결 방법을 찾을 수 있다.

3. 자료의 종류에 따라 주장을 뒷받침하기에 적절한지, 어떤 기준으로 평가해야 하는지 생각합니다.

핵심 3

3 다음은 근거 자료 가운데 어느 것을 평가하는 기준인지 보기 에서 찾아 쓰시오.

보기

> 관찰 자료   면담 자료   설문 조사 자료

> • 주장을 뒷받침하는 자료인가?
> • 자료의 출처가 믿을 만한가?
> • 조사 범위가 적절한가?

(

핵심 4

4 반론하기의 방법에 대한 설명이 바르게 되도록 빈칸에 알맞은 말을 쓰시오.

> • 상대편 토론자의 주장을 ((1)   )합니다.
> • 상대편의 주장이 타당하지 않다는 것을 밝히기 위한 ((2)   )을/를 합니다.
> • 주장에 대한 근거나 그에 대한 ((3)   )이/가 적절하지 않다는 것을 밝힙니다.

도움말

4. 토론에서 반론하기는 다음의 절차에 따라 진행합니다.

> 찬성편(상대편)의 주장 요약하기 → 반대편의 반론과 질문 → 찬성편의 반박과 답변 → 반대편(상대편)의 주장 요약하기 → 찬성편의 반론과 질문 → 반대편의 반박과 답변

핵심 5

5 토론 주제를 정하는 방법으로 알맞은 것은 무엇입니까? (   )

① 상대를 설득하기 쉬운 논제를 정한다.
② 문제 해결을 유도할 수 있는 주제를 정한다.
③ 학생들이 일상생활과 관계가 없는 논제를 정한다.
④ 찬성과 반대가 분명히 나누지 않는 주제를 정한다.
⑤ 찬반 양론이 뚜렷하며 찬성편과 반대편의 여론이 비슷한 것으로 정한다.

5. 찬성과 반대가 분명히 나뉘는 주제보다는 문제 해결을 유도할 수 있는 주제가 적합한 토의와 구분 지어 생각해 봅니다.

핵심 6

6 글을 읽고 독서 토론하는 방법으로 알맞지 <u>않은</u> 것은 무엇입니까?
(   )

① 정한 주제에 따라 독서 토론한다.
② 토론 절차와 방법에 따라 토론한다.
③ 작품을 읽고 친구들과 이야기하고 싶은 주제를 정한다.
④ 독서 토론을 할 때에는 자신의 의견에 대한 까닭을 구체적으로 말하지 않아야 한다.
⑤ 독서 토론을 하면서 생각이 바뀌거나 더 확고해진 것과 독서 토론을 하고 난 뒤의 느낌을 정리한다.

6. 독서 토론을 하면 글에 대한 이해가 더 깊어지며, 더 다양한 관점에서 글을 이해할 수 있습니다.

국어 210~231쪽

1~3 다음 그림을 보고 물음에 답하시오.

학교 앞에 불법 주차를 한 차들이 많아. 또 차가 너무 빨리 달려서 위험해.

그래. 불법 주차를 하지 못하도록 단속 카메라를 달면 좋겠어.

단속 카메라를 단다고 해서 이 문제가 완전히 해결되지는 않을 것 같아.

1 이 장면에서 제기한 문제는 무엇입니까? (　　　)

① 이유도 없이 차가 무섭다는 문제
② 연간 교통사고가 줄어들지 않는 문제
③ 어린이 보호 구역이 많지 않다는 문제
④ 학교 앞에서 차들이 빨리 달린다는 문제
⑤ 어른들이 어린이 보호 문제에 관심을 갖지 않는 문제

2 문제 상황이 주어진 뒤에 일어난 일을 생각하여 괄호 안에 알맞은 말에 ○표를 하시오.

일어난 일

단속 카메라의 효과에 대해 서로 의견이 나뉘었습니다.

⑴ 문제에 대한 서로 (다른 , 같은) 의견이 생겨났다.
⑵ 문제 해결을 위한 (근거가 , 의견이) 대립했다.

3 2번 문제를 해결하기 위하여 필요한 것은 무엇입니까? (　　　)

① 설문　　　　② 토론
③ 양보　　　　④ 발상
⑤ 지적

응용

4 주변의 모습을 보고 토론이 필요한 경우를 잘못 말한 친구는 누구인지 쓰시오.

영미: 쓰레기통 주변이 오히려 더 지저분해서 쓰레기통을 없애자고 토론했어.
은수: 친구들과 연극을 꾸밀 때 누가 어떤 역할을 맡으면 좋을지 정할 때 토론이 필요했어.
정호: 우리 학교는 두 시간을 연달아 수업할 때에 쉬는 시간이 없어서 힘들어서 한 시간을 마치면 반드시 쉬는 시간이 필요하다는 주제로 토론한 적이 있어.

(　　　　　)

중요

5 진정한 토론이 이루어질 수 있는 태도로 알맞지 않은 것은 무엇입니까? (　　　)

① 상대의 생각을 삐딱하게 받아들인다.
② 주장을 뒷받침하는 근거를 마련해 토론한다.
③ 주변에서 일어난 일들을 보고 '왜 이런 일이 생겼을까?' 생각한다.
④ 상대의 주장과 그 근거가 옳은지 따져 가며 문제 해결 방법을 찾아본다.
⑤ '주변에서 일어나는 문제를 바꿀 수는 없을까?'와 같은 생각으로 토론이 이루어진다.

6~8 다음 글을 읽고 물음에 답하시오.

직업은 생활 수단이자 자신의 능력을 발휘하고 꿈을 실현할 수 있는 기회이기도 하다. 그런데 자신이 희망하는 직업을 유행에 따라 결정하는 것이 과연 옳은 것일까?

㉮ 실제로 자신의 꿈이 '연예인'으로 바뀌었다고 하는 한 학생을 면담한 결과, "요즘에는 연예인이 대세이다."라면서도 "사실은 한 해에도 여러 번 바뀌는 희망 직업 때문에 고민이 많다. 무엇을 준비해야 할지 모르겠다."라고 털어놓았다. 직업의 선택은 유행이 아니라 자신의 적성이나 흥미, 특기를 고려해 이루어져야 한다.

㉯ 이와 같은 현실과 관련해 직업 평론가 ○○○씨와 면담한 결과 "자신이 원하는 일이 무엇인지 모르며 사회에 어떤 다양한 직업이 있는지 알아보려고 하지 않는 사실이 문제"라며 우려를 나타냈다. 직업은 미래에 자기 삶을 유지해 줄 수 있는 수단 가운데 하나이다. 직업으로 사람들은 소득을 얻기도 하고, 행복과 보람을 느끼기도 한다. 그러므로 유행보다는 자신의 흥미와 적성, 특기를 알고, 이것을 바탕으로 하여 직업을 고르려고 노력해야 한다.

6 글 ㉮와 ㉯는 누구를 면담한 자료인지 각각 쓰시오.

(1) 글 ㉮: (   )
(2) 글 ㉯: (   )

7 ㉮와 ㉯의 근거 자료가 주장을 뒷받침하는지 '그렇다' 또는 '아니다'로 판단해 쓰시오.

(   )

8 더 믿을 만한 근거 자료에 대한 까닭을 쓰시오.

• 글 ㉮와 ㉯ 가운데 더 믿을 만한 근거 자료는 ㉯

이다. 그 까닭은 _____

_____

9~10 다음 표를 보고 물음에 답하시오.

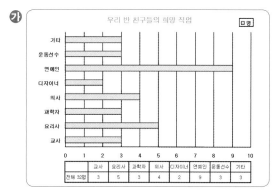

㉮

우리 반 친구들의 희망 직업

	교사	요리사	과학자	의사	디자이너	연예인	운동선수	기타
전체 32명	3	5	3	4	2	9	3	3

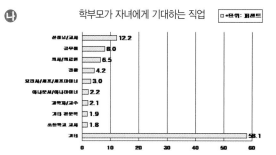

㉯ 학부모가 자녀에게 기대하는 직업

– 출처: 한국직업능력개발원(2017) 「학부모가 희망하는 직업(희망 직업이 있다고 응답한 학부모 4733명 대상)」, 「초·중등 진로 교육 현황 조사」

9 ㉮와 ㉯의 자료에 대해 알맞게 설명한 것은 무엇입니까? (   )

① ㉮는 조사 범위가 적절하다.
② ㉯는 출처가 명확하지 않다.
③ ㉯의 출처는 글쓴이가 속한 학급이다.
④ ㉮는 전국 초등학생을 대상으로 조사했다.
⑤ ㉯는 주장을 뒷받침하는 적절한 자료이다.

서술형

10 자료 ㉮를 살펴보고 이 자료에 대해 알 수 있는 점을 정리하여 (1)~(3)의 빈칸에 쓰시오.

조사 대상	우리 반 친구들
응답이 가장 많은 항목	(1)
조사 범위	(2) ( )명
자료의 출처	(3)

11~15 다음 글을 읽고 물음에 답하시오.

(가) 사회자: 지금부터 "학급 임원은 반드시 필요하다."라는 주제로 토론을 시작하겠습니다. 저는 토론의 사회를 맡은 구민재입니다. 먼저 찬성편이 주장을 펼치겠습니다.

찬성편: 저희 찬성편은 두 가지 까닭에서 "학급 임원은 반드시 필요하다."라는 주제에 찬성합니다.

첫째, 실제로 학생 대표가 학교생활에 많은 역할을 합니다. 많은 학생들이 함께 생활하다보니 학교에는 여러 가지 문제나 불편한 점이 생길 수 있습니다. 이러한 것에 대한 해결은 전교 학생회 회의에서 이루어지는데 학급 임원은 여기에 참여해 우리 반 학생들의 의견을 전달하는 역할을 합니다. 저희가 설문한 조사 결과에 따르면 우리 지역의 초등학교 가운데에서 95퍼센트가 넘는 학교가 학급 임원을 뽑고 있다고 합니다. 이렇게 많은 학교가 학급 임원을 뽑는다는 것은 실제로 학급 임원이 필요하기 때문이 아니겠습니까? 학급 임원이 없다면 누가 선생님을 돕고, 누가 전교 학생회 회의에 참여해 우리의 뜻을 전하겠습니까?

(나) 사회자: 네, 이어서 반대편이 주장을 펼치겠습니다.

반대편: 학급 임원 제도는 반드시 필요하다고 할 수 없습니다. 저희는 ㉠다음과 같은 까닭으로 "학급 임원은 반드시 필요하다."라는 주제에 반대합니다.

첫째, 학급 임원을 뽑는 기준이 올바르다고 보기 어렵습니다. 한 매체에서 설문 조사를 한 결과에 따르면 70퍼센트 정도의 학생들이 "후보들의 능력보다 친분을 우선으로 투표한 적이 있다."라고 응답했습니다. 이 조사는 정말 우리가 우리를 대표할 수 있는 사람을 학급 임원으로 뽑았는지에 대한 의문을 가지게 합니다.

11 토론 주제는 무엇인지 쓰시오.

_____

_____

주요

12 이 글에 나타난 토론 단계를 보기 에서 찾아 쓰시오.

> 보기
>
> 주장 다지기   반론하기   주장 펼치기

(   )

13 ㉠의 내용은 무엇이겠습니까? (   )

① 아무나 학급을 위해 봉사하게 둘 수 없다.
② 학급 임원을 뽑는 기준이 올바르다고 보기 어렵다
③ 하고 싶은 마음도 없는 학생이 대표가 될 수 있다
④ 첫 번째 자료로 사용한 설문 조사 결과는 다른 학교의 상황에 따른 결과이다.
⑤ 학생 대표는 모범적이면서 봉사 정신이 뛰어난 학생이 스스로 참여해야 한다.

14 (나)에 이어질 토론 단계는 무엇입니까? (   )

① 주장 다지기
② 반대편의 반론과 질문
③ 찬성편의 반박과 답변
④ 찬성편의 반론과 질문
⑤ 찬성편(상대편)의 주장 요약하기

15 찬성편과 반대편이 각각의 근거에 대해 구체적인 예를 들어 자료를 제시하는 까닭을 생각하여 빈칸에 들어갈 알맞은 말에 ○표를 하시오.

상대편이 주장에 대한 근거가 [   ]고 생각하도록 하기 위해서이다.

(믿을 만하다 , 믿을 만하지 못하다)

단원 b

응용

16 다음 가운데 토론 주제로 알맞은 것은 무엇입니까?

( )

① 도서관을 잘 이용하자.
② 교실에서 만화책 보기를 금지해야 한다.
③ 학급 규칙을 잘 지키는 방법은 무엇인가.
④ 급식실에서 조용히 하는 방법은 무엇인가.
⑤ 학급 규칙을 학생과 교사가 함께 정하면 어떤 점이 좋은지 알아보자.

주요

17 다음 내용을 근거로 들었다면 그 주장은 (1)과 (2) 가운데 무엇이겠는지 ○표를 하시오.

> 비싼 옷을 자랑하는 학생들 때문에 위화감이 일어난다.

(1) 초등학생도 교복을 입어야 한다. ( )
(2) 초등학생은 교복을 입으면 안 된다. ( )

서술형

18 '초등학생도 교복을 입어야 한다.'는 토의 주제에 대하여 상대편의 반론에 대한 우리 편의 반론을 예상하여 빈 곳에 쓰시오.

우리 편의 주장	
초등학생은 교복을 입으면 안 된다.	

상대편의 예상되는 반론	반론을 증명하기 위해 제시할 것으로 예상되는 근거
개성도 중요하지만 경제적인 측면도 고려해야 한다.	교복을 입으면 따로 옷을 사야 하는 비용을 절약할 수 있다.

상대편 반론에 대한 우리 편의 반박

19~20 다음 시를 읽고 물음에 답하시오.

> 시장에 간 우리 고모
> 물건 사고 아주머니가 돌려주는
> 거스름돈,
> 꼭 세어 보아요
>
> 은행에 간 고모
> 현금 지급기가
> '달깍' 내미는 돈
> 세어 보지도 않고
> 지갑에 얼른 넣는 거 있죠?
>
> 고모도 참

「기계를 더 믿어요」, 한상순

19 이 시의 주제는 무엇인지 쓰시오.

_____

_____

20 이 시를 읽고 토론할 때 주제에 따른 자신의 의견을 잘 내세우지 못한 친구는 누구인지 쓰시오.

> 하영: 우리 외삼촌께서도 이렇게 행동하셔.
> 은수: 이 시는 사람보다 기계를 더 믿는 현실을 비판적으로 바라보는 것 같아.
> 민호: '시장'과 '은행'을 대비하려고 한 연씩 구성한 점이 시의 주제를 더 잘 드러내는 것 같아.

( )

국어 210~231쪽

1~3 다음 그림을 보고 물음에 답하시오.

1 두 친구가 나누는 대화의 주제는 무엇입니까?
( )

① 학생들이 학교생활에 항상 불만이 많은 문제
② 학생들이 형식적으로 하는 인사말만 하는 문제
③ 학생들이 전통적인 인사말을 하기 싫어하는 문제
④ 착한 사람이 되기 위해 어떤 노력을 해야 하는 지에 문제
⑤ 학교에서 인사말을 "착한 사람이 되겠습니다." 로 하는 문제

2 남학생과 여학생 가운데 새로운 인사말에 대해 긍정적인 사람은 누구인지 쓰시오.
( )

3 그림 ㉮와 ㉯ 가운데 문제를 해결하는 데 도움이 되는 장면은 어느 것인지 기호를 쓰시오
그림 ( )

4 의견이 다를 때 상대를 설득하려면 어떻게 해야 하는지 알맞게 말한 것을 두 가지 고르시오.
(,)

① 자신이 옳다고 우긴다.
② 다른 사람의 의견을 반영하지 않는다.
③ 토론을 하여 자신의 주장을 제시한다.
④ 주장을 뒷받침하는 근거를 마련해 토론한다.
⑤ 자신의 의견을 주장하려고 상대의 기분을 상하게 한다.

5 토론으로 문제를 해결하면 좋은 점은 무엇입니까?
( )

① 문제 해결이 효율적이고 빠르게 이루어질 수 있다.
② 큰 소리로 말하기 때문에 문제 해결에 도움이 된다.
③ 토론 과정에서 자신의 주장과 근거를 바꿀 수 있다.
④ 자신과 생각이 다른 사람의 입장을 이해하기 어렵다.
⑤ 문제 해결에 더 나은 방법이 무엇인지 결정하는 데 도움이 된다.

6~8 다음 글을 읽고 물음에 답하시오.

(가) 최근 한 매체에서 '연예인'이 초등학생들의 장래 희망 직업 1위를 차지했다는 결과를 발표했다. 초등학생들 사이에서 번진 아이돌 열풍 때문이다. 몇 년 전에는 꿈이 '요리사'인 초등학생이 많았는데, 그 당시에는 요리를 주제로 한 텔레비전 프로그램이 유행했기 때문이다. 게임 산업의 발전에 따라 '프로 게이머'를 희망 직업으로 뽑은 학생이 대다수였을 때도 있었다. 직업은 생활 수단이자 자신의 능력을 발휘하고 꿈을 실현할 수 있는 기회이기도 하다. 그런데 자신이 희망하는 직업을 유행에 따라 결정하는 것이 과연 옳은 것일까?

(나) 이와 같은 현실에 대해 직업 평론가 ○○○ 씨와 면담한 결과 "자신이 원하는 일이 무엇인지 모르며 사회에 어떤 다양한 직업이 있는지 알아보려고 하지 않는 사실이 문제"라며 우려를 나타냈다. 직업은 미래에 자기 삶을 유지해 줄 수 있는 수단 가운데 하나이다. 직업으로 사람들은 소득을 얻기도 하고, 행복과 보람을 느끼기도 한다. 그러므로 유행보다는 자신의 흥미와 적성, 특기를 알고, 이것을 바탕으로 하여 직업을 고르려고 노력해야 한다.

6 글 (나)에서 면담한 사람은 누구입니까? (　　　)

① 학부모
② 담임 선생님
③ 글쓴이가 속한 학습
④ 직업 평론가 ○○○씨
⑤ 다양한 직업을 가진 사람들

서술형

7 이 글에 나타난 글쓴이의 주장은 무엇인지 쓰시오.

_____

_____

_____

8 글 (나)와 같은 자료를 평가하는 기준으로 알맞은 것은 두 가지 고르시오. (　　, 　　)

① 출처가 정확한가?
② 자료의 양이 많은가?
③ 조사 범위가 적절한가?
④ 자료가 주장을 뒷받침하는가?
⑤ 해당 분야의 전문가를 면담한 것인가?

9~10 다음 자료를 읽고 물음에 답하시오.

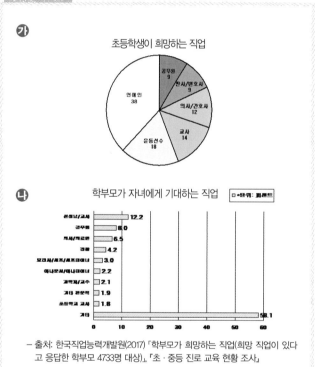

– 출처: 한국직업능력개발원(2017) 「학부모가 희망하는 직업(희망 직업이 있다고 응답한 학부모 4733명 대상)」, 「초·중등 진로 교육 현황 조사」

9 자료 ㉮에 대한 설명으로 알맞은 것은 무엇입니까?
(　　　)

① 출처가 나와 있지 않다.
② 정확한 수치가 드러나 있다.
③ 출처는 한국보건사회연구원이다.
④ 주장을 뒷받침하는 타당한 자료이다.
⑤ 전국 초등학생 458명을 대상으로 조사했다.

10 자료 ㉮ ~ ㉯ 가운데 출처가 명확하고 조사 범위가 적절한 자료의 기호를 쓰시오.

(　　　　　　　)

11~14 다음 글을 읽고 물음에 답하시오.

사회자: 이번에는 상대편이 펼친 주장에서 잘못된 점이나 궁금한 점을 지적하고 이에 답하는 반론하기 시간입니다. 먼저 반대편이 반론과 질문을 하고 이에 대해 찬성편이 답변하도록 하겠습니다. 시간은 2분입니다. 시작해 주십시오.

반대편: 찬성편에서는 학급을 위해 봉사하고, 학생 대표가 되어 우리의 뜻을 학교에 전하는 역할을 할 학급 임원이 필요하다고 했습니다. 하지만 학급을 위해 봉사하는 것은 몇 명의 학생이 아니라 전체 학생이 다 할 수 있는 일입니다. 또 요즘은 기술이 발달해서 여러 사람이 동시에 회의에 참여할 수 있습니다. 굳이 학생 대표 한두 명만 회의에 참여하도록 할 필요가 없습니다. 따라서 찬성편의 근거는 학급 임원이 반드시 필요하다는 주장을 뒷받침하는 근거라고 보기 어렵습니다. 오히려 모든 학생이 학급 임원을 경험할 수 있도록 돌아가며 하는 게 좋지 않을까요?

찬성편: 네, 반대편의 반론 잘 들었습니다. 모두가 돌아가면서 학급 임원을 한 번씩 경험해 볼 수도 있습니다. 그러나 말씀드렸다시피 학급 임원은 학급 학생 전체를 대표하는 자리입니다. 학생 대표는 모범적이면서 봉사 정신이 뛰어난 학생이 스스로 참여해야 한다고 생각합니다. 반대편의 반론처럼 모든 학생이 돌아가면서 학급 임원을 맡는다면 그 가운데에는 하고 싶은 마음이 없는 학생이 대표가 될 수 있습니다. 그러면 그 학생에게도 부담이 되는 일입니다.

사회자: 이번에는 찬성편이 반론을 펴고, 반대편에서 찬성편의 반론을 ㉠ 해 주시기 바랍니다.

찬성편: 반대편은 학급 임원을 뽑는 기준이 올바르지 않은 까닭을 근거로 들었습니다. 하지만 반대편에서 첫 번째 자료로 제시한 설문 조사 결과는 다른 학교를 조사한 것입니다. 따라서 우리 학교의 상황과 설문 조사 결과가 반드시 같다고는 볼 수 없습니다. 우리 학교 사정을 고려해서 근거를 말씀해 주셔야 하지 않을까요?

11 토론의 절차 가운데 어느 단계에 해당하는지 쓰시오.

( )

12 이 글에 제시된 단계의 토론 방법으로 알맞은 것을 두 가지 고르시오. (,)

① 자기편의 주장을 요약한다.
② 자기편 주장의 장점을 정리한다.
③ 상대편 토론자의 주장을 요약한다.
④ 상대편에서 제기한 반론이 타당하지 않음을 지적한다.
⑤ 주장에 대한 근거나 그에 대한 자료가 적절하지 않다는 것을 밝힌다.

서술형

13 반대편의 질문과 찬성편의 답변은 무엇인지 쓰시오.

(1) 반대편의 질문:

_____

(2) 찬성편의 답변:

_____

_____

_____

14 ㉠에 들어갈 알맞은 말은 무엇입니까? ( )

① 찬성　　　　　② 이해
③ 반박　　　　　④ 정리
⑤ 다지기

15 토론 방법을 생각하며 토론 절차를 정리하여 쓰시오.

· [ ] ➡ [ ]

➡ 주장 다지기

16 주장 다지기 단계에 대한 설명이 바르게 되도록 빈 곳에 알맞은 내용을 쓰시오.

- 자기편의 ((1) _____)를 강조하고 상대편에서 제기한 반론이 타당하지 않음을 밝힙니다. 그리고 자기편 주장의 ((2) _____)을 말해 주면 주장을 효과적으로 정리할 수 있습니다.

17~18 다음 글을 읽고 물음에 답하시오.

> **우리 학급 및 학교의 문제**
>
> 비싼 옷을 자랑하는 학생들 때문에 위화감이 생긴다.
>
> **친구들과 의논해 정한 토론 주제**
>
> 초등학생도 교복을 입어야 한다.

17 토론 주제에 대한 반대편 주장과 근거를 쓰시오.

(1) 주장: _____

(2) 근거: _____

_____

18 문제 **17**의 근거를 뒷받침할 수 있는 자료로 알맞은 것을 모두 고르시오. (   )

① 교복 가격에 대한 자료
② 최신 유행하는 옷에 대한 통계 자료
③ 초등학생의 장래 희망에 대한 면담 자료
④ 초등학생의 성장 속도에 대한 통계 자료
⑤ 학생들을 대상으로 교복 착용에 선호도를 조사한 면담 자료

19~20 다음 시를 읽고 물음에 답하시오.

> 시장에 간 우리 고모
> 물건 사고 아주머니가 돌려주는
> 거스름돈,
> 꼭 세어 보아요
>
> 은행에 간 고모
> 현금 지급기가
> '달깍' 내미는 돈
> 세어 보지도 않고
> 지갑에 얼른 넣는 거 있죠?
>
> ㉠ 고모도 참

19 이 시를 읽고 비슷한 경험을 말한 친구는 누구인지 쓰시오.

(   )

20 ㉠ 뒤에 생략된 말은 무엇이겠습니까? (   )

① 사람보다 기계를 믿으셔야죠.
② 현금은 항상 세어 보셔야 해요.
③ 정확한 것을 좋아하시는 분이세요.
④ 사람보다 기계를 더 믿으시면 어떡해요.
⑤ 아주머니가 고생하시는 걸 좀 알아주세요.

국어 210~231쪽

1 일상생활에서 토론이 필요한 경우를 생각하여 ㉠에 들어갈 알맞은 내용을 쓰시오.

1 일상생활에서 다른 사람과 의견이 대립할 경우, 토론 절차와 방법에 따라 예의 바르게 의견을 나누어 문제를 해결 방법을 찾을 수 있습니다.

2 빈칸에 알맞은 말을 써서 토론 주제를 완성하시오.

(1) 공동 주택에서 애완동물 사육을 _____

(2) 초등학생들에게 사교육은 _____

2 토론 주제는 학생들이 일상생활에서 직면할 수 있는 것으로 정합니다.

3 다음과 같은 문제를 해결하는 방법의 단점을 쓰시오.

> 　요즘 사회에서는 올바른 인성을 가지지 못한 여러 사람 때문에 많은 문제가 발생합니다. 우리는 자신의 능력만을 키우기보다는 착한 인성을 함께 키워 나가야 하겠습니다. 따라서 앞으로 우리 반에서는 착한 인성을 키우겠다는 마음을 다지기 위해 인사말을 '착한 사람이 되겠습니다.'로 바꾸도록 하겠습니다.

3 토론의 장점과 비교하여 생각해 봅니다.

최근 한 매체에서 '연예인'이 초등학생들의 장래 희망 직업 1위를 차지했다는 결과를 발표했다. 초등학생들 사이에서 번진 아이돌 열풍 때문이다. 몇 년 전에는 꿈이 '요리사'인 초등학생이 많았는데, 그 당시에는 요리를 주제로 한 텔레비전 프로그램이 유행했기 때문이다. 게임 산업의 발전에 따라 '프로 게이머'를 희망 직업으로 뽑은 학생이 대다수였을 때도 있었다. 직업은 생활 수단이자 자신의 능력을 발휘하고 꿈을 실현할 수 있는 기회이기도 하다. 그런데 자신이 희망하는 직업을 유행에 따라 결정하는 것이 과연 옳은 것일까?

ⓛ실제로 자신의 꿈이 '연예인'으로 바뀌었다고 하는 한 학생을 면담한 결과, "요즘에는 연예인이 대세이다."라면서도 "사실은 한 해에도 여러 번 바뀌는 희망 직업 때문에 고민이 많다. 무엇을 준비해야 할지 모르겠다."라고 털어놓았다. 직업의 선택은 유행이 아니라 자신의 적성이나 흥미, 특기를 고려해 이루어져야 한다.

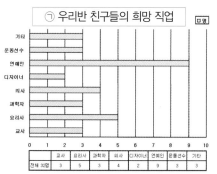

ⓐ 우리반 친구들의 희망 직업

	교사	요리사	과학자	의사	디자이너	연예인	운동선수	기타
전체 32명	3	5	4	4	2	9	3	3

도움말

✿ 직업의 선택은 유행이 아니라 자신의 적성이나 흥미, 특기를 고려해서 이루어져야 한다는 주장을 나타낸 주장하는 글의 내용입니다.

4 ⓐ의 자료에서 부족한 점은 무엇인지 쓰시오.

4 설문 조사 자료를 평가하는 기준에는 주장의 근거로 사용한 자료가 믿을 만한지, 출처가 정확한지 확인해야 합니다.

5 ⓛ에서 글쓴이가 자신의 주장을 뒷받침하려고 사용한 근거 자료는 무엇인지 쓰시오.

5 '직업의 선택은 유행이 아니라 자신의 적성이나 흥미, 특기를 고려해 이루어져야 한다.'는 주장의 근거 자료를 찾아봅니다.

6 다음 주장에서 잘못된 점이 무엇인지 쓰시오.

> 5학년 2반 학생 10명을 조사했을 때 그림을 그리는 것보다 글을 쓰는 것을 더 좋아한다고 했다. 이것으로 볼 때 우리 학교 5학년은 그림 그리기보다 글쓰기를 더 좋아한다.

6 근거 자료를 평가할 때에는 자료가 주장을 잘 뒷받침하는지 살펴보아야 합니다. 특히 이와 같은 자료는 조사 범위가 너무 좁으면 결론을 얻기 어려우므로 조사 범위가 적절한지 생각해 봐야 합니다.

7~8

사회자: 이번에는 찬성편이 반론을 펴고, 반대편에서 　㉠

찬성편: 반대편은 학급 임원을 뽑는 기준이 올바르지 않은 까닭을 근거로 들었습니다. 하지만 반대편에서 첫 번째 자료로 제시한 설문 조사 결과는 다른 학교를 조사한 것입니다. 따라서 우리 학교의 상황과 설문 조사 결과가 반드시 같다고는 볼 수 없습니다. 우리 학교 사정을 고려해서 근거를 말씀해 주셔야 하지 않을까요?

반대편: 네, 저희가 제시한 자료가 다른 학교에서 조사한 결과를 활용한 것은 맞습니다. 그러나 그 자료는 학급 임원을 뽑는 기준에 문제가 있다고 생각하는 학생이 많다는 점을 보여 드리려는 자료입니다. 여기 우리 학교 선생님을 면담한 결과를 보여 드리겠습니다. 그 선생님께서는 "봉사 정신이 뛰어나거나 모범적인 행동을 보이는 학생보다는 인기가 많은 학생이 학급 임원이 되는 경우가 종종 있다."라고 말씀하셨습니다. 이러한 점을 모두 고려해 학생 대표로서의 학급 임원이 필요한지 의문입니다.

사회자: 양쪽 질문과 답변을 잘 들었습니다. 2분 동안 협의 시간을 드리도록 하겠습니다.

7 토론의 절차를 생각하여 ㉠에 들어갈 알맞은 말을 쓰시오.

_____

8 빈 곳에 알맞은 내용을 써서 이 글에 나타난 반대편의 반론과 답변을 정리하시오.

반대편의 주장에 대한 반론	반대편에서 제시한 설문 조사 결과는 다른 학교를 조사한 결과로, 우리 학교의 상황과 반드시 같다고 볼 수 없다.
반대편의 반박	(1)
찬성편의 질문	우리 학교 사정을 고려해서 근거를 말씀해 주셔야 하지 않을까요?
찬성편의 질문에 대한 답변	(2)

도움말

☆ "학급 임원은 반드시 필요하다."는 주제로 민재네 반에서 한 토론 내용입니다.

7 '반론하기'의 세부 절차를 떠올려 봅니다.

8 토론에서 반론하는 방법
• 상대편 토론자의 주장을 요약합니다.
• 상대편의 주장이 타당하지 않다는 것을 밝히기 위한 질문을 합니다.
• 주장에 대한 근거나 그에 대한 자료가 적절하지 않다는 것을 밝힙니다.

시장에 간 우리 고모
물건 사고 아주머니가 돌려주는
거스름돈,
꼭 세어 보아요

은행에 간 고모
현금 지급기가
'달깍' 내미는 돈
세어 보지도 않고
지갑에 얼른 넣는 거 있죠?

고모도 참

도움말

★ 사람보다 기계를 더 믿는 현실을 비판적으로 바라본 시의 내용입니다.

b 단원

9 시의 내용과 자신의 경험을 연관 지어 생각해 보고, 비슷한 경험을 쓰시오.

_____

_____

9 시에서 말하는 이가 무엇을 말하려고 했는지 생각해 봅니다.

10 시를 읽고 토론 주제를 정하여 쓰시오.

_____

_____

10 글을 읽고 작품의 내용을 이해한 다음, 작품에서 독서 토론의 주제를 정해 봅니다.

11 독서 토론을 하고 난 뒤의 느낌을 읽고, 독서 토론을 하면 좋은 점은 무엇인지 쓰시오.

선우: 내가 생각하지 못한 것들을 친구들의 의견을 듣고 알 수 있었습니다.

_____

_____

11 토론을 하면 좋은 점과 연관 지어 생각해 봅니다.

핵심 1 **낱말의 뜻을 짐작하는 방법**

- 잘 모르는 낱말 앞뒤의 내용을 자세히 살펴보면 낱말의 뜻을 짐작할 수 있습니다.
- 이미 아는 친숙한 낱말로 바꾸었을 때 문장의 의미가 자연스러운지 살펴보며 낱말의 뜻을 짐작할 수 있습니다.

핵심 2 **낱말의 뜻을 짐작하며 읽어야 하는 까닭**

- 낱말의 뜻을 제대로 이해하지 못하면 글을 제대로 이해할 수 없기 때문입니다.
- 글을 읽으면서 모르는 낱말이 나올 때마다 사전을 찾아볼 수 없기 때문입니다.

핵심 3 **「존경합니다, 선생님」을 읽으며 짐작한 낱말 사전에서 찾아보기**

해당 부분	국어사전에서 찾은 뜻
마른침	애가 타거나 긴장하였을 때 입 안이 말라 무의식중에 힘들게 삼키는 아주 적은 양의 침. 예 민수는 놀랐는지 마른침을 꿀꺽 삼킨다.
깐깐하다	행동이나 성격 따위가 까다로울 만큼 빈틈이 없다. 예 깐깐한 목소리
근질근질 하다	참기 어려울 정도로 자꾸 몹시 어떤 일을 하고 싶어 하다. 예 친구들과 놀고 싶어서 몸이 근질근질하다.
빈정대다	남을 은근히 비웃는 태도로 자꾸 놀리다. 예 그 녀석이 자꾸 빈정대서 화가 났다.
쥐어짜다	이리저리 궁리하여 골똘히 생각하다. 예 머리를 쥐어짜도 정답이 떠오르지 않았다.
손수	남의 힘을 빌리지 아니하고 제 손으로 직접. 예 할머니께서 손수 만드신 음식이라서 더 맛있다.
꼴	사람의 모양새나 행태를 낮잡아 이르는 말. 예 꼴도 보기 싫으니 물러가거라.

핵심 4 **글을 요약하는 까닭**

- 주어진 글의 내용을 잘 이해하기 위해서입니다.
- 주어진 글의 중심 내용을 잘 파악하기 위해서입니다.

핵심 5 **글을 요약하는 방법 알기**

- 중요한 내용이 잘 드러나게 글을 요약합니다.
- 글의 내용을 그대로 옮기지 않고 자신의 말로 바꾸어서 요약합니다.
- 반복해서 나타나는 낱말을 찾아 전체를 대표하는 낱말로 바꿉니다.
- 필요 없는 부분을 찾아 삭제합니다.
- 글에서 중심 낱말을 찾는 방법 ┌─사소한 내용은 삭제하고 중요한 내용만 간추립니다
  - 중심 낱말은 여러 번 반복해 나타나는 특징이 있습니다.
  - 나열한 낱말들을 대표하는 낱말로 대체해 이를 중심 낱말로 활용할 수 있습니다.

> **★생각그물을 활용해 요약하면 좋은 점**
>
> 글의 중요한 내용을 한눈에 파악할 수 있어 글의 핵심 내용을 잘 이해할 수 있습니다.

핵심 6 **글의 ★구조에 따라 요약하기**

- 글의 구조를 파악하며 읽습니다.

비교와 대조 구조	두 대상의 공통점과 차이점을 중심으로 설명하는 글의 구조를 말함.
나열 구조	하나의 주제에 대해 몇 가지 특징을 늘어놓는 글의 구조를 말함.
문제와 해결 구조	해결할 문제와 문제의 해결 방법을 제시하는 글의 구조를 말함.
순서 구조	시간이나 공간의 순서에 따라 설명하는 글의 구조를 말함.

- 문단의 중심 내용을 간추립니다.
- 글의 구조에 알맞은 틀을 그려 내용을 정리합니다.
- 정리한 내용은 중요한 내용이 잘 드러나도록 간결한 문장으로 씁니다.

❖ 낱말의 뜻을 짐작하며 읽지 않았
   을 때 문제점

   낱말의 뜻을 제대로 짐작하지 못해서
   글의 내용을 잘 이해할 수 없습니다.

❖ 낱말의 뜻을 짐작하며 읽기

   글을 읽다가 뜻을 잘 모르는 낱말을
   보았을 때 낱말의 앞뒤 문맥이나 상황
   을 살펴보며 글을 읽으면 낱말의 뜻을
   이해하는 데 도움이 될 수 있습니다.

❖ 요약하기의 평가 기준

   • 글의 분량을 짧게 간추렸나요?
   • 사소한 내용은 삭제하고 중요한 내
     용만 요약했나요?
   • 글에서 중요한 내용을 이해할 수 있
     게 간추렸나요?

❖ 친구들이 요약한 내용을 살펴보
   고 잘한 점 칭찬하기

   • 글의 내용을 그대로 옮기지 않고 자
     신의 말로 바꾸어서 요약했습니다.
   • 반복해서 나타나는 낱말을 찾아 전체
     를 대표하는 낱말로 바꾸었습니다.
   • 필요 없는 부분을 찾아 삭제했습니다.

낱말 사전

★ 생각그물 마음속에 지도를
   그리듯이 줄거리를 이해하며
   정리하는 방법.
★ 구조 부분이나 요소가 어떤
   전체를 짜 이룸. 또는 그렇게
   이루어진 얼개.

개념을 확인해요

1 낱말의 뜻을 제대로 이해하지 못하면 글을 제대로 이해할 수 없으므
   로 낱말의 뜻을 ☐☐ 하며 읽어야 합니다.

7 단원

2 낱말의 뜻을 짐작하기 위해서는 잘 모르는 낱말 앞뒤의 ☐☐
   을 살펴봅니다.

3 '남의 힘을 빌리지 아니하고 제 손으로 직접'의 뜻을 가진 말은
   '☐☐'입니다.

4 '☐'은 사람의 모양새나 행태를 비웃어 이르는 말입니다.

5 글을 ☐☐ 하면 주어진 글의 내용을 잘 이해할 수 있습니다.

6 글을 요약하는 까닭은 주어진 글의 ☐☐☐☐을 잘
   파악하기 위해서입니다.

7 글을 요약할 때에는 중요한 내용이 잘 드러나게 글을 요약하며 글의 내
   용을 그대로 옮기지 않고 ☐☐의 말로 바꾸어서 요약합니다.

8 글을 요약할 때에는 글에서 필요 없는 부분을 찾아 ☐☐ 합
   니다.

9 글의 ☐☐에 따라 요약할 때에는 글의 구조에 알맞은 틀을
   그려 내용을 정리합니다.

10 글의 구조에 따라 요약할 때에는 ☐☐의 중심 내용을 정리한
   뒤에 그 내용이 잘 드러나도록 간결한 문장으로 씁니다.

도움말

1. 낱말의 뜻을 짐작하면서 읽지 않으면 낱말의 뜻을 제대로 짐작하지 못해서 글의 내용을 잘 이해할 수 없습니다.

핵심 1

1 낱말의 뜻을 짐작하는 방법으로 알맞지 <u>않은</u> 것은 무엇입니까? (　　　)

① 낱말을 사용한 예를 떠올려 본다.
② 잘 모르는 낱말 앞뒤의 내용을 살펴본다.
③ 해당 낱말을 한자어나 외래어로 바꾸어 본다.
④ 해당 낱말의 뜻과 반대인 낱말을 대신 넣어 본다.
⑤ 해당 낱말의 뜻과 비슷한 낱말을 대신 넣어 본다.

2. 낱말의 뜻을 짐작하며 읽다 보면 글의 내용을 잘 이해할 수 있습니다.

핵심 1

2 낱말의 뜻을 짐작하며 읽어야 하는 까닭은 무엇입니까? (　　　)

① 상상력을 기르기 위해서
② 어휘력을 늘리기 위해서
③ 낱말의 뜻을 제대로 몰라도 글을 제대로 이해할 수 있어서
④ 세부 의미를 파악하기 어려우므로 시간을 절약하기 위해서
⑤ 글을 읽으면서 모르는 낱말이 나올 때마다 사전을 찾아볼 수 없어서

3. 마른침이라는 말이 나온 앞부분의 상황을 보며 그렇게 짐작해 봅니다.

핵심 3

3 밑줄 그은 낱말의 뜻을 바르게 짐작한 사람은 누구입니까? (　　　)

> "숙제란 말이다, 숙제! 세 쪽 가득 채워 오도록. 기한은 내일까지!"
> 나는 마른침을 꿀꺽 삼켰다.

① 경호: 뾰족한 침
② 연수: 실내에서 삼키는 침
③ 은아: 긴장했을 때 삼키는 침
④ 영훈: 기분이 좋을 때 삼키는 침
⑤ 기연: 나무토막으로 만든 얇은 침

핵심 4

4 글을 요약하는 까닭을 알맞게 말한 친구는 누구인지 쓰시오.

> 진형: 낱말의 뜻을 짐작하며 글을 읽기 위해서야.
> 은하: 글을 읽고 중요한 정보를 간추림으로써 주어진 글의 내용을 잘 이해
> 하기 위해서야.

(   )

도움말

4. 요약하기란 글을 읽고 중요한 정보를 간추리는 것입니다.

핵심 5

5 다음 가운데 요약하기 평가 기준으로 알맞은 것을 모두 고르시오.

(   )

① 재미있게 요약했는가?
② 중요한 내용만 요약했는가?
③ 글의 분량을 짧게 간추렸는가?
④ 사소한 내용도 빠뜨리지 않으려고 노력했는가?
⑤ 글의 중요한 내용을 이해할 수 있게 간추렸는가?

5. 글을 요약할 때에는 글의 분량이 적절하면서도 중요한 내용이 잘 드러나서 글의 핵심 내용을 잘 이해야 합니다.

6. 다양한 글의 구조

비교와 대조 구조	대상의 공통점과 차이점을 중심으로 설명하는 글의 구조를 말함.
나열 구조	하나의 주제에 대해 몇 가지 특징을 늘어놓는 글의 구조를 말함.
문제와 해결 구조	해결할 문제와 문제의 해결 방법을 제시하는 글의 구조를 말함.
순서 구조	시간이나 공간의 순서에 따라 설명하는 글의 구조를 말함.

핵심 6

6 글의 구조에 따라 요약하는 방법에 대한 설명이 되도록 (   ) 안의 알맞은 말에 ○표를 하시오.

(1) 글을 읽고 구조를 (파악하며 , 설명하며) 읽는다.
(2) 중심 내용을 (감상한다 , 간추린다).
(3) 글의 구조에 적당한 (무늬 , 틀)을/를 그려 내용을 정리한다.
(4) 정리한 내용은 중요한 내용이 잘 드러나도록 (긴 , 간결한) 문장으로 쓴다.

1~3 다음 글을 읽고 물음에 답하시오.

귀가 ㉠어두워 무슨 말을 해도 제대로 알아듣지 못하는 만화 주인공 '사오정'을 아시나요? 만화 주인공 사오정과 비슷한 사람이 우리 주변에 많이 생겨나고 있습니다. 사오정이 뜬금없는 말로 우리에게 재미와 웃음을 주지만 요즘에 사오정들은 귀 건강을 위협받는 아주 위험한 상황에 놓여 있습니다.

귀가 건강하지 못하다는 사실은 소리 듣기로 가장 쉽게 알 수 있습니다. 소리가 잘 들리지 않는다면 그만큼 귀가 건강하지 못하다는 의미입니다. 소리가 잘 들리지 않으면 '최소 난청'이지만 귀 건강이 더 나빠지면 '전음성 난청'이 됩니다. 이 단계에서는 속삭이는 소리 외에도 일반적인 소리까지 선명하게 듣지 못하고 비행기를 타거나 높은 곳에 올라갔을 때처럼 귀가 먹먹한 느낌이 듭니다. 귀를 후비거나 하품하거나 귀에 바람을 넣어 봐도 순간적으로 증상이 ㉡호전될 뿐 금세 귀가 먹먹해집니다. 그 밖에도 염증으로 인한 통증과 가려움 같은 증상이 일어납니다.

우리 귀 건강에 가장 큰 걸림돌은 '이어폰'입니다. 사람들 대부분이 이어폰으로 음악을 들으면 집중을 잘하기 때문에 학습하는 데 큰 힘이 될 것이라고 생각합니다. 하지만 이는 사실과 다릅니다. 양쪽 귀 바로 위쪽 부위에는 언어 중추가 있는 뇌 측두엽이 존재하는데 측두엽과 가까운 귀에 이어폰을 꽂으면 언어 중추가 음악 소리에 자극을 받기 때문에 학습 내용이 기억에 잘 남지 않습니다. 왜냐하면 측두엽은 기억력과 청각을 담당하기 때문입니다.

『내 귀는 건강한가요』, 박정환

1 ㉠의 뜻을 짐작하여 쓰시오.

( )

2 ㉡과 반대되는 말은 무엇입니까? ( )

① 진전   ② 악화
③ 이전   ④ 반전
⑤ 교체

3 낱말의 뜻을 제대로 짐작하지 못하면 어떤 일이 일어날 수 있습니까? ( )

① 글을 자연스럽게 읽을 수 있다.
② 글의 내용을 잘 이해할 수 없다.
③ 글쓴이의 의도를 짐작할 수 있다.
④ 전체적인 맥락을 이해할 수 있다.
⑤ 국어사전으로 뜻을 찾는 데 어려움을 느끼지 않게 된다.

4 그림을 보고 낱말의 뜻을 짐작하여 쓰시오.

(1) 먹다   한번 먹은 마음 변하지 말고 열심해 공부하자.

(2) 먹다

5 다음 그림의 뜻을 지닌 '발'을 넣어 짧은 글을 지으시오.

발   너는 아는 친구가 참 많구나.

6~8 다음 글을 읽고 물음에 답하시오.

㈎ "숙제란 말이다, 숙제! 세 쪽 가득 채워 오도록. 기한은 내일까지!"

ㄱ나는 마른침을 꿀꺽 삼켰다.

집으로 돌아오는 내내, 나는 줄곧 숙제 생각만 했다.

진짜 잘 써야 하는데!

어느덧 언덕길로 접어들어 집이 점점 가까워질 무렵, 옆집에 사는 슐로스 할아버지가 현관 계단에 앉아 있는 모습이 보였다. 슐로스 할아버지는 아내를 먼저 하늘 나라로 보내고, 자식들도 다 커서 떠나 혼자 살고 있었다.

㈏ "무슨 안 좋은 일이라도 있었니?"

슐로스 할아버지는 막 구워 낸 쿠키가 담긴 봉지를 호주머니에서 꺼내 나에게 내밀며 물었다. 유명한 제빵사인 슐로스 할아버지는 늘 호주머니에 쿠키가 들어 있었다.

"학교에서 가장 깐깐한 선생님한테 배우게 됐어요."

"설마, ㄴ'마녀 켈러' 말이니?"

「존경합니다, 선생님」, 퍼트리샤 플라코

6 글 ㈎ 부분에서 숙제에 대한 '나'의 마음은 어떠한지 쓰시오.

_____

7 ㄱ에서 느껴지는 분위기는 어떠합니까? (　　　)

① 행복　　② 긴장　　③ 평화
④ 만족　　⑤ 반성

8 ㄴ을 통해 알 수 있는 것은 무엇입니까? (　　　)

① 선생님이 매우 무섭다.
② 선생님이 매우 인자하다.
③ '나'는 글쓰기를 싫어한다.
④ 선생님의 능력이 뛰어나다.
⑤ 할아버지는 성격이 고약하다.

9~10 다음 글을 읽고 물음에 답하시오.

그날 밤, 나는 책상에 앉아 글을 쓰기 시작했다. 나는 내 방이 정말 좋았다. 하루의 대부분을 내 방에서 보내는 만큼, 방을 쭉 둘러보면서 하나하나 묘사하면 어떨까. 아주 세세히! 그리고 내가 우리 집 고양이와 엄마를 얼마나 사랑하는지, 새로 산 치마가 얼마나 마음에 드는지, 집에서 먹는 아침밥이 얼마나 맛있는지를 보태면……. 와! 내가 쓴 글이지만, 잘 써도 너무 잘 쓴 것 같았다. 지금까지 쓴 글 중에서 최고라는 생각이 들었다.

나는 얼른 교실에서 큰 소리로 발표하고 싶어 몸이 ㄱ근질근질했다.

이튿날 아침, 우리는 한 사람씩 차례로 자기가 써 온 글을 큰 소리로 발표했다. 나는 발표가 두렵지는 않았지만 무척 떨렸다. 그때 내 이름이 불렸다.

"다음, 퍼트리샤."

나는 우리 가족과 내 일상에 대해 쓴 '걸작'을 읽어 내려갔다. 내가 우리 가족 모두를 얼마나 사랑하는지 알면 켈러 선생님도 무척 감동하겠지?

하지만 내 예상과는 달리, ㄴ켈러 선생님의 숨소리가 점점 거칠어졌다.

9 ㄱ에 대한 설명으로 알맞은 것을 두 가지 고르시오.

(　　,　　)

① 짐작하기 어려운 단어이다.
② 심하게 간지러웠다는 뜻이다.
③ '간질간질'보다 느낌이 더 강하다.
④ '터덜터덜'이라는 말로 바꾸어 쓸 수 있다.
⑤ '참기 어려울 정도로 어떤 일을 하고 싶어 하다.'라는 뜻이다.

서술형

10 ㄴ에 나타난 켈러 선생님의 마음을 쓰시오.

_____

_____

11~12 다음 글을 읽고 물음에 답하시오.

사람들의 집 짓기와 식물의 집 짓기는 서로 같은 점도 있고 다른 점도 있습니다.

집을 지을 때 건축가들은 설계도를 그린 뒤 그것을 바탕으로 집을 짓습니다. 이때 건축가는 집을 똑바로 세우려고 애씁니다. 사람들이 집을 지을 때 이토록 많은 정성을 기울이고 온갖 기술을 쓰는 일과 마찬가지로 식물도 질서 있게, ☐㉠ 특별한 기술을 바탕으로 잎을 피웁니다.

11 ㉠에 들어갈 알맞은 이어 주는 말은 무엇입니까?

( )

① 그래서
② 그러나
③ 그리고
④ 그런데
⑤ 그러므로

🖊️서술형

12 알맞은 말을 넣어 중요한 내용이 잘 드러나게 이 글의 내용을 요약하시오.

• 사람들의 집 짓기와 식물의 집 짓기는 서로 같은 점도 있고 다른 점도 있습니다. _____

_____

_____

13 글을 요약하는 평가 기준에 알맞게 요약하는 글을 쓴 사람은 누구인지 쓰시오.

> 기하: 중요한 내용을 삭제해 가며 간추렸어.
> 철호: 사소한 내용은 삭제하고 중요한 내용을 이해할 수 있게 요약했어.
> 수정: 글의 분량이 길고 중요하지 않은 내용도 많이 들어가게 요약했어.

( )

14~15 다음 글을 읽고 물음에 답하시오.

옛날 아주 먼 옛날에 사람들은, 오래 기억하고 싶은 일이나 함께 나누고 싶은 생각을 바위와 동굴 벽에 새기고 그렸대. 하지만 그렇게 새기고 그리는 건 쉽지 않았어. 게다가 바위나 동굴은 다른 곳으로 옮길 수도 없잖아. 땅바닥이나 나무토막에 그리기도 했지만 땅바닥에 그린 것은 금방 지워져 버렸고, 나무토막은 잃어버리기 일쑤였지.

그래서 사람들은 좀 더 쓰기 쉽고 그리기 편한 것, 옮기기 쉽고 간직하기 좋은 것을 찾았어. 흙을 빚어 점토판을 만들기도 하고, 나무를 쪼개 엮거나 풀 줄기 안쪽을 얇게 벗겨 겹쳐서 쓰기도 했어. 옷 감이나 얇게 편 가죽을 사용하기도 했지. 그러다가 종이를 발명한 거야. 쓰고 그리기 쉽고, 가볍고 간직하기 좋은 종이를 말이야.

14 이 글에서 설명하는 내용은 무엇입니까? ( )

① 종이의 수명
② 종이의 장점
③ 여러 나라의 필기도구
④ 종이가 만들어진 까닭
⑤ 종이의 여러 가지 쓰임새

15 종이가 발명되기 전에 쓰거나 그리는 데 사용되지 않은 것은 무엇입니까? ( )

① 나무토막
② 밀반죽 판
③ 바위나 동굴
④ 옷감이나 얇게 편 가죽
⑤ 줄기 안쪽을 얇게 벗겨 겹친 것

16~18 다음 글을 읽고 물음에 답하시오.

나는 종이 가운데 으뜸인 한국 종이, 한지야! 옛날 중국에서 최고로 친 고려지도, 일본에서 최고로 친 조선종이도 모두 나야. 그런데 내가 어떻게 만들어지는지 아니?

제일 먼저 닥나무를 베어다 푹푹 찐 뒤, 나무껍질을 훌러덩훌러덩 벗겨서 물에 불려. 그러고는 다시 거칠거칠한 겉껍질을 닥칼로 긁어내고 보들보들 하얀 속껍질만 모아.

이렇게 모은 속껍질은 삶아서 더 보드랍게, 더 하얗게 만들어야 해. 먼저 닥솥에 물을 붓고 속껍질을 담가. 그리고 콩대를 태워 만든 잿물을 붓고 보글보글 부글부글 삶아. 푹 삶은 다음에는 건져 내서 찰찰찰 흐르는 맑은 물에 깨끗이 씻어.

이제 보드랍고 하얗게 바랜 속껍질을 나무판 위에 올려놓고 닥방망이로 찧어 가닥가닥 곱게 풀어야 해. 쿵쿵 쾅쾅! 솜처럼 풀어진 속껍질은 다시 물에 넣고 잘 풀어지라고 휘휘 저어. 그런 다음 닥풀을 넣고 다시 잘 엉겨 붙으라고 휘휘 저어 주지.

16 이 글에서 설명하는 것은 무엇인지 쓰시오.

(   )

중요

17 이 글에서 순서 구조를 드러내는 말은 무엇입니까?

(   )

① 다시   ② 먼저   ③ 최고
④ 그런데   ⑤ 이렇게

18 한지를 만드는 과정에 알맞게 번호를 쓰시오.

(1) 속껍질을 나무판 위에 올려놓고 찧는다.
(   )

(2) 속껍질을 삶고 씻어서 더 보드랍고 하얗게 만든다.
(   )

(3) 풀어진 속껍질을 물에 넣어 젓고, 거기에 닥풀을 넣고 다시 젓는다.
(   )

(4) 닥나무를 베어다 푹푹 찌고, 겉껍질을 긁어내어 보드라운 하얀 속껍질만 모은다.
(   )

19~20 다음 그림을 보고 물음에 답하시오.

아, 한지를 물들이려면 지금 준비해야 해. 잇꽃으로 물들이면 붉은 한지 되고 치자로 물들이면 노랑, 쪽물은 파랑, 먹으로 물들이면 검은 한지 되지.

이번에는 엉겨 붙은 속껍질을 물에서 떠내야 해. 촘촘한 대나무 발을 외줄에 걸어서 앞뒤로 찰방, 좌우로 찰방찰방 건져 올리면 물은 주룩주룩 빠지고 발 위에는 하얀 막만 남아. 젖은 종이처럼 말이야. 이렇게 한 장 한 장 떠서 차곡차곡 쌓은 다음 무거운 돌로 하루 정도 눌러서 남은 물기를 빼.

마지막으로 차곡차곡 눌러둔 걸 한 장 한 장 떼어서 판판하게 말려야 해. 따뜻한 온돌 방바닥이나 판판한 벽에 쫙쫙 펴서 말리면 드디어 숨 쉬는 종이, 한지 완성!

19 한지를 만드는 마지막 과정은 무엇입니까?

(   )

① 속껍질을 나무판 위에 올려놓고 찧는다.
② 속껍질을 삶고 씻어서 더 보드랍고 하얗게 만든다.
③ 눌러 둔 것을 한 장씩 떼어서 판판한 벽에 펴서 말린다.
④ 풀어진 속껍질을 물에 넣어 젓고, 거기에 닥풀을 넣고 다시 젓는다.
⑤ 엉겨 붙은 속껍질을 물에서 떠내 한 장씩 차곡차곡 쌓고 돌로 눌러 둔다.

응용

20 한지를 만들어지는 과정을 소개한 방법은 무엇입니까? (   )

① 공간의 변화에 따라
② 시간의 순서에 따라
③ 문제와 해결 구조에 따라
④ 공통점과 차이점을 중심으로
⑤ 의식의 흐름에 따라 자유롭게

국어 232~271쪽

1~3 다음 글을 읽고 물음에 답하시오.

우리 귀 건강에 가장 큰 ㉠걸림돌은 '이어폰'입니다. 사람들 대부분이 이어폰으로 음악을 들으면 집중을 잘하기 때문에 학습하는 데 큰 ㉡힘이 될 것이라고 생각합니다. 하지만 이는 사실과 다릅니다. 양쪽 귀 바로 위쪽 부위에는 언어 중추가 있는 뇌 측두엽이 존재하는데 측두엽과 가까운 귀에 이어폰을 꽂으면 언어 중추가 음악 소리에 ㉢자극을 받기 때문에 학습 내용이 기억에 잘 남지 않습니다. 왜냐하면 측두엽은 기억력과 청각을 담당하기 때문입니다. 다시 말해 노래를 들으며 공부를 하면 뇌는 이 두 가지를 한꺼번에 ㉣처리해야 하기 때문에 어려움을 겪습니다. 그래서 일반적으로 뇌 과학자들은 음악 듣기는 ㉤고난도 학습이나 업무를 하는 데 도움을 주지 않는다고 설명합니다.

1 ㉠~㉤의 뜻을 바르게 짐작한 것은 무엇입니까?
( )

① ㉠: 협력자
② ㉡: 도움
③ ㉢: 결과
④ ㉣: 절차
⑤ ㉤: 외로움

2 이 글에 설명된 내용으로 알맞은 것은 무엇입니까?
( )

① 이어폰은 학습을 하는 데 도움이 된다.
② 이어폰은 귀 건강에 영향을 미치지 않는다.
③ 업무를 하는 데 음악 듣기가 큰 도움이 된다.
④ 이어폰을 끼고 학습하면, 학습 내용이 기억에 잘 남지 않는다.
⑤ 양쪽 귀 바로 위쪽에 있는 뇌 측두엽과 가까운 귀에 이어폰을 꽂으면 학습 내용이 기억에 잘 난다.

서술형

3 낱말의 뜻을 짐작하는 방법을 한 가지 쓰시오.

_____

_____

4~5 다음 그림을 보고 물음에 답하시오.

고려청자는 대한민국의 ㉠얼굴이라고 할 만한 대표 문화재입니다.

우리나라 리듬 체조에 새 ㉡얼굴이 등장했습니다.

서술형

4 ㉠의 뜻을 지닌 '얼굴'을 넣어 짧은 글을 쓰시오.

_____

_____

5 다음 문장의 밑줄 그은 말이 ㉡과 같은 뜻으로 쓰인 것은 무엇입니까? ( )

① 얼굴 가죽이 두껍다.
② 철호는 10분 뒤에 얼굴을 내밀었다.
③ 묵은 얼굴은 사람들의 관심을 끌지 못한다.
④ 아버지께서 생각에 깊이 잠긴 얼굴을 하셨다.
⑤ 그가 젊어서 고생을 했다는 사실은 그의 얼굴에 씌어 있었다.

6~7 다음 글을 읽고 물음에 답하시오.

"퍼트리샤, 넌 지금 '사랑'이라는 낱말을 고양이에게도, 치마에도, 이웃에게도, 팬케이크에도……, 심지어 엄마에게도 사용하고 있어. 엄마에게 느끼는 감정과 팬케이크에 느끼는 감정이 똑같다는 말이니? 낱말은 감정을 전해 주지. 하지만 낱말 하나하나가 가진 차이를 이해해야 해! 자, 다들 주목. 지금 당장 종이에 '사랑'을 나타내는 낱말을 쭉 써 봐. 단, '사랑'이라는 낱말은 빼고."

우리는 모두 끙끙대며 머리를 짜냈지만 고작 몇 개밖에 쓰지 못했다. / "자, 자, 그만."

켈러 선생님은 교실을 휙 둘러보더니, 포기한 듯 교탁 앞에 섰다.

"'유의어'의 뜻을 아는 사람? 고대 물고기 이름 따위가 아니라는 것쯤은 알겠지."

6 켈러 선생님은 글을 쓸 때 어떻게 해야 한다고 하셨습니까? (   )

① 사랑을 담아 써야 한다.
② 사전을 잘 활용해야 한다.
③ 유의어를 반복해서 써야 한다.
④ 다양한 감정의 차이를 느껴야 한다.
⑤ 낱말 하나하나가 가진 차이를 이해해야 한다.

7 이 글에서 다음 뜻을 가진 낱말을 찾아 쓰시오.

뜻이 비슷한 말

(   )

서술형

8 존경하는 선생님께 마음을 전하는 글을 비슷한 뜻을 가진 낱말을 다양하게 사용해 표현하시오.

_____

_____

_____

9~10 다음 글을 읽고 물음에 답하시오.

켈러 선생님은 나를 똑바로 보며 말을 이었다.

"글을 읽는 사람이 글쓴이의 '진짜' 감정을 느낄 수 있어야 해. 물론 평범한 방식으로는 절대 안 되지. 독자들이 전혀 예상하지 못한 방식으로, 깜짝 놀라도록. 한마디로 독창적이어야 한다는 말이야!"

어느 순간, 켈러 선생님은 내 눈을 뚫어져라 바라보고 있었다.

"퍼트리샤, 넌 이미 낱말을 아주 많이 알고 있어. 이제 그 낱말에 ㉠날개를 달아 줄 때란다."

9 다음 질문을 바탕으로 이 이야기의 주제를 쓰시오.

켈러 선생님께서 글쓰기에서 강조하신 것은 무엇일까요?

_____

_____

_____

10 ㉠의 뜻을 바르게 짐작한 것은 무엇입니까?
(   )

① 큰 인물이 되다.
② 희망이 점점 커지다.
③ 훌륭한 작품을 만들다.
④ 생각을 마음껏 펼치다.
⑤ 나쁜 일이 겹치어 일어나다.

11~13 다음 글을 읽고 물음에 답하시오.

사람들은 많은 물건을 한꺼번에 나르려고 바구니를 이용한다. 그렇다면 동물들은 한꺼번에 먹이를 나르려고 무엇을 이용할까?

다람쥐는 볼주머니를 이용한다. 볼주머니는 입안 좌우에 있는 큰 주머니를 말한다. 다람쥐는 먹이를 입에 넣은 다음 볼에 차곡차곡 담는데 ㉠밤처럼 너무 큰 먹이는 이빨로 잘라서 넣기도 한다. 다람쥐의 경우 ㉡도토리 같은 열매 열 개 이상을 볼주머니에 잠시 저장할 수 있다.

원숭이도 볼주머니가 있다. 원숭이의 볼주머니에는 사과 한 개 정도가 들어갈 수 있는 공간이 있다. 원숭이는 먹이를 발견하면 대충 씹어 그곳에 잠시 저장한다. 그런 다음 다른 원숭이에게 먹이를 빼앗기지 않으려고 안전한 장소로 이동한 뒤 먹이를 조금씩 꺼내어 먹는다.

11 이 글에서 가장 많이 반복해서 나타나는 중심 낱말을 찾아 쓰시오.

(   )

12 ㉠과 ㉡을 대표하는 낱말은 무엇입니까? (   )

① 곡식   ② 먹이
③ 종자   ④ 참나무
⑤ 견과류

📝 서술형

13 빈칸에 알맞은 내용을 써서 다음 표를 완성하시오.

주제: (1)	
다람쥐	원숭이
(2)	먹이를 볼주머니에 저장해 안전한 장소로 이동해서 먹는다.

14~15 다음 글을 읽고 물음에 답하시오.

나는 종이 가운데 으뜸인 한국 종이, 한지야! 옛날 중국에서 최고로 친 고려지도, 일본에서 최고로 친 조선종이도 모두 나야. 그런데 내가 어떻게 만들어지는지 아니?

제일 먼저 닥나무를 베어다 푹푹 찐 뒤, 나무껍질을 홀러덩홀러덩 벗겨서 물에 불려. 그러고는 다시 거칠거칠한 겉껍질을 닥칼로 긁어내고 보들보들 하얀 속껍질만 모아.

이렇게 모은 속껍질은 삶아서 더 보드랍게, 더 하얗게 만들어야 해. 먼저 닥솥에 물을 붓고 속껍질을 담가. 그리고 콩대를 태워 만든 잿물을 붓고 보글보글 부글부글 삶아. 푹 삶은 다음에는 건져 내서 찰찰찰 흐르는 맑은 물에 깨끗이 씻어.

이제 보드랍고 하얗게 바랜 속껍질을 나무판 위에 올려놓고 닥방망이로 찧어 가닥가닥 곱게 풀어야 해. 쿵쿵 쾅쾅! 솜처럼 풀어진 속껍질은 다시 물에 넣고 잘 풀어지라고 휘휘 저어. 그런 다음 닥풀을 넣고 다시 잘 엉겨 붙으라고 휘휘 저어 주지.

14 이 글의 구조는 무엇인지 [보기] 에서 찾아 쓰시오.

보기
순서 구조   나열 구조   문제와 해결 구조

(   )

15 빈 곳에 알맞은 내용을 써서 이 글의 내용을 요약하시오.

• 한지를 만드는 과정은 먼저, ((1)   를 베어다 쪄서 겉껍질을 긁어내어 보드라운 속껍질만 모은다. 속껍질을 삶고 씻어서 나무판 위에 올려놓고 찧는다. 그리고 풀어진 ((2)   을 물에 넣어 젓고, 거기에 닥풀을 넣어 다시 젓는다.

16~18 다음 글을 읽고 물음에 답하시오.

(가) 나는 숨을 쉬니까 집 단장에도 좋아. 더운 날에는 찬 공기 들여 시원하게 하고, 추운 날에는 더운 공기 잡아 따뜻하게 하지. 또 습한 날은 젖은 공기 머금어 방 안을 보송보송하게 하고, 건조한 날은 젖은 공기 내놓아 방 안을 상쾌하게 하지. 따가운 햇볕을 은은하게 걸러 주는 건 기본이고말고.

낡은 옷장에 나를 겹겹이 붙이면 새 옷장이 되고, 요리조리 모양 잡으면 안경집, 벼룻집, 갓집이 되지. 바늘, 실, 골무 같은 바느질 도구 넣는 ⊙반짇고리도 될 수 있어. 옷 만들 때는 옷본, 버선 만들 때는 버선본이 되고말고. 한겨울 옷 속에 나를 넣어 꿰매면 얼마나 따뜻하다고.

(나) 나는 흥겨운 놀이에도 빠지지 않아. 방패연, 가오리연이 되어 하늘을 훨훨 날 수도 있고, 제기가 되어 이리 펄쩍 저리 펄쩍 뛰기도 해. 풍물패 고깔 위에 알록달록 핀 예쁜 꽃도 바로 나야. 나는야 못 하는 게 없는 재주꾼, 한지돌이!

16 이 글을 요약하는 틀로 알맞은 것에 ○표를 하시오.

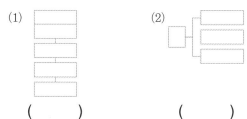

(1) ( )   (2) ( )

17 한지의 쓰임새가 **아닌** 것은 무엇입니까? ( )

① 버선 재료
② 생활용품 재료
③ 놀이용품 재료
④ 방 안 온도 조절
⑤ 방 안 밝기 조절

🖊️서술형

18 ⊙의 뜻을 짐작하여 쓰시오.

_____

_____

19 사회 시간에 배운 조선의 건국 과정을 요약한 표입니다. 다음 틀로 알 수 있는 글의 구조는 무엇인지 쓰시오.

조선의 건국 과정

고려 말 신진 사대부가 개혁으로 경제적 기반을 마련하고 농민 생활을 안정시킴.

이성계를 비롯한 신흥 무인 세력과 신진 사대부들이 위화도 회군으로 권력을 잡음.

정몽주처럼 새 왕조 수립을 반대한 세력을 제거하고, 토지 제도 개혁을 마무리함.

이성계가 왕위에 올라 조선을 세움.

( )

20 글의 구조에 따라 요약하는 방법으로 알맞지 **않은** 것은 무엇입니까? ( )

① 글의 구조를 파악하며 읽는다.
② 문단의 중심 내용을 간추린다.
③ 글의 구조에 알맞은 틀을 그려 내용을 정리한다.
④ 시간이나 공간의 순서 없이 나열 구조로만 늘어놓듯이 요약한다.
⑤ 정리한 내용은 중요한 내용이 잘 드러나도록 간결한 문장으로 쓴다.

1~2

우리 귀 건강에 가장 큰 ⊙걸림돌은 '이어폰'입니다. 사람들 대부분이 이어폰으로 음악을 들으면 집중을 잘하기 때문에 학습하는 데 큰 힘이 될 것이라고 생각합니다. 하지만 이는 사실과 다릅니다. 양쪽 귀 바로 위쪽 부위에는 언어 중추가 있는 뇌 측두엽이 존재하는데 측두엽과 가까운 귀에 이어폰을 꽂으면 언어 중추가 음악 소리에 자극을 받기 때문에 학습 내용이 기억에 잘 남지 않게 됩니다. 왜냐하면 측두엽은 기억력과 청각을 담당하기 때문입니다. 다시 말해 노래를 들으며 공부를 하면 뇌는 이 두 가지를 한꺼번에 처리해야 하기 때문에 어려움을 겪습니다. 그래서 일반적으로 뇌 과학자들은 음악 듣기는 고난도 학습이나 업무를 하는 데 도움을 주지 않는다고 설명합니다.

귀를 건강하게 하려면 이어폰 같은 음향 기기를 하루 2시간 이내로 사용해야 하고, 사용할 때에는 소리 크기를 60퍼센트로 유지해야 합니다. 또 귀를 건조하게 하고 깨끗한 이어폰을 사용하는 방법도 좋습니다.

도움말

☆ '내 귀는 건강한가요?'라는 제목의 신문 기사로 귀를 건강하게 하는 방법을 설명하는 글입니다.

1 귀를 건강하게 하는 세 가지 방법은 무엇인지 쓰시오.

1 글을 읽고 중심 내용을 간추려 봅니다.

2 ⊙의 낱말 뜻을 짐작하여 쓰고, 이 단어를 넣어 짧은 글을 지으시오.

(1) 짐작한 뜻:

(2) 짧은 글:

2 '걸림돌'의 뜻을 짐작하기 위해서 낱말의 앞뒤 내용을 자세히 살펴봅니다.

3 철우가 낱말의 뜻을 정확하게 짐작한 방법을 쓰시오.

철우: '뜬금없는'은 '엉뚱한'이나 '황당한'으로 바꾸어 써도 문장의 뜻이 자연스럽습니다.

3 낱말의 뜻을 짐작하는 방법
• 잘 모르는 낱말의 앞뒤 내용을 자세히 살펴보면서 낱말의 뜻을 짐작합니다.
• 이미 아는 친숙한 낱말로 바꾸어 썼을 때 문장의 뜻이 자연스러운지 살펴봅니다.

4~6

그날, 켈러 선생님은 나에게 수업이 끝나고 잠깐 남아 있으라고 했다.
"퍼트리샤, 음, 그러니까 일단 슐로스 할아버지의 아내를 주제로 삼은
점은 적절했단다. 하지만 이 글에서 진실한 감정을 드러내는 낱말이
어디에 있지?"
켈러 선생님은 나를 똑바로 보며 말을 이었다.
"글을 읽는 사람이 글쓴이의 '진짜' 감정을 느낄 수 있어야 해. 물론 평
범한 방식으로는 절대 안 되지. 독자들이 전혀 예상하지 못한 방식으
로, 깜짝 놀라도록. 한마디로 독창적이어야 한다는 말이야!"
어느 순간, 켈러 선생님은 내 눈을 뚫어져라 바라보고 있었다.
"퍼트리샤, 넌 이미 낱말을 아주 많이 알고 있어. 이제 그 낱말에 ㉠날
개를 달아 줄 때란다."

4 이 글의 내용을 바탕으로 정리한 질문과 답으로 켈러 선생님에 대하여 알
수 있는 것은 무엇인지 쓰시오.

> 민희: 켈러 선생님께서 글을 읽는 사람이 글쓴이의 '진짜' 감정을 느낄 수 있
> 어야 한다고 말씀하신 까닭은 무엇이라고 생각하니?
> 철호: 켈러 선생님께서는 자신의 진실한 감정이 담긴 글이 중요하다고 하셨
> 어. 글 속에는 글쓴이가 전하고자 하는 진실한 마음이 담겨 있기 때문에 글
> 을 읽는 사람은 그런 글쓴이의 마음을 파악하는 것이 중요하기 때문이야.

4 인물의 말과 행동을 통해 그 사람의 생각
이나 가치관 등을 이해할 수 있습니다.

5 ㉠의 뜻을 짐작하여 쓰시오.

5 뜻을 잘 모르는 낱말의 앞뒤 상황을 살펴
보거나 해당 낱말의 뜻과 비슷하거나 반
대인 낱말을 대신 넣어 봅니다. 또 낱말을
사용한 예를 떠올려 봅니다.

6 자신에게 켈러 선생님과 같은 사람이 있는지 떠올려 보고, '사랑'이라는 낱
말은 쓰지 않고 사랑의 뜻을 설명하시오.

> 얼굴 가득 미소 지으며 나의 머리를 쓰다듬어 주시는 할머니 손길

6 자신의 경험과 연관 지어 사랑을 표현해
봅니다.

그럼, 식물이 줄기에 어떤 모양으로 잎을 붙여 나가는지 그 기술을 알아보기로 할까요? 줄기에 차례대로 잎을 붙여 나가는 모양을 '잎차례'라고 합니다.

먼저, 줄기 마디마다 잎을 한 장씩 피우되 서로 어긋나게 피우는 방법이 있습니다. 이것을 '어긋나기'라 합니다. 국수나무처럼 평행하게 어긋나기만 하는 식물이 있는가 하면, 해바라기처럼 소용돌이 모양으로 돌려나면서 어긋나는 식물도 있습니다.

이와는 달리 줄기 한 마디에 잎 두 장이 마주 보는 '마주나기'도 있습니다. 단풍나무나 화살나무는 잎 두 장이 사이좋게 마주 보고 있습니다. 그리고 마주난 잎들이 마디마다 서로 어긋나지 않고 평행합니다.

7 중요한 내용이 잘 드러나게 알맞은 내용을 써서 이 글을 요약하시오.

• 줄기에 차례대로 잎을 붙여 나가는 모양인 '잎차례'로 서로 어긋나게

피우는 '어긋나기', _____

_____

8 이 글의 내용을 다음과 같이 요약하면 좋은 점은 무엇인지 쓰시오.

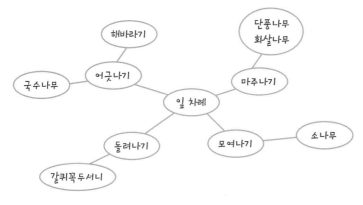

_____

_____

도움말

☆ 식물이 줄기에 차례대로 잎을 붙여 나가는 모양인 식물의 잎차례를 설명한 내용입니다.

7 글의 분량을 짧게, 사소한 내용은 삭제하고 중요한 내용만 요약합니다. 또 글의 중요한 내용을 이해할 수 있게 간추립니다.

8 글의 중요한 정보를 생각그물로 간추린 것입니다.

9~10

나는 숨을 쉬니까 집 단장에도 좋아. 더운 날에는 찬 공기 들여 시원하게 하고, 추운 날에는 더운 공기 잡아 따뜻하게 하지. 또 습한 날은 젖은 공기 머금어 방 안을 보송보송하게 하고, 건조한 날은 젖은 공기 내놓아 방 안을 상쾌하게 하지. 따가운 햇볕을 은은하게 걸러 주는 건 기본이고말고.

낡은 옷장에 나를 겹겹이 붙이면 새 옷장이 되고, 요리조리 모양 잡으면 안경집, 벼룻집, 갓집이 되지. 바늘, 실, 골무 같은 바느질 도구 넣는 반짇고리도 될 수 있어. 옷 만들 때는 옷본, 버선 만들 때는 버선본이 되고말고. 한겨울 옷 속에 나를 넣어 꿰매면 얼마나 따뜻하다고.

그뿐인가. 여기 보이는 게 전부 나로 만든 물건이야. 나를 새끼줄처럼 배배 꼬아 종이 노끈으로 만들어 엮으면 신발부터 붓통, 베개, 방석, 망태기가 되지. 옻칠하고 기름 먹이면 물 안 새는 표주박, 항아리, 요강도 되고말고. 저기 보이는 찻상, 구절판, 그릇은 물론이고, 팔랑팔랑 시원한 부채도 돼. 저 위에 걸려 있는 탈도 모두 나로 만든 거라고.

나는 흥겨운 놀이에도 빠지지 않아. 방패연, 가오리연이 되어 하늘을 훨훨 날 수도 있고, 제기가 되어 이리 펄쩍 저리 펄쩍 뛰기도 해. 풍물패 고깔 위에 알록달록 핀 예쁜 꽃도 바로 나야. 나는야 못 하는 게 없는 재주꾼, 한지돌이!

도움말

☆ 나열 구조로 '한지의 쓰임새'를 설명한 글로 한지의 우수함을 알 수 있는 내용입니다.

9 다음 틀의 빈칸에 이 글의 내용을 요약하는 글을 써서 틀을 완성하시오.

9 글의 구조에 따라 의미 지도로 그리고, 중심 내용을 요약합니다.

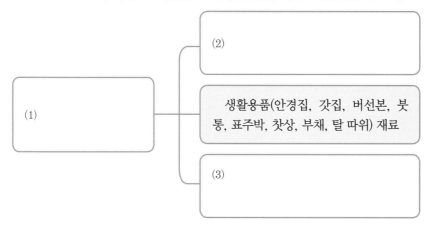

(1)

(2)

생활용품(안경집, 갓집, 버선본, 붓통, 표주박, 찻상, 부채, 탈 따위) 재료

(3)

10 문제 5번의 표를 참고하여 이 글의 내용을 요약하시오.

10 글의 구조에 알맞은 틀에 중요한 내용이 잘 드러나도록 간결한 문장으로 씁니다.

단원 요점 정리   8. 우리말 지킴이

핵심 1 우리말이 훼손되는 사례가 생기는 까닭

훼손 사례 ⓔ	문제점
Book적Book적, 유니크펫숍, 한마음플라워, 4U 음식점, sweet 카페	같은 의미를 지닌 우리말이 있는데도 영어를 그대로 간판에 사용함.
열공했더니, 삼김	말을 줄여서 사용함.
주문하신 사과주스 나오셨습니다.	사물을 높여서 잘못 표현함.
노잼이었어.	영어와 우리말을 섞어 만든 국적 불문의 신조어임.
머찌나옷	우리말 표기를 잘못함.

- 영어를 쓰면 고급스러워 보인다는 *편견 때문입니다. →영어를 모르는 사람은 가게를 잘 찾지 못할 수 있습니다.
- 줄임 말을 쓰면 간단하게 표현할 수 있기 때문입니다. →줄임 말은 원래의 뜻을 알지 못하는 사람에게 뜻이 통하지 않을 수 있습니다.
- 인터넷에서 무분별하게 *신조어를 사용하고 있기 때문입니다.

핵심 2 자료 조사 방법의 장단점

조사 방법	장점	단점
관찰	현장에서 조사 대상을 직접 파악할 수 있음.	시간이 많이 걸림.
설문지	여러 사람을 한꺼번에 조사할 수 있음.	답한 내용 외에는 자세한 내용을 알기 어려움.
면담	자세한 정보를 수집할 수 있음.	시간이 오래 걸리고 원하는 인물과 면담을 하지 못할 수도 있음.
책이나 글	정확하고 다양한 정보를 얻을 수 있음.	내가 찾고 싶은 정보를 쉽게 찾지 못할 수 있음.

핵심 3 조사한 내용을 발표할 때 주의할 점

- 발표를 시작할 때 듣는 사람을 바라보며 발표합니다.
- 바른 자세로 서서 진지하게 발표해야 합니다.
- 자신 있는 표정을 지으며 손으로 화면을 가리키며 말합니다.
- 자료는 모두가 볼 수 있도록 크게 마련합니다.
- 뒷자리에 있는 친구들까지 볼 수 있도록 실물 자료는 조금 높이 들어서 보여 줍니다.

> **발표 자료를 제시하며 발표할 때 주의사항**
> - 처음 시작하는 말에서 주제를 제시하거나 중요한 내용을 말할 때 목소리를 크게 하고, 주의 집중이 필요한 부분에서 목소리를 조금 작게 합니다.
> - 자료가 새롭게 제시되는 부분에서 눈을 크게 뜨고 손으로 제목을 가리키고, 설명하는 부분에서는 듣는 사람과 눈을 맞추며 몸을 조금 앞으로 숙입니다.
> - 자료를 보여 주는 화면과 설명하는 말이 어긋나지 않도록 해야 하고, 듣는 사람이 기다리는 시간이 없도록 모둠원들이 발표를 도와야 합니다.

└ 적절한 목소리 크기, 억양, 눈 맞춤 같은 비언어적·반언어적 표현이 중요함을 알고 효과적인 발표를 준비해야 합니다.

핵심 4 우리말 바르게 사용하기를 알리는 만화 그리기

- 만화 표현 방법을 탐색합니다. →만화를 보고 인물의 표정이나 몸짓을 어떻게 나타냈는지 살펴봅니다.
- 만화 주제를 정합니다.
- 만화 장면을 구상합니다.
  - 만화의 간단한 흐름과 말풍선 속 대사를 쓴 뒤 자신이 정한 주제에 맞게 흐름이 이어졌는지 점검합니다.
  - 필요 없는 장면이나 인물을 정리합니다.
- 전체 면을 나누고 각 장면을 표현합니다.
  - 여러 장면 가운데에서 가장 자세하게 그려야 하는 장면을 골라 가장 넓은 지면을 주도록 면을 나눕니다.
  - 각 장면에 맞게 인물과 말풍선을 넣고 만화적인 표현을 더합니다.

우리말 가운데에서 바르지 못한 표현

- 무분별한 외국어 사용
- 줄임 말 사용
- 사물을 높이는 표현
- 뜻이 통하지 않는 신조어 등

우리말을 바르게 사용해야 하는 까닭

- 뜻이 통하지 않을 수 있습니다.
- 아름다운 우리말이 사라질 수 있습니다.
- 말에 담긴 우리의 정신도 훼손될 수 있습니다.

발표 원고를 구성하는 방법

- '시작하는 말'에 들어갈 내용: 모둠 이름, 조사 주제, 발표 제목
- '전달하려는 내용'에 들어갈 내용: 자료, 설명하는 말
- 자료를 제시할 때 밝힐 내용: 저작자나 출처
- '끝맺는 말'에 들어가야 할 내용: 발표한 내용, 모둠의 의견이나 전망

그림을 보고 발표를 들을 때 주의할 점

- 발표 주제가 무엇인지 알아야 합니다.
- 발표 내용이 주제와 관련 있는지 판단하며 들어야 합니다.
- 과장되거나 거짓인 내용은 없는지, 자료는 정확한 것인지 판단하며 들어야 합니다.

낱말 사전

- ★ 편견 공정하지 못하고 한쪽으로 치우친 생각.
- ★ 신조어 새로 생긴 말.

개념을 확인해요

1 우리말이 있는데도 영어 간판을 사용하는 까닭은 영어를 쓰면 고급스러워 보인다는 ☐☐ 때문입니다.

2 우리말이 훼손되는 사례가 생기는 까닭 가운데 하나는 ☐☐ 을 쓰면 간단하게 표현할 수 있기 때문입니다.

3 우리말을 바르게 사용해야 하지 않으면 말에 담긴 우리의 ☐☐ 도 훼손될 수 있습니다.

4 ☐☐☐ 조사 방법은 답한 내용 외에는 자세한 내용을 알기 어렵다는 단점이 있지만 여러 사람을 한꺼번에 조사할 수 있다는 장점이 있습니다.

5 ☐☐ 은 조사 방법은 시간이 오래 걸리고 돈을 많이 들지만 자세한 정보를 수집할 수 있습니다.

6 발표 원고의 '시작하는 말'에는 모둠 이름, 조사 주제, 발표 ☐☐ 이 들어가야 합니다.

7 원고를 구성할 때 전달하려는 내용에는 ☐☐ , 설명하는 말이 들어가야 합니다.

8 자료가 새롭게 제시되는 부분에서 눈을 크게 뜨고 손으로 ☐☐ 을 가리키는 방법이 있습니다.

9 자료를 보여 주는 ☐☐ 과 설명하는 말이 어긋나지 않도록 하면 발표의 흐름이 이어지게 할 수 있습니다.

10 만화를 그릴 때 여러 장면 가운데에서 가장 자세하게 그려야 하는 장면을 골라 가장 ☐☐ 지면을 주도록 면을 나눕니다.

8 단원

8. 우리말 지킴이

국어 272~289쪽

도움말

1. 줄임 말은 원래의 뜻을 알지 못하는 사람에게 뜻이 통하지 않을 수 있으므로 원래 뜻으로 고쳐 씁니다.

2. 우리말을 바르게 사용하지 않으면 아름다운 우리말이 사라질 수 있으며, 말에 담긴 우리의 정신도 훼손될 수 있습니다.

3. 조사 방법에는 어떤 것이 있는지 찾아보고 각 방법의 장단점을 생각해 봅시다.

핵심 1

1 밑줄 그은 부분을 자연스러운 표현으로 고쳐 쓴 것은 무엇입니까?

(   )

① 열심히 공부했더니, 삼각김밥
② 열심히 공놀이했더니, 디저트
③ 열심히 공부했더니, 김밥 세 개
④ 열렬히 공놀이했더니, 삼각김밥
⑤ 열렬히 공차기했더니, 점심 식사

핵심 3

2 우리말을 바르게 사용해야 하는 까닭으로 알맞은 것은 무엇입니까?

(   )

① 글씨를 잘 쓸 수 있다.
② 뜻이 통하지 않을 수 있다.
③ 아름다운 외래어가 사라질 수 있다.
④ 생각이나 뜻을 자세히 나타낼 수 있다.
⑤ 바르지 않은 표현은 우리말을 풍부하게 할 수 있다.

핵심 4

3 자료 조사 방법 가운데 다음 내용과 관계있는 것은 무엇입니까? (   )

> • 장점: 현장에서 조사 대상을 직접 파악할 수 있다.
> • 단점: 시간이 많이 걸린다.

① 책　　　　　　② 글　　　　　　③ 관찰
④ 면담　　　　　⑤ 설문지

핵심 5

4 원고를 구성할 때 끝맺는 말에 들어갈 내용은 무엇입니까? (   )

① 자료   ② 발표 제목
③ 조사 주제   ④ 설명하는 말
⑤ 모둠의 의견이나 전망

핵심 6

5 발표 자료를 제시하며 발표할 때 주의 사항으로 알맞은 것은 무엇입니까?
(   )

① 끝맺는 말에 주제를 제시한다.
② 주의 집중이 필요한 부분에서 화를 내듯 크게 말한다.
③ 설명하는 부분에서는 듣는 사람과 눈 맞춤을 피하며 몸을 조금 뒤로 뺀다.
④ 뒷자리에 있는 친구들까지 볼 수 있도록 실물 자료는 조금 높이 들어서 보여 준다.
⑤ 자료를 큰 화면으로 보여 주고 전기를 절약할 수 있도록 이어지는 내용에서는 화면을 꺼 둔다.

핵심 7

6 우리말 바르게 사용하기를 알리는 만화를 그리는 차례에 알맞게 기호를 나열하시오.

┌───┐
│ ㉠ 만화를 그린다.   ㉡ 만화 주제를 정한다.   │
│ ㉢ 만화 장면을 구상한다.   ㉣ 만화 표현 방법을 탐색한다.   │
└───┘

(   ) ➡ (   ) ➡ (   ) ➡ (   )

국어 272~289쪽

다음 그림을 보고 물음에 답하시오.

1 ❶과 ❷의 공통점은 무엇입니까? (   )

① 우리말 표기를 잘못했다.
② 지나친 줄임 말을 사용했다.
③ 띄어쓰기를 바르게 하지 않았다.
④ 우리말을 바르게 사용하지 못했다.
⑤ 영어와 우리말을 섞어 만든 국적 불문의 신조어를 사용했다.

2 우리말을 잘못 사용한 부분을 찾아 자연스러운 표현으로 고쳐 쓰시오.

(   )

3 다음 가운데 우리말을 바르게 사용한 사례는 무엇입니까? (   )

① 여기 거스름돈이 있어요.
② 옆집 댕댕이 이름은 새봄이야.
③ 휴대 전화가 고장 나셨습니다.
④ 우리 동네에는 클릭세탁소가 있어.
⑤ 가수가 노래하는 장면을 보고 심쿵했어.

4 다음 간판을 바르게 고쳐 쓴 것은 무엇입니까?
(   )

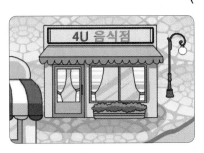

① 여러분을 위한 음식점
② 4개의 탁자가 있는 음식점
③ 'U' 자 모양으로 된 음식점
④ 4인만 앉을 수 있는 음식점
⑤ 주문 후 4분 만에 식사가 나오는 음식점

5 다음 간판의 문제점은 무엇입니까? (   )

① 줄임 말을 사용하였다.
② '멋진'을 소리 나는 대로 썼다.
③ 지나친 줄임 말을 사용하였다.
④ 머찌나와 옷 사이를 띄어쓰기하지 않았다.
⑤ 영어와 우리말을 섞어 만든 국적 불문의 신조어를 사용하였다.

(가) 잘못 사용하는 우리말을 조사해 보면 어떨까?

(나) 우리나라 사람들이 하루 동안 잘못 사용하는 우리말을 찾아보면 어떨까?

(다) 그것보다는 우리 지역의 모든 간판을 찾아 잘못된 표현을 찾아보면 어떨까?

6 (가)에서 제안한 조사 주제에 대한 적절성은 어떠한지 알맞은 내용에 ○표를 하시오.

• 조사 주제는 (적절하다 , 적절하지 않다).

7 조사 주제의 적절성을 검토하는 기준으로 알맞은 것을 모두 고르시오. (   )

① 조사 기간이 적절한지 주의해야 한다.
② 조사 방법이 적절한지 주의해야 한다.
③ 실제로 조사할 수 있는지 주의해야 한다.
④ 주제의 적절성과 관계없이 내가 조사하고 싶은 주제를 고른다.
⑤ 아이들에게 얼마나 영향을 많이 주는지는 고려하지 않도록 한다.

8 (나)와 (다)에서 제안한 주제의 문제점을 보기 에서 골라 기호를 쓰시오.

> **보기**
> ㉠ 실제로 조사할 수 없다.
> ㉡ 조사 기간이 적절하지 않다.
> ㉢ 자세한 내용을 알기 어렵다.

• (나): (   )
• (다): (   )

9 모둠이 조사 대상을 정한 방법으로 알맞은 것을 두 가지 고르시오. (,   )

① 시간이 적게 걸리는가?
② 자세한 내용을 알기 쉬운가?
③ 주제에 맞는 조사 대상인가?
④ 아이들에게 영향을 많이 주는가?
⑤ 현장에서 조사 대상을 직접 관찰할 수 있는가?

서술형

10 모둠의 조사 주제와 조사 대상은 무엇인지 쓰시오.

(1) 조사 대상:

(2) 조사 주제:

11~13 다음 글을 읽고 물음에 답하시오.

조사 방법	장점	단점
㉠	자세한 정보를 수집할 수 있다.	시간이 오래 걸리고 원하는 인물과 면담을 하지 못할 수도 있다.
책이나 글	정확하고 다양한 정보를 ㉡.	내가 찾고 싶은 정보를 쉽게 찾지 못할 수도 있다.

11 ㉠과 ㉡에 들어갈 말은 알맞은 말을 바르게 짝지은 것은 무엇입니까? (   )

	㉠	㉡
①	관찰	얻기 힘들다.
②	면담	얻기 힘들다.
③	면담	얻을 수 있다.
④	설문	얻을 수 있다.
⑤	관찰	얻을 수 있다.

중요

12 원고를 구성하는 과정에서 자료를 제시할 때 밝혀 주어야 하는 것을 쓰시오.

(   )

13 자료를 잘 활용해 발표했는지 점검할 때 살펴볼 내용으로 알맞지 **않은** 것은 무엇입니까? (   )

① 과장한 내용을 쓰지 않았는가?
② 사실이 아닌 내용을 쓰지 않았는가?
③ 발표 내용에 알맞은 자료를 적절히 골랐는가?
④ 새롭게 알려 주는 내용이 무엇인지 집중하며 들었는가?
⑤ 인터넷에서 찾은 글이나 사진 자료를 사용할 때 출처를 표시했는가?

14~15 다음 글을 읽고 물음에 답하시오.

시작하는 말	우리 ㉠샛별 모둠에서는 ㉡영어를 지나치게 많이 사용하는 실태를 조사했습니다. 발표 제목은 ㉢「영어가 아름다운 우리말을 사라지게 해요」입니다.
전달하려는 내용	• 자료: 방송 프로그램 가운데에서 영어를 지나치게 많이 사용하는 동영상 보여 주기(출처: 샛별방송「다 같이 요리」프로그램) • ㉮ : 샛별방송사에서 방송한 「다 같이 요리」프로그램을 짧게 보여 드리겠습니다. 이 동영상에서 "김○○ 셰프 출연"이라는 자막이 보입니다. '셰프'는 요리사를 뜻하는 영어입니다. 또 프로그램에 나오는 출연자가 '메인 디시'라는 영어를 지나치게 사용하는데 그것을 편집하지 않고 그대로 방송했습니다.
끝맺는 말	지금까지 ㉣영어를 지나치게 많이 사용하는 실태를 발표했습니다. ㉤아름다운 우리말을 보존할 수 있도록 우리말을 바르게 사용하는 습관을 기릅시다.

14 ㉮에 들어갈 내용은 무엇인지 쓰시오.

(   )

15 ㉠~㉤에 대한 설명으로 알맞지 **않은** 것은 무엇입니까? (   )

① ㉠: 모둠 이름
② ㉡: 조사 주제
③ ㉢: 발표 제목
④ ㉣: 발표한 내용
⑤ ㉤: 발표 주제 선정 이유

16 (1)~(3)의 발표 모습에서 주의할 점을 찾아 선으로 이으시오.

(1) •

(2) •

(3) •

• ㉠　너무 빠른 속도로 발표하고 있다.

• ㉡　발표 원고만 보면서 읽듯이 발표하고 있다.

• ㉢　듣는 사람이 알아듣지 못하게 작게 말했다.

서술형

17 조사한 내용을 발표하는 바른 태도를 한 가지 이상 쓰시오.

_____

_____

주의

18 발표를 들을 때 주의할 점으로 알맞은 것은 무엇입니까? (　　　)

① 발표 주제를 미리 알지 않도록 한다.

② 발표 주제가 내가 좋아하는 것인지 생각한다.

③ 자료가 정확한 것인지 판단하며 들어야 한다.

④ 발표 내용이 선생님께서 추천한 것인지 알아본다.

⑤ 자료에 대한 설명이 길고 자세한지 판단하며 들어야 한다.

19 (1)과 (2)의 표정에 담긴 마음은 무엇인지 쓰시오.

(1)

(　　　　　　　　)

(2)

(　　　　　　　　)

중요

20 만화를 그리는 방법에 대한 설명으로 알맞지 <u>않은</u> 것은 무엇입니까? (　　　)

① 필요 없는 장면이나 인물을 정리한다.

② 만화는 너무 많은 내용을 넣지 말고 쉽게 풀어서 표현한다.

③ 각 장면에 맞게 인물과 말풍선을 넣고 만화적인 표현을 더한다.

④ 만화의 간단한 흐름과 말풍선을 쓴 뒤 자신이 정한 주제에 맞게 흐름이 이어졌는지 점검한다.

⑤ 여러 장면 가운데에서 가장 자세하게 그려야 하는 장면을 골라 가장 좁은 지면을 주도록 면을 나눈다.

1 다음 가운데 우리말을 바르게 사용한 것에 ○표를 하시오.

(1) 응, 노잼이었어. ( )

(2) 휴대 전화가 고장 나셨습니다. ( )

(3) 어느 가게에서 무엇을 파는지 알기 어렵구나.
( )

서술형

2 우리말을 바르게 사용하지 못한 부분을 찾아 바르게 고쳐 쓰시오.

요즘 젊은 분들은 올드하면서도 엘레강스하게 스타일하세요

_____

_____

3 다음 언어생활의 문제점에 해당하는 것의 기호를 보기 에서 찾아 쓰시오.

보기

㉠ 영어를 무분별하게 사용했다.
㉡ 지나치게 줄인 말을 사용했다.
㉢ 일부러 이해하기 어려운 말을 사용했다.
㉣ 사물이나 동식물을 높이는 표현을 사용했다.

"반려견이 정말 귀여우시네요."

( )

4 그림을 보고 우리말을 바르게 사용해야 하는 간판을 자연스러운 우리말 간판으로 바꾸어 쓰시오.

(1) 유니크 펫숍

( )

(2) sweet 카페

( )

5 다음 가운데 우리말을 바르게 사용한 것은 무엇입니까? ( )

① 그 영화 꿀잼이었어.
② 너에게 안물안궁이거든.
③ 오늘 네 옷차림 나이스하다.
④ 영훈아, 낄끼빠빠할 줄 알아야지.
⑤ 내 생일잔치에 친구들이 많이 와서 좋았어.

6 다음 조사 방법에 대한 장점과 단점을 쓰시오.

> • 조사 대상: 우리말이 있는데도 영어를 쓰는 예
> • 조사 방법: 설문지

(1) 장점:

(2) 단점:

7 모둠의 조사 계획을 정리하고 발표할 때 들어갈 내용이 아닌 것은 무엇입니까? (   )

① 조사 주제
② 조사 기간
③ 조사 과정
④ 조사 당일의 날씨
⑤ 조사 대상과 방법

8 조사 주제의 적절성을 판단하는 기준을 한 가지 이상 쓰시오.

9~10 다음 그림을 보고 물음에 답하시오.

8 단원

9 ㉠에 들어갈 내용으로 가장 알맞은 것은 무엇입니까? (   )

① 영어를 새기면 세련돼 보여서 좋기 때문이야.
② 우리나라에는 옷에 영어를 새긴 경우가 너무 많으니까 말이야.
③ 만약, 옷이 수입된 것이라면 옷에 영어가 있는 것은 당연할지도 몰라.
④ 옷에 새긴 영어는 영어를 무분별하게 사용하는 예가 아니니까 말이야.
⑤ 지나가는 사람을 붙잡고 옷에 새긴 영어를 조사하기가 번거로우니까 말이야.

10 그림 ❹에서 조사 대상을 정하고 범위를 좁힌 기준은 무엇입니까? (   )

① 어른들이 추천하는 것
② 아이들이 좋아하는 것
③ 아이들이 사용하는 빈도
④ 아이들이 관심을 가질 만한 것
⑤ 아이들에게 영향을 많이 주는 것

11~13 다음 그림을 보고 물음에 답하시오.

11 여진이가 다른 사람 앞에서 발표하는 모습에서 잘못한 점은 무엇입니까? (   )

① 너무 빠른 속도로 발표하고 있다.
② 듣는 사람만 보고 읽듯이 발표하고 있다.
③ 바르지 않은 자세로 서서 발표하고 있다.
④ 한 화면에 너무 많은 내용을 제시하고 있다.
⑤ 듣는 사람이 놀라게 너무 큰 소리로 발표하고 있다.

12 발표를 들을 때 주의할 점을 생각하여 빈칸에 들어갈 알맞은 말을 쓰시오.

(   )

13 ㉠~㉣ 가운데 발표를 들을 때 생각할 내용으로 알맞지 <u>않은</u> 것의 기호를 쓰시오.

(   )

14 자료를 제시하며 발표할 때 주의 사항을 알맞게 말한 친구들은 누구입니까? (   )

① 미희, 영수
② 진호, 영수
③ 진호, 영훈
④ 영훈, 미희
⑤ 영수, 영훈

15 발표할 때 주의할 점을 생각하여 빈칸에 들어갈 알맞은 말은 무엇입니까? (   )

발표자는 발표할 때 목소리의   ㉠ , 표정과 몸짓, 발표   ㉡   이/가 자연스러운지, 자료를 모든 학생이 볼 수 있도록 제시하는지 생각해야 합니다.

	㉠	㉡
①	주장	자세
②	크기	흐름
③	소리	생각
④	표현	태도
⑤	높낮이	옷차림

16~17 다음 만화를 보고 물음에 답하시오.

16 다음 만화의 문제 상황으로 알맞은 것은 무엇입니까? (   )

① 영어를 지나치게 많이 사용했다.
② 사투리를 지나치게 많이 사용했다.
③ 줄임 말을 지나치게 많이 사용했다.
④ 사물을 높이는 잘못된 표현을 사용했다.
⑤ 우리말을 파괴하는 인터넷 신조어를 사용했다.

17 ㉠에 들어갈 말로 알맞은 것은 무엇입니까?
(   )

① 거짓말   ② 줄임 말
③ 과장된 말   ④ 예의 없는 말
⑤ 흉내 내는 말

18 외국어를 우리말로 알맞게 다듬은 말을 찾아 선으로 연결하시오.

(1) 트레이드마크 ·   · ㉠ 물놀이 공원

(2) 해피 엔딩   ·   · ㉡ 행복 결말

(3) 워터 파크   ·   · ㉢ 으뜸 상징

19 우리말 바르게 사용하기를 설명하는 만화를 그릴 때의 주제를 잘못 정한 친구는 누구인지 쓰시오.

영우: 나는 '영어를 바르게 사용하자.'라는 주제로 만화를 그려 볼래.
하경: 사물을 높이는 잘못된 표현을 알려 주는 만화를 그려 볼까 해.
원일: '우리말 규칙을 파괴하는 인터넷 신조어'라는 주제를 생각해 봤어.
철호: 나는 '지나치게 줄인 말은 사용하지 말자.'라는 주제로 만화를 그릴 거야.

(   )

20 만화 장면을 구상할 때 생각할 내용을 잘못 말한 것은 무엇입니까? (   )

① 필요 없는 장면이나 인물을 정리한다.
② 만화의 간단한 흐름과 말풍선을 쓴다.
③ 만화의 내용을 장면으로 구별하여 구상한다.
④ 많은 내용을 넣을 수 있도록 길게 풀어서 표현한다.
⑤ 만화 내용이 자연스럽게 이어지도록 차례를 정한다.

국어 272~289쪽

1 다음 그림의 사례와 같이 우리말을 바르게 사용하지 못하는 현상이 일어나는 까닭은 무엇일지 쓰시오.

1 같은 의미를 지닌 우리말이 있는데도 영어를 그대로 간판에 사용하였습니다.

2 밑줄 친 부분을 우리말 표현으로 바꾸어 쓰시오.

(1) 휴대 전화가 다 팔리셨습니다.

➡

(2) 요즘 젊은 분들은 새것 같지 않고 우아하게 스타일 하세요.

➡

2 (1)과 (2)는 사물을 높여 사용하거나 영어를 무분별하게 사용한 사례입니다.

3 우리말을 바르게 사용해야 하는 까닭을 두 가지 이상 쓰시오.

3 우리말을 사용하지 않는 사람이 많아지면 어떻게 될지 생각해 봅니다.

'심쿵'이라는 말을 친구들이 자주 쓰고 있어.

나는 "휴대 전화가 고장 나셨습니다."라는 말을 들은 적이 있어.

친구들이 강아지를 '댕댕이'라고 말하는 것을 들은 적이 있어.

우리 집 근처에는 '클린세탁소'라는 가게가 있어.

도움말

☆ 우리 주변에서 우리말을 바르게 사용하지 못한 경우를 찾아 이야기를 나누는 내용입니다.

4 ⓛ~ⓔ이 잘못된 까닭을 보기 와 같이 정리하여 쓰시오.

보기

ⓖ 영어를 무분별하게 사용한 사례

(1) ⓛ: (   )

(2) ⓒ: (   )

(3) ⓔ: (   )

4 자신의 언어생활을 되짚어 볼 때에는 줄임 말을 사용합니다, 사물을 높이는 표현을 사용한다, 영어를 무분별하게 사용한다 등의 항목을 점검합니다.

5 위 사례와 같이 우리말을 바르게 사용하지 않으면 어떻게 될지 두 가지 이상 쓰시오.

_____

_____

5 우리말을 바르게 사용해야 하는 까닭과 연관 지어 생각해 봅니다.

6 우리 주변에서 사용하는 우리말 가운데에서 바르지 못한 표현을 더 찾아 쓰시오.

(1) 바르지 못한 표현: _____

(2) 뜻: _____

_____

(3) 그렇게 생각하는 이유: _____

6 무분별한 외국어 사용, 줄임 말 사용, 사물을 높이는 표현, 뜻이 잘 통하지 않는 신조어 등을 바탕으로 우리말을 훼손하는 다른 사례를 찾아봅니다.

7~8

시작하는 말	우리 샛별 모둠에서는 영어를 지나치게 많이 사용하는 실태를 조사했습니다. 발표 제목은 「영어가 아름다운 우리말을 사라지게 해요」입니다.
자료	방송 프로그램 가운데에서 영어를 지나치게 많이 사용하는 동영상 보여 주기(출처: 샛별방송 「다 같이 요리」 프로그램)
설명하는 말	㉠샛별방송사에서 방송한 「다 같이 요리」 프로그램을 짧게 보여 드리겠습니다. 이 동영상에서 "김○○ 셰프 출연"이라는 자막이 보입니다. '셰프'는 요리사를 뜻하는 영어입니다. 또 프로그램에 나오는 출연자가 '메인 디시'라는 영어를 지나치게 사용하는데 그것을 편집하지 않고 그대로 방송했습니다.
끝맺는 말	지금까지 영어를 지나치게 많이 사용하는 실태를 발표했습니다. 아름다운 우리말을 보존할 수 있도록 ㉡

도움말

☆ 방송 프로그램 가운데에서 영어를 지나치게 많이 사용하는 동영상을 보고, 모둠별로 전달하려는 내용을 구성한 것입니다.

7 ㉠으로 보아, 자료를 보여 줄 때 밝혀야 할 것은 무엇인지 쓰시오.

_____

_____

7 자료를 보여 줄 때 저작권을 침해하지 않으려면 무엇을 해야 하는지 생각해 봅니다.

8 아름다운 우리말을 보존하기 위해 해야 할 일이 무엇인지 생각해 보고 ㉡에 들어갈 알맞은 말을 쓰시오.

_____

_____

8 원고를 구성할 때 끝맺는 말에는 발표한 내용, 모둠의 의견이나 전망을 씁니다.

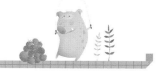

9~10

9 장면 ②에서 편의점을 발견하는 장면을 표현한 방법은 무엇인지 쓰시오.

_____

_____

9 만화는 너무 많은 내용을 넣지 말고 쉽게 풀어서 표현하기 위해 굵직한 사건의 흐름에 따라 장면을 구성합니다.

10 장면 ⑤에서 남자 어린이의 이마 부분에 세로선을 여러 개 그리고 뒷머리를 만지는 동작으로 어떤 생각이나 느낌을 표현하였는지 쓰시오.

_____

_____

10 아이가 처한 상황을 떠올리며 인물의 표정과 몸짓을 살펴봅니다.

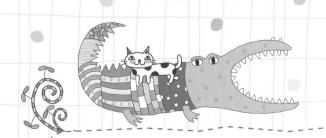

 # 어떻게 하면 서로 다른 의견을 하나로 모을 수 있나요?

무엇이 문제일까요?　서로 자기 의견만 말합니다.

어떻게 하면 서로 다른 의견을 하나로 모을 수 있나요?　토의해서 합리적인 방법을 정합니다.

더 알아보기

갈등

　갈등이란 낱말은 무슨 뜻일까요? 갈등의 '갈'은 칡을 가리키고, '등'은 등나무를 가리켜요. 다시 말해 갈등은 '칡과 등나무'라고 할 수 있어요. 칡과 등나무는 서로 다른 방향으로 줄기를 감아 오르는 식물이라 같은 곳에서 자란다면 서로 부딪치며 복잡하게 얽힐 거예요. 이렇게 칡과 등나무가 얽히는 것처럼 자신과 친구들 사이에, 친구와 친구들 사이에 서로 생각과 의견이 부딪칠 수 있어요.

▲ 칡

▲ 등나무

관련 단원 7. 중요한 내용을 요약해요

 사전에서 낱말의 뜻 찾기

해당 부분		국어사전에서 찾은 뜻
기척		누가 있는 줄을 짐작하여 알 만한 소리나 기색. 예 기척이 나다.
엄포		실속 없이 호령이나 위협으로 으르는 짓. 예 엄포를 놓다.
끼적이기		아무렇게나 쓰거나 그리다. 예 심심할 때면 무언가를 끼적이는 버릇이 있다.
근질근질했다		참기 어려울 정도로 어떤 일을 하고 싶어 하다. 예 친구들과 놀고 싶어서 몸이 근질근질하다.
빈정댔다		비웃는 태도로 놀리다. 예 그 녀석이 자꾸 빈정대서 화가 났다.
쥐어짜도		이리저리 따져 골똘히 생각하다. 예 머리를 쥐어짜도 정답이 떠오르지 않았다.
손수		직접 자기 손으로. 예 할머니께서 손수 만드신 음식이라서 더 맛있다.
꼴		행색이나 모습을 비웃어 이르는 말. 예 꼴도 보기 싫으니 물러가거라.
철렁했다		어떤 일에 크게 놀라 가슴이 내려앉다. 예 사나운 개가 짖어서 가슴이 철렁했다.

* 「존경합니다, 선생님」에 쓰인 낱말입니다.

100점
예상문제

국어 5-2

5~6
학년군

1~3 다음 글을 읽고 물음에 답하시오.

1. 마음을 나누며 대화해요
1 남자아이가 지윤이에게 할 말은 무엇인지 쓰시오.

_____

_____

1. 마음을 나누며 대화해요
2 그림 ❶에서 ㉠의 말을 들은 남자아이의 기분으로 알맞은 것을 모두 고르시오. (　,　)

① 억울함　　　　② 속상함
③ 불안함　　　　④ 화가 남
⑤ 조마조마함

1. 마음을 나누며 대화해요
3 그림 ❷에 대한 대답으로 알맞은 말은 무엇입니까?
(　　)

① 웬일이니? 그렇게 자신만만하더니 보기 좋구나.
② 너의 노력이 조금 부족했나보구나. 더 열심히 하렴.
③ 그래? 어쩔 수 없잖아. 다음번에는 더 열심히 해서 상 좀 받으렴.
④ 그랬구나. 내가 너처럼 그림 그리기를 좋아하면 나도 서운했을 것 같아.
⑤ 그림이 뽑히는 게 그렇게 부럽니? 나는 그림보다 글 쓰는 게 더 좋더라.

4~5 다음 글을 읽고 물음에 답하시오.

"현욱아, 혹시 프라이팬도 닦았니?"
"예. 제가 철 수세미로 문질러 깨끗이 닦았어요."
"뭐라고? 철 수세미로 문질렀다는 말이니?"
"예, 수세미로는 잘 닦이지 않아서 철 수세미를 썼어요."
엄마는 한숨을 한 번 쉬시고는 다시 웃음을 띠고 말씀하셨다.
"우리 아들이 집안일을 도와주려는 마음으로 설거지를 열심히 했구나. 그렇지만 금속으로 프라이팬의 바닥을 긁으면 바닥이 벗겨져서 못쓰게 된단다."
엄마의 말씀을 듣고 나니 부모님의 일을 도와드렸다는 생각에 뿌듯해하던 나는 금세 부끄러워졌다.
"죄송해요, 엄마. 집안일을 도와드리려다가 오히려 프라이팬만 망가뜨렸어요."
엄마는 웃으시며 나를 꼭 안아 주셨다.
㉠"미안해하지 않아도 돼. 집안일을 도와주려고 한 현욱이 마음이 엄마는 정말 고마워."

1. 마음을 나누며 대화해요
4 어머니께서 현욱이에게 말한 방법으로 알맞지 않은 것은 무엇입니까? (　　)

① 현욱이의 처지가 되어 생각했다.
② 현욱이의 잘못을 따져 가며 다그쳤다.
③ 현욱이가 불쾌하지 않게 생각을 말했다.
④ 현욱이에게 주의를 기울여 집중해서 들었다.
⑤ 현욱이에게 전하고 싶은 생각을 정확히 전했다.

서술형

1. 마음을 나누며 대화해요
5 현욱이가 되어 ㉠의 말을 듣고 무엇이라고 말했을지 쓰시오.

_____

_____

다음 글을 읽고 물음에 답하시오.

한겨울의 얼음을 보관했다가 쓰는 기술을 장빙이라고 했다. 우리나라는 여름과 겨울의 기온 차가 커서 옛날부터 이러한 장빙 기술이 크게 발달했다. 장빙 기술을 활용한 석빙고는 현재 일곱 개가 남아 있는데, 남한에는 경주, 안동, 영산, 창녕, 청도, 현풍에 각각 한 개가, 북한 해주에 한 개가 남아 있다. 그중 가장 완벽한 것이 바로 경주의 석빙고이다.

보물인 경주 석빙고는 1738년에 만들었으며, 입구에서부터 점점 깊어져 창고 안은 길이 14미터, 너비 6미터, 높이 5.4미터이다. 석빙고는 온도 변화가 적은 반지하 구조로 한쪽이 긴 흙무덤 모양이며, 바깥 공기가 들어오지 않도록 출입구의 동쪽은 담으로 막고 지붕에는 구멍을 뚫었다.

2. 지식이나 경험을 활용해요

6 경주 석빙고에 대한 설명으로 알맞지 <u>않은</u> 것은 무엇입니까? (   )

① 지붕에 구멍을 뚫었다.
② 출입구의 동쪽은 담으로 막았다.
③ 온도 변화가 큰 반지하 구조이다.
④ 1738년에 만들었으며 보물로 지정되었다.
⑤ 창고 안은 길이 14미터, 너비 6미터, 높이 5.4미터의 규모이다.

2. 지식이나 경험을 활용해요

7 다음은 지식이나 경험을 활용해 글을 읽는 방법 가운데에서 무엇에 해당합니까? (   )

'한겨울에 얼음을 보관했다가 쓰는 기술'이라는 문장에서 '장빙'이라는 낱말의 뜻을 알 수 있었어.

① 짐작한 것   ② 떠오른 것
③ 알고 싶은 것   ④ 찾고 싶은 것
⑤ 새롭게 안 것

다음 글을 읽고 물음에 답하시오.

박물관을 관람하면서 책과 화면으로만 봤던 한글 유물을 직접 볼 수 있어서 신기하고 즐거웠다. 그뿐만 아니라 날마다 세 번씩 운영하는 해설이 있는 관람 프로그램을 활용하면 더 많은 지식을 쌓으며 관람할 수 있겠다는 생각이 들었다. 이번 관람으로 국어 시간에 배웠던 한글을 더 생생하고 자세하게 배우는 소중한 기회를 얻어서 무척 뿌듯했다.

2. 지식이나 경험을 활용해요

8 어디를 다녀와서 쓴 글인지 쓰시오.

(   )

2. 지식이나 경험을 활용해요

9 이 글 바로 앞에 들어갈 내용으로 알맞은 것은 무엇입니까? (   )

① 박물관의 유래
② 박물관이 하는 일
③ 박물관을 체험한 일
④ 박물관에서 주의할 점
⑤ 박물관을 관람하면서 느낀 점

2. 지식이나 경험을 활용해요

10 미술관으로의 현장 체험학습을 계획하고 글로 쓸 때 들어가지 <u>않아도</u> 되는 내용은 무엇입니까?

(   )

① 복장   ② 입장료
③ 가는 방법   ④ 관람 시간
⑤ 휴관하는 날

11~12 다음 그림을 보고 물음에 답하시오.

3. 의견을 조정하며 토의해요

11 그림 ❷에서 알 수 있는 사회자의 역할은 무엇입니까? (   )

① 토의 주제를 안내한다.
② 사회 참여자에게 발언권을 준다.
③ 토의 주제와 관련한 의견을 말한다.
④ 토의 과정에서 나온 의견을 기록한다.
⑤ 토의 과정에서 나온 의견을 종합하고 마무리한다.

3. 의견을 조정하며 토의해요

12 그림 ❸의 여자아이에게 해 줄 말은 무엇입니까?
(   )

① "결정한 의견에 따라야 해."
② "토의에 적극적으로 참여하면 좋겠어."
③ "토의 주제와 관련 있는 근거를 말해야 해."
④ "상대를 무시하는 듯한 말은 하지 말아야 해."
⑤ "친한 사이여도 토의를 할 때에는 존댓말을 써야 해."

13~14 다음 그림을 보고 물음에 답하시오.

3. 의견을 조정하며 토의해요

13 여자아이가 자신의 의견을 말하면서 제시한 자료는 무엇인지 쓰시오.

(   )

3. 의견을 조정하며 토의해요

14 그림 ❷와 같은 자료를 제시하는 방법은 무엇입니까? (   )

① 자신이 좋아하는 내용만 보여 준다.
② 나와 있는 내용을 그대로 베껴 쓴다.
③ 친구들이 재미있어할 만한 내용을 보여 준다.
④ 필요한 내용을 요약하고 글쓴이와 출판사를 쓴다.
⑤ 다른 사람의 의견과 자신의 의견을 비교하며 보여 준다.

서술형

3. 의견을 조정하며 토의해요

15 미세 먼지에 대처하는 방안을 주제로 토의를 할 때 알맞은 의견과 근거를 쓰시오.

_____

_____

_____

16~17 다음 글을 읽고 물음에 답하시오.

"아함! 졸려."

㉠어제저녁에 방에서 컴퓨터를 하는데 졸음이 밀려온다. 안방으로 가서 가만히 누워 있는데 내 동생 용준이가 나를 툭툭 치며 장난을 걸어왔다. 나는 용준이가 또 덤빌까 봐 용준이 손을 잡고 안 놓아주었다. 그러다가 그만 내 눈에 쇳덩어리(용준이 머리)가 '쿵' 하고 부딪쳤다.

"아야!"

나는 너무 아파서 눈물을 글썽였다. 그랬더니 용준이가 혼날까 봐 따라 울려고 그랬다. 나는 결코 용준이를 아프게 한 적이 없는데도 말이다.

"야, 네가 왜 울어?"

그때였다. 아버지께서 눈을 크게 뜨시며

"진윤서, 너 왜 동생 울려?"

하고 큰소리를 내셨다. 나한테만 뭐라고 하시는 아버지를 이해할 수 없었다. 나는 화가 나서 울며 내 방으로 들어가 침대에 누웠다.

'쳇, 나한테만 뭐라고 하고…….'

16 윤서가 억울한 까닭은 무엇입니까? (   )

4. 겪은 일을 써요

① 동생이 버릇없이 자꾸 대들어서
② 동생 때문에 컴퓨터가 망가져서
③ 동생과 장난을 쳤는데 자기만 아파서
④ 잘못은 동생이 했는데 자기만 혼나서
⑤ 몸이 아픈데 제대로 잠을 자지 못해서

17 ㉠에서 잘못된 부분과 그 까닭을 쓰시오.

4. 겪은 일을 써요

(1) 잘못된 부분: _____

_____

(2) 잘못된 까닭: _____

_____

18 주어, 목적어, 서술어가 모두 들어 있는 문장은 무엇입니까? (   )

4. 겪은 일을 써요

① 아기가 아장아장 걷는다.
② 장난감이 망가져서 속상했다.
③ 할머니께서 집에 온다고 하셨다.
④ 며칠 전에 친구와 심하게 다투었다.
⑤ 우리 가족은 해마다 가족 음악회를 연다.

19 문장 호응이 알맞은 문장은 무엇입니까? (   )

4. 겪은 일을 써요

① 내일 가족과 함께 놀이공원에 갔다.
② 나는 결코 친구에게 나쁜 말을 했다.
③ 누나는 게임하는 것을 별로 좋아한다.
④ 이번 시험 문제가 전혀 어려워서 만점을 받았다.
⑤ 할아버지 생신이 되어 온 가족이 축하를 해 드렸다.

20 다음 글에서 글머리를 시작하는 방법은 무엇입니까? (   )

4. 겪은 일을 써요

"괜찮아."
드디어 유나가 입을 열었다.

① 대화 글로 시작하기
② 날씨 표현으로 시작하기
③ 인물 설명으로 시작하기
④ 상황 설명으로 시작하기
⑤ 속담이나 격언으로 시작하기

5. 여러 가지 매체 자료

1 영상 매체 자료에 대한 설명으로 알맞은 것은 무엇입니까? ( )

① 누리 소통망[SNS]과 같은 종류의 매체 자료이다.
② 소리, 자막 등 여러 가지 연출 방법을 사용한다.
③ 글과 그림과 사진이 주는 시각 정보를 잘 살펴본다.
④ 인쇄 매체 자료와 영상 매체 자료에서 사용하는 방식을 모두 사용한다.
⑤ 동영상, 문자, 음악, 음향 등을 모두 표현 수단으로 활용할 수 있다.

[2~3] 다음 그림을 보고 물음에 답하시오.

5. 여러 가지 매체 자료

2 ㉮와 같은 종류의 매체 자료를 모두 고르시오. ( )

① 병원 로비에 켜진 텔레비전
② 복도 알림판에 붙은 광고지
③ 아파트 게시판에 붙은 홍보물
④ 친구에게 문자 보낼 때 쓴 휴대 전화
⑤ 교문 앞에서 홍보 운동을 하는 학생들이 든 팻말

서술형

5. 여러 가지 매체 자료

3 ㉯의 매체 자료를 잘 이해하려면 어떤 점에 집중해야 하는지 무엇인지 쓰시오.

_____

_____

[4~5] 다음 글을 읽고 물음에 답하시오.

㈎ 김득신은 열 살에 처음 글을 배우기 시작했다. 김득신은 정삼품 부제학을 지낸 김치의 아들로 태어났다. 주변에서는 우둔한 김득신을 포기하라고 했다.

㈏ 김득신은 같은 책을 반복해서 여러 번 읽으며 공부했으나 하인도 외우는 내용을 기억하지 못하는 한계를 드러냈다. 김득신은 자신의 한계를 극복하기 위해 만 번 이상 읽은 책에 대한 기록을 남겼다. 김득신은 59세에 문과에 급제해 성균관에 입학했다. 김득신은 많은 책과 시를 읽었지만 자신만의 시어로 시를 썼다. 많은 사람들이 김득신의 시를 높이 평가했다.

5. 여러 가지 매체 자료

4 이 자료의 내용을 바르게 정리한 것은 무엇입니까? ( )

① 김득신의 큰아버지는 김치이다.
② 많은 사람들이 김득신의 시를 높이 평가했다.
③ 김득신은 열한 살에 처음 글을 배우기 시작했다.
④ 김득신은 스무 살에 처음으로 성균관에 입학했다.
⑤ 김득신을 두고 주변에서는 영리하다고 이야기했다.

5. 여러 가지 매체 자료

5 김득신에 대한 인쇄 매체 자료와 영상 매체 자료를 대하는 자세를 바르게 말한 것에 ○ 표를 하시오.

(1) 인쇄 매체 자료는 음악이 나타내는 바가 무엇인지 생각하며 봐야 한다. ( )

(2) 영상 매체 자료는 전환되는 부분에서 사용된 음악이 어떤 느낌을 주는지 생각한다. ( )

6 다음 상황에 알맞은 토론 주제를 쓰시오.

운동장에 왜 이렇게 쓰레기가 많은 거야?

학교 운동장을 외부인에게 개방해서 쓰레기가 더 많아졌어요.

하지만 우리 학교 운동장은 이 지역 사람들이 이용할 수 있는 유일한 운동장이에요.

_____

_____

7 토론을 하면 좋은 점으로 알맞은 것을 두 가지 고르시오. (,   )

① 자신이 옳다고 우길 수 있다.

② 자신의 생각을 강요할 수 있다.

③ 타당한 근거를 들어 말하기 때문에 문제 해결에 도움이 된다.

④ 토론 과정에서 자신의 주장과 근거를 명확하게 정리할 수 있다.

⑤ 자신과 생각이 다른 사람의 다양한 주장과 근거를 들을 수 있다.

8 면담 자료의 타당성을 평가하는 기준을 한 가지만 쓰시오.

_____

_____

9~10 다음 글을 읽고 물음에 답하시오.

(가) 최근 한 매체에서 '연예인'이 초등학생들의 장래 희망 직업 1위를 차지했다는 결과를 발표했다.

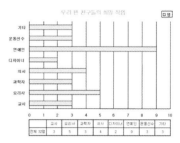

우리 반 친구들의 희망 직업   □명

	교사	요리사	과학자	의사	디자이너	연예인	운동선수	기타
전체 32명	3	5	3	4	2	9	3	3

(나) 이와 같은 현실과 관련해 직업 평론가 ○○○ 씨와 면담한 결과 "자신이 원하는 일이 무엇인지 모르며 사회에 어떤 다양한 직업이 있는지 알아보려고 하지 않는 사실이 문제"라며 우려를 나타냈다. 직업은 미래에 자기 삶을 유지시켜 줄 수 있는 수단 가운데 하나이다. 직업으로 사람들은 소득을 얻기도 하고, 행복과 보람을 느끼기도 한다. 그러므로 유행보다는 자신의 흥미와 적성, 특기를 알고, 이것을 바탕으로 하여 직업을 고르려고 노력해야 한다.

9 자료 (가)에 대한 설명으로 알맞은 것은 무엇입니까?
(   )

① 출처는 한국직업능력개발원이다.

② 조사를 하러 다닌 사람은 32명이다.

③ 조사 대상은 '우리 학교 친구들'이다.

④ 응답이 가장 많은 항목은 요리사이다.

⑤ 조사 범위가 좁아서 주장을 뒷받침하기에 적절하지 않다.

10 글 (나)의 자료를 읽고 빈칸에 알맞은 내용을 쓰시오.

(1) 누구를 면담했나요?	
(2) 면담의 주요 내용은 무엇인가요?	

100점 예상 문제

11~12 다음 글을 읽고 물음에 답하시오.

귀가 ㉠어두워 무슨 말을 해도 제대로 알아듣지 못하는 만화 주인공 '사오정'을 아시나요? 만화 주인공 사오정과 비슷한 사람이 우리 주변에 많이 생겨나고 있습니다. 사오정이 ㉡뜬금없는 말로 우리에게 재미와 웃음을 주지만 요즘에 사오정들은 귀 건강을 위협받는 아주 위험한 상황에 놓여 있습니다.

11 7. 중요한 내용을 요약해요
㉠의 뜻을 바르게 짐작한 것은 무엇입니까?
(   )

① 귀지가 많아
② 방해물이 생겨
③ 귀가 잘 들리지 않아
④ 병의 증상이 안 좋아져
⑤ 귀 색깔이 검은색이라서

서술형

12 7. 중요한 내용을 요약해요
㉡을 넣어 짧은 글을 지으시오.

_____

_____

13 7. 중요한 내용을 요약해요
낱말의 뜻을 짐작하는 방법을 바르게 설명한 것은 무엇입니까? (   )

① 매번 선생님께 여쭈어 본다.
② 낱말을 사용한 예를 떠올려 본다.
③ 모르는 낱말이 나올 때마다 사전을 찾아본다.
④ 뜻을 잘 모르는 낱말의 앞뒤 낱말만 살펴본다.
⑤ 해당 낱말의 뜻과 반대인 낱말을 대신 넣으면 안 된다.

14~15 다음 글을 읽고 물음에 답하시오.

"숙제란 말이다, 숙제! 세 쪽 가득 채워 오도록. 기한은 내일까지!"
나는 ㉠마른침을 꿀꺽 삼켰다.
집으로 돌아오는 내내, 나는 줄곧 숙제 생각만 했다.
진짜 잘 써야 하는데!
어느덧 언덕길로 접어들어 집이 점점 가까워질 무렵, 옆집에 사는 슐로스 할아버지가 현관 계단에 앉아 있는 모습이 보였다. 슐로스 할아버지는 아내를 먼저 하늘 나라로 보내고, 자식들도 다 커서 떠나 혼자 살고 있었다.
슐로스 할아버지가 나를 보더니, 옆에 앉으라는 듯 계단 옆자리를 탁탁 두드렸다.
"무슨 안 좋은 일이라도 있었니?"
슐로스 할아버지는 막 구워 낸 쿠키가 담긴 봉지를 호주머니에서 꺼내 나에게 내밀며 물었다. 유명한 제빵사인 슐로스 할아버지는 늘 호주머니에 쿠키가 들어 있었다.

14 7. 중요한 내용을 요약해요
㉠의 뜻을 짐작하여 쓰시오.

_____

_____

15 7. 중요한 내용을 요약해요
이 글의 내용으로 보아 슐로스 할아버지는 '나'에게 어떤 인물임을 알 수 있습니까? (   )

① 매우 무서운 인물
② '내'가 싫어하는 인물
③ 인색해서 사람들이 피하는 인물
④ '나'의 삶을 밝혀 주는 자상한 인물
⑤ '나'에게 매번 훈계만 하는 고집 센 인물

16 다음 사례에서 우리말을 바르게 사용하지 <u>못한</u> 부분을 찾아 바르게 고쳐 쓰시오.

> 시가 정말 재미있으시네.

_____

17~18 다음 그림을 보고 물음에 답하시오.

17 간판에서 우리말을 바르게 사용하지 못한 간판을 한 가지 골라 우리말 간판으로 바꾸어 쓰시오.

_____

_____

서술형

18 다음 문장에서 밑줄 친 부분이 우리말을 바르게 사용하지 못한 까닭을 쓰시오.

> • 수업 시간에 열공했더니 배고프다.
> • 나도 배고픈데 편의점에서 삼김 사 먹을까?

_____

_____

19 자료를 모두가 볼 수 있도록 제시하는 방법과 관계 있는 내용을 말한 친구를 모두 고르시오.

(,)

① 정훈: 한 화면에 아주 많은 내용을 제시해야겠어.
② 영훈: 자료는 모두가 볼 수 있도록 확대하면 좋을 것 같아.
③ 지호: 발표를 시작할 때 듣는 사람을 바라보며 바른 자세로 발표해야겠어.
④ 하경: 자료를 보여 줄 때 자신 있는 표정을 지으며 손으로 화면을 가리키면 좋을 것 같아.
⑤ 지니: 뒷자리에 있는 친구들까지 볼 수 있도록 실물 자료는 조금 높이 들어서 보여 줘야겠어.

20 그림 (1)~(3)의 말하는 태도에 대해 바르게 설명한 것을 두 가지 고르시오. (,)

① (1)은 서 있는 자세가 바르지 않다.
② (1)은 너무 빠른 속도로 발표하고 있다.
③ (3)은 듣는 사람이 알아듣지 못하게 작게 말했다.
④ (1)은 발표 내용만 보면서 읽듯이 발표하고 있다.
⑤ (2)는 한 화면에 너무 많은 내용을 제시하고 있다.

1~2 다음 그림을 보고 물음에 답하시오.

1. 마음을 나누며 대화해요

1 그림 ❶과 그림 ❷의 다른 점을 바르게 말한 것은 무엇입니까? (   )

① 그림 ❶은 상대를 바라보지 않으며 말했고, 그림 ❷는 상대를 비웃으며 말했다.

② 그림 ❶은 자신만 생각하면서 말했고, 그림 ❷는 상대의 말에 집중하지 않았다.

③ 그림 ❶은 상대를 배려하며 말했고, 그림 ❷는 상대의 처지를 생각하며 말했다.

④ 그림 ❶은 상대를 무시하면서 말했고, 그림 ❷는 상대의 처지를 생각해서 말했다.

⑤ 그림 ❶은 상대의 말을 집중하며 들었고, 그림 ❷는 상대의 말에 집중하지 않았다.

1. 마음을 나누며 대화해요

2 그림 ❶에서 여자아이의 말을 들은 남자아이의 마음으로 알맞은 것을 모두 고르시오. (,   )

① 자신을 위로해 주어서 고마울 것이다.

② 무시당하는 것 같아 화가 났을 것이다.

③ 여자아이의 말을 들어주지 않아서 미안할 것이다.

④ 여자아이와 더 친하게 지내야겠다고 생각할 것이다.

⑤ 기분이 나빠져서 다시는 말을 하고 싶지 않을 것이다.

3~5 다음 글을 읽고 물음에 답하시오.

　조상들은 대보름이면 모든 일을 제쳐 두고 줄다리기 준비에 정성을 쏟았어요. 그리고 마을 사람이 모두 함께 줄다리기를 했지요. 온 마을이 참여해서 집집마다 짚을 거두고 놀이에 필요한 돈과 일손을 내어 줄을 만들어 놀이를 한다는 게 생각처럼 쉬운 일이 아니랍니다. 그런데도 해마다 줄다리기를 거르는 법이 없었어요. 여기에는 봄기운이 시작되는 정월에 풍년을 기원하고, 줄다리기라는 큰 행사를 치르면서 마을 사람들이 마음을 한데 모아 무사히 한 해 농사를 지으려는 지혜가 담겨 있어요. 영산 줄다리기는 1969년에 국가 무형 문화재로 지정되었답니다.

2. 지식이나 경험을 활용해요

3 이 글의 종류는 무엇입니까? (   )

① 희곡　　　　　② 논설문

③ 설명문　　　　④ 기행문

⑤ 관찰기록문

2. 지식이나 경험을 활용해요

4 국가 무형 문화재로 지정된 것은 무엇인지 쓰시오.

(　　　　　　　　　　　)

2. 지식이나 경험을 활용해요

5 정원이는 이 글을 읽고 무엇을 생각했는지 보기 에서 찾아 쓰시오.

> **보기**
>
> 알고 싶은 것　　짐작한 것　　새롭게 안 것

정원: 또 다른 국가 무형 문화재에는 무엇이 있는지 궁금해.

(　　　　　　　　　　　)

6~8 다음 그림을 보고 물음에 답하시오.

3. 의견을 조정하며 토의해요

6 토의 주제는 무엇인지 쓰시오.

_____

3. 의견을 조정하며 토의해요

7 이 토의에서 고쳐야 할 점으로 알맞은 것을 두 가지 고르시오. (　,　)

① 상대방에게 존댓말을 해야 한다.
② 토의에 적극적으로 참여해야 한다.
③ 자기 의견만 옳다고 주장하지 않는다.
④ 토의 주제에 맞는 의견을 말해야 한다.
⑤ 주제에 어울리는 근거를 함께 말해야 한다.

서술형

3. 의견을 조정하며 토의해요

8 이 토의에서 나온 의견을 골라 그 의견에 어울리는 근거를 쓰시오.

_____

_____

9~10 다음 그림을 보고 물음에 답하시오.

4. 겪은 일을 써요

9 주찬이가 윤서의 글에 달아 준 댓글의 내용은 무엇입니까? (　　)

① 글의 내용이 조금 지루했다.
② 문장 성분의 호응이 잘못되었다.
③ 글의 종류가 무엇인지 잘 모르겠다.
④ 문장의 길이가 너무 길어서 읽기 힘들었다.
⑤ 글의 내용이 복잡해서 무슨 말인지 이해하기 어려웠다.

4. 겪은 일을 써요

10 ㉠에 들어갈 알맞은 말은 무엇입니까? (　　)

① 글의 내용을 오래 기억할 수 있어서
② 문장 성분의 호응 관계도 알 수 있어서
③ 다른 사람들의 생각도 알아볼 수 있어서
④ 다른 사람들의 글을 그대로 베낄 수 있어서
⑤ 다른 사람들의 생각을 내 생각과 바꿀 수 있어서

100점
예상
문제

5. 여러 가지 매체 자료

11 신문에 대한 설명으로 알맞지 않은 것은 무엇입니까? (　　　)

① 인쇄 매체 자료이다.
② 내용을 전달하는 수단이 된다.
③ 사진이 있으면 보는 사람의 관심을 더 잘 끌 수 있다.
④ 내용을 잘 이해하려면 사진과 글을 모두 살펴보아야 한다.
⑤ 내용을 구체적으로 보여 주기 위해서 소리, 자막 등을 사용한다.

5. 여러 가지 매체 자료

12 휴대 전화 메시지를 보낼 때 그림말을 사용하는 까닭은 무엇입니까? (　　　)

① 그림을 자랑할 수 있다.
② 자세하게 사실을 전할 수 있다.
③ 실감 나게 감정을 표현할 수 있다.
④ 많은 정보를 한꺼번에 전달할 수 있다.
⑤ 광고 효과를 오래 지속되게 할 수 있다.

5. 여러 가지 매체 자료

13 인터넷 카페와 같은 전자 매체를 이용하는 방법으로 알맞은 것은 무엇입니까? (　　　)

① 다른 사람의 의견을 무조건 수용한다.
② 정보의 양으로 정보의 정확성을 판단한다.
③ 정보를 분별하는 능력을 갖출 필요는 없다.
④ 인간에 대한 예의를 갖추는 것이 반드시 필요하다.
⑤ 다른 사람이 글을 모두 올릴 때까지 기다렸다가 올린다.

6. 타당성을 생각하며 토론해요

14 토론의 절차와 방법에 대한 설명으로 알맞은 것은 무엇입니까? (　　　)

① 반론하기 단계에서는 먼저 자기편의 주장을 요약한다.
② 토론할 때에는 상대의 주장과 근거를 기록하며 듣지 않도록 한다.
③ 주장 펼치기 단계에서는 근거와 관련해 구체적인 자료를 제시한다.
④ 주장 펼치기 – 주장 다지기 – 반론하기의 순서로 이루어진다.
⑤ 주장 다지기에서 가장 먼저 할 일은 찬성편(상대편)의 주장 요약하기이다.

6. 타당성을 생각하며 토론해요

15 다음 시에서 비판하는 것은 무엇이겠습니까?
(　　　)

> 시장에 간 우리 고모
> 물건 사고 아주머니가 돌려주는
> 거스름돈,
> 꼭 세어 보아요
>
> 은행에 간 고모
> 현금 지급기가
> '달깍' 내미는 돈
> 세어 보지도 않고
> 지갑에 얼른 넣는 거 있죠?
>
> 고모도 참

① 기계를 더 믿는 현실
② 시장이 사라져 가는 현실
③ 다른 사람을 의심하는 태도
④ 푼돈을 소중히 여기지 않는 점
⑤ 시장에 현금 지급기를 설치하지 않는 점

16~17 다음 글을 읽고 물음에 답하시오.

이와는 달리 줄기 한 마디에 잎 두 장이 마주 보는 '마주나기'도 있습니다. 단풍나무나 화살나무는 잎 두 장이 사이좋게 마주 보고 있습니다. 그리고 마주난 잎들이 마디마다 서로 어긋나지 않고 평행합니다.

그런가 하면 한 마디에 잎이 석 장 이상 돌려나는 잎차례가 있습니다. 이런 잎차례를 '돌려나기'라고 합니다. 갈퀴꼭두서니는 마디마다 잎이 여섯 장에서 여덟 장씩 돌려나기로 핍니다.

6 이 글에서 설명하는 것은 무엇입니까? (   )

① 식물의 한살이
② 식물의 잎차례
③ 식물이 자라는 데 필요한 것
④ 건축가가 설계도를 그리는 방법
⑤ 사람들의 집 짓기와 식물의 집 짓기는 서로 같은 점

서술형

7 빈곳에 알맞은 내용을 써서 이 글의 내용을 요약하시오.

• 줄기에 차례대로 잎을 붙여 나가는 모양인 '잎

차례'로

_____

_____

이/가 있습니다.

18 글을 요약하는 방법을 바르게 말한 친구는 누구인지 쓰시오.

영훈: 글의 내용을 그대로 옮겨서 요약해.
진아: 필요 없는 부분을 찾아 꾸미는 말로 활용해.
민욱: 반복해서 나타나는 낱말을 찾아 전체를 대표하는 낱말로 바꿔.

(   )

19~20 다음 글을 읽고 물음에 답하시오.

19 간판과 같은 현상의 문제점을 잘못 설명한 것은 무엇입니까? (   )

① 뜻이 통하지 않을 수 있다.
② 아름다운 우리말이 사라질 수 있다.
③ 말에 담긴 우리의 정신도 훼손될 수 있다.
④ 영어를 모르는 사람은 가게를 잘 찾지 못할 수 있다.
⑤ 줄임 말이 필요한 경우라도 모든 줄임 말은 잘못된 것이다.

20 이 그림에서 우리말을 바르게 사용하지 못한 다음 말을 바르게 고쳐 쓰시오.

⑴ 응, 노잼이었어. ➡ (   )
⑵ 주문하신 사과주스 나오셨습니다.

➡ (   )

1. 마음을 나누며 대화해요

1 다음 여자아이의 말에 어울리는 표정이나 행동은 무엇입니까? (   )

① 주먹을 불끈 쥔다.
② 눈을 맞추고 웃는다.
③ 고개를 좌우로 흔든다.
④ 손을 잡고 악수를 한다.
⑤ 팔짱을 끼고 눈을 감는다.

1. 마음을 나누며 대화해요

2 공감하며 듣고 말하는 방법 가운데에서 '공감하며 말하기'에 해당하는 것은 무엇입니까? (   )

① 해결 가능한 방법 생각하기
② 말이나 행동으로 맞장구치기
③ 자신의 잘못은 없는지 생각하며 말하기
④ 자신의 생각을 상대보다 더 많이 말하기
⑤ 말하는 사람에게 주의를 기울여 집중하기

서술형

1. 마음을 나누며 대화해요

3 다음 상황에서 현욱이가 어머니께 할 수 있는 알맞은 말을 쓰시오.

미안해 하지 않아도 돼. 집안일을 도와주려고 한 현욱이 마음이 엄마는 정말 고마워.

4~5 다음 글을 읽고 물음에 답하시오.

지붕은 이중 구조인데 바깥쪽은 열을 효과적으로 막아 주는 진흙으로, 안쪽은 열전달이 잘되는 화강암으로 만들었다. 천장은 반원형으로 기둥 다섯 개에 장대석이 걸쳐 있고, 장대석을 걸친 곳에는 밖으로 통하는 공기구멍이 세 개가 나 있다. 이 구멍은 아래쪽이 넓고 위쪽은 좁은 직사각형 기둥 모양인데, 이렇게 함으로써 바깥에서 바람이 불 때 빙실 안의 공기가 잘 빠져나온다. 즉, 열로 데워진 공기와 출입구에서 들어오는 바깥의 더운 공기가 지붕의 구멍으로 빠져나가기 때문에 빙실 아래의 찬 공기가 오랫동안 머물 수 있어 얼음이 적게 녹는 것이다. 또한 지붕에는 잔디를 심어 태양열을 차단했고, 내부 바닥 한가운데에 배수로를 5도 경사지게 파서 얼음에서 녹은 물이 밖으로 흘러 나갈 수 있는 구조를 갖추어 과학적이다.

2. 지식이나 경험을 활용해

4 이 글을 읽고 알 수 있는 내용은 무엇입니까?
(   )

① 석빙고의 뜻   ② 석빙고의 모습
③ 석빙고를 만든 까닭   ④ 석빙고를 만든 사람들
⑤ 석빙고가 남아 있는 곳

2. 지식이나 경험을 활용해

5 석빙고를 나타낸 사진에 ○표를 하시오.

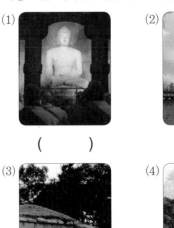

(1) (   )

(2) (   )

(3) (   )

(4) (   )

[6~7] 다음 글을 읽고 물음에 답하시오.

　　세계보건기구[WHO]는 아동 비만을 21세기의 최대 건강 문제 가운데 하나로 꼽고 있다. 한국도 예외는 아니다. 교육부에 따르면 2017년을 기준으로 우리나라 초중고 비만 학생은 100명당 약 17.3명인데 해마다 꾸준히 증가하고 있다.

　　영국의 한 초등학교에서 실시한 건강 달리기 프로그램이 성공을 거두어 큰 관심을 끌고 있다. 이 학교는 날마다 적절한 시간을 정해 1.6킬로미터를 달리게 하고 있다. 학생들을 관찰한 □□대학의 ○○박사는 "이 학교의 학생들에게는 비만 문제가 보이지 않는다."라고 했다.

　　미국 일리노이주의 한 학교 역시 건강 달리기로 하루를 시작한다. 이 학교의 학생들은 건강은 물론 집중력도 향상되었고, 우울증과 불안감이 줄어들었다고 한다.

『○○신문』

3. 의견을 조정하며 토의해요

6 어디에서 찾은 자료입니까? (　　　　)

① 책
② 잡지
③ 신문 기사
④ 인터넷 자료
⑤ 전문가 상담

3. 의견을 조정하며 토의해요

7 다음은 이 자료를 읽고 요약한 것입니다. 빈칸에 각각 알맞은 말을 쓰시오.

[아동 건강 문제]
• 세계보건기구: 아동 비만은 21세기 최대 건강 문제
• 교육부: 2017년 기준 우리나라 초중고 비만 학생은 100명 당 17.3명
((1)　　　　　　　　　　　)
• 비만 문제를 해결할 수 있다.
• 집중력이 향상됨과 동시에 ((2)　　　　　　)과 ((3)　　　　　　)이 줄어든다.

4. 겪은 일을 써요

8 다음 문장에서 잘못된 부분에 밑줄을 긋고 바른 문장이 되도록 고쳐 쓰시오.

(1) 영주는 책 읽기를 전혀 좋아한다고 말했다.
➡ (　　　　　　　　　　　　　　　)

(2) 나는 친구가 거짓말을 한 것이 결코 바른 행동이라고 생각한다.
➡ (　　　　　　　　　　　　　　　)

(3) 내가 이번 대회에서 느낀 점은 도전을 성취하려고 노력하는 순간들도 소중하다는 것을 느꼈다.
➡ (　　　　　　　　　　　　　　　)

4. 겪은 일을 써요

9 다음 문장이 잘못된 까닭은 무엇입니까? (　　　　)

주미의 키와 몸무게가 늘었다.

① 주어를 쓰지 않아서
② '늘였다'를 '늘었다'로 잘못 써서
③ '늘었다'를 '느셨다'로 써야 해서
④ '키'와 '몸무게'에 호응하는 서술어가 달라서
⑤ 키와 몸무게가 얼만큼 늘었는지 쓰지 않아서

4. 겪은 일을 써요

10 경험이 드러나는 글을 쓰는 과정이 바르게 되도록 빈칸에 알맞은 말을 **보기** 에서 찾아 쓰시오.

보기
• 글을 쓴다.
• 어떤 내용을 쓸지 생각한다.

어떻게 쓸지 생각한다. ➡ ((1)　　　　　　　) ➡ 어떻게 쓸지 조직한다. ➡ ((2)　　　　　　　) ➡ 글을 고친다.

11~12 다음 글을 읽고 물음에 답하시오.

만약 아직도 저에 대한 의심과 오해를 풀지 못한 분이 있다면 아래에 있는 사진을 참조해 주시기 바랍니다.

첫 번째는 우리 아빠가 아프리카 탄자니아 은좀베에서 의료 봉사를 하고 있는 병원의 모습을 찍은 사진입니다. 진찰실에서 청진기를 들고 아프리카 아이를 진찰하고 있는 분이 바로 우리 아빠입니다. 정말 자랑스러운 우리 아빠 말이지요.

두 번째는 디자이너인 우리 엄마가 지난봄에 연 패션쇼 모습을 찍은 사진입니다. 엄마가 디자인한 옷을 입은 모델들이 패션쇼를 하고 있는 모습이 보이지요?

이처럼 뚜렷한 증거를 올렸으니 여러분은 이제 제가 거짓말쟁이가 아니라는 걸 믿으시겠지요?

추신: 이제 증거를 밝혔으니 흑설 공주는 터무니없는 글로 나와 우리 엄마, 아빠를 모함하는 일을 그만두기 바란다.

5. 여러 가지 매체 자료

11 '내'가 이와 같은 글을 쓰게 된 원인은 무엇인지 쓰시오.

_____

_____

5. 여러 가지 매체 자료

12 이 글에 주로 담긴 내용은 무엇입니까? (   )

① 인정   ② 반박
③ 집중   ④ 무시
⑤ 오해

5. 여러 가지 매체 자료

13 친구들과 대화를 나눌 때 지켜야 할 예절을 두 가지만 쓰시오.

_____

_____

14~15 다음 글을 읽고 물음에 답하시오.

사회자: 이번에는 상대편이 펼친 주장에서 잘못된 점이나 궁금한 점을 지적하고 이에 답하는 ⑤ 시간입니다. 먼저 반대편이 반론과 질문을 하고 이에 대해 찬성편이 답변하도록 하겠습니다. 시간은 2분입니다. 시작해 주십시오.

반대편: ⓒ찬성편에서는 학급을 위해 봉사하고, 학생 대표가 되어 우리의 뜻을 전하는 역할을 할 학급 임원이 필요하다고 했습니다. 학급을 위해 봉사하는 것은 몇 명의 학생이 아니라 전체 학생이 다 할 수 있는 일입니다.

6. 타당성을 생각하며 토론해

14 ⑤에 들어갈 토론의 단계를 나타내는 알맞은 말을 쓰시오.

(   )

6. 타당성을 생각하며 토론해

15 ⓒ은 토론의 절차 가운데 어느 부분에 해당합니까?

(   )

① 찬성편의 반론과 질문
② 반대편의 반론과 질문
③ 찬성편의 반박과 답변
④ 반대편의 주장 요약하기
⑤ 찬성편의 주장 요약하기

16~17 다음 글을 읽고 물음에 답하시오.

(가) 제일 먼저 닥나무를 베어다 푹푹 찐 뒤, 나무 껍질을 훌러덩훌러덩 벗겨서 물에 불려. 그러고는 다시 거칠거칠한 겉껍질을 닥칼로 긁어내고 보들보들 하얀 속껍질만 모아.

이렇게 모은 속껍질은 삶아서 더 보드랍게, 더 하얗게 만들어야 해. 먼저 닥솥에 물을 붓고 속껍질을 담가.

(나) 보기 좋게 글씨를 쓰고, 아름다운 그림을 그리는 데는 내가 제일이야! 가볍고 부드러우면서도 질겨서 천년이 가도 변하지 않거든.

나는 숨을 쉬니까 집 단장에도 좋아. 더운 날에는 찬 공기 들여 시원하게 하고, 추운 날에는 더운 공기 잡아 따뜻하게 하지. 또 습한 날은 젖은 공기 머금어 방 안을 보송보송하게 하고, 건조한 날은 젖은 공기 내놓아 방안을 상쾌하게 하지. 따가운 햇볕을 은은하게 걸러 주는 건 기본이고말고.

7. 중요한 내용을 요약해요

16 이 글에 대해 바르게 설명한 것은 무엇입니까?
( )

① 글 (가)는 나열 구조이다.
② 글 (나)는 시간 순서대로 설명한 글이다.
③ 글 (가)는 한지의 쓰임새를 설명한 것이다.
④ 글 (나)는 한지가 만들어지는 과정을 설명한 것이다.
⑤ 글 (가)의 '제일 먼저'라는 말을 통해 글의 구조를 짐작할 수 있다.

7. 중요한 내용을 요약해요

17 글 (나)와 같은 구조의 틀로 글의 내용을 파악할 수 있는 것은 무엇입니까? ( )

① 토론의 과정
② 부채의 쓰임새
③ 문제와 해결 방법
④ 도서관에서 책을 빌리는 과정
⑤ 국수와 냉면의 차이점과 공통점

7. 중요한 내용을 요약해요

18 글의 구조에 따라 요약하기 방법을 생각하여 ( ) 안에 알맞은 말을 보기 에서 찾아 쓰시오.

보기

| 틀 | 구조 | 낱말 |

• 글을 읽고 ((1))을/를 파악한 뒤에 중심 내용을 간추립니다. ➡ 글의 구조에 적당한 ((2))을/를 골라 각 문장의 중심 내용을 정리한 뒤에 그 내용을 간결하게 다듬고 정리합니다.

8. 우리말 지킴이

19 다음 조사 방법과 관계가 있는 것은 무엇입니까?
( )

문단	단점
자세한 정보를 수집할 수 있다.	시간이 오래 걸리고 원하는 인물과 면담을 하지 못할 수도 있다.

① 관찰
② 면담
③ 영화
④ 설문지
⑤ 책이나 글

8. 우리말 지킴이

20 조사 계획에 따라 조사하여 원고를 구성하는 방법을 설명한 것으로 알맞지 않은 무엇입니까? ( )

① 전달하려는 내용에는 자료, 설명하는 말을 쓴다.
② 사실이 아닌 내용이나 과장한 내용을 쓰지 않는다.
③ 자료를 제시할 때에는 저작자나 출처를 밝히지 않는다.
④ 시작하는 말에는 모둠 이름, 조사 주제, 발표 제목을 쓴다.
⑤ 끝맺는 말에는 발표한 내용, 모둠의 의견이나 전망을 쓴다.

교과서에 실린 작품

실린 단원	제재 이름	지은이	나온 곳
1 마음을 나누며 대화해요	니 꿈은 뭐이가?	박은정	『니 꿈은 뭐이가?』, 웅진주니어, 2010.
2 지식이나 경험을 활용해요	줄다리기, 모두 하나 되는 대동 놀이	문화재청 엮음	『어린이 문화재 박물관 2』, ㈜사계절출판사, 2006.
2 지식이나 경험을 활용해요	조선의 냉장고 '석빙고'의 과학	윤용현	『전통속에 살아 숨 쉬는 첨단 과학 이야기』, ㈜교학사, 2012.
2 지식이나 경험을 활용해요	조선의 냉장고 '석빙고'의 과학		문화재청 누리집(http://www.cha.go.kr)
3 의견을 조정하며 토의해요	글 ㉮ (「영국 초등학교 1.6킬로미터 달리기 도입」)	방승언	『나우뉴스』, 2016. 3. 18.
5 여러 가지 매체 자료	2번 활동		「지식 채널 이(e): 어느 독서광의 일기」, 한국교육방송공사, 2006.
5 여러 가지 매체 자료	마녀사냥	이규희	『악플 전쟁』, 별숲, 2013.
6 타당성을 생각하며 토론해요	자료 ㉯		『초·중등 진로 교육 현황 조사』, 한국직업능력개발원, 2018.
6 타당성을 생각하며 토론해요	기계를 더 믿어요	한상순	『뻥튀기는 속상해』, ㈜푸른책들, 2009.
7 중요한 내용을 요약해요	존경합니다, 선생님	퍼트리샤 폴라코	『존경합니다, 선생님』, 아이세움, 2015.
7 중요한 내용을 요약해요	내 귀는 건강한가요(원제목: 「속삭이는 소리 안들려도 난청? …… 하루 2시간 이어폰, 귀 건강 망쳐」)	박정환	브릿지경제신문, 2017. 6. 26.
7 중요한 내용을 요약해요	식물의 잎차례	장 앙리 파브르	『파브르 식물 이야기』, ㈜사계절출판사 , 2011.
7 중요한 내용을 요약해요	한지돌이	이종철	『한지돌이』, ㈜보림출판사, 2017.

선생님이 **강력 추**천하는

개념 **PLUS**

단원평가

국어

정답과 풀이

5·2

5~6학년군

교육의 길잡이·학생의 동반자
(주)교학사

정답과 풀이

1 마음을 나누며 대화해요

개념을 다져요
10~11쪽

1 ③   2 ③   3 ②, ③, ④   4 ④   5 ⑤   6 ③

 풀이

1 여자아이는 상대의 기분을 생각하지 않고 자기가 하고 싶은 말만 했습니다.

2 칭찬하는 말을 할 때에는 기쁜 표정과 신나는 목소리로 말하고, 상대를 기분 좋게 하는 몸짓을 해야 합니다.

3 공감하는 대화를 하면 기분 좋게 대화할 수 있어 서로 사이가 좋아지고, 계속 대화를 이어 갈 수 있어서 말할 내용이 풍부해집니다.

4 '경청하기'는 '말하는 사람에게 주의를 기울여 집중해서 듣기', '말이나 행동으로 맞장구치기' 등 상대의 말을 잘 듣는 방법을 말합니다.

5 누리 소통망 대화는 언제 어디서나 간편하게 컴퓨터나 스마트폰으로 대화하는 것으로, 직접 얼굴을 보지 않으므로 상대의 마음을 쉽게 짐작할 수 있는 것은 아닙니다.

6 상대의 감정이나 생각을 받아 주며 이야기하고 상대의 말에 공감하며 대화를 하는 것이 좋습니다.

1회 단원 평가 도전
12~15쪽

1 나 지금 바쁜데, 내가 꼭 들어야 하니?   2 ①, ③
3 ③   4 예 집안일을 도와주려고 한 현욱이가 고마워서   5 ③   6 ①   7 (1) ㉠ (2) ㉢ (3) ㉤   8 소현
9 ②   10 ③   11 ②   12 ㉠, ㉡, ㉣   13 ③   14
예 발을 동동 구를 정도로 신이 났다.   15 ②   16
㉠   17 ②   18 ⑤   19 ①   20 (3) ○

 풀이

1 지윤이는 명준이에게 자신의 이야기가 훨씬 중요하다며 무시하는 말투로 말했습니다.

2 지윤이의 말을 들은 명준이는 무시당하는 것 같아 화가 나고, 지윤이가 미워졌을 것입니다.

3 친구의 기분을 생각하며 말하고, 친구를 위로해 주는 말을 해야 합니다.

4 엄마는 집안일을 도와주려고 한 현욱이가 고마워서 현욱이를 꼭 안아 주셨습니다.

5 현욱이와 엄마는 서로를 이해하고 공감하는 대화를 했습니다.

6 엄마는 아이가 한 말에 귀 기울여 듣고, 아들의 말을 반복해 말하며 집중하고 있습니다.

7 말이나 행동으로 맞장구치기는 경청하기, 말하는 사람의 처지가 되어 생각하기는 처지를 바꾸어 생각하기, 상대가 기분 나쁘지 않게 말하기는 배려하며 말하기의 방법입니다.

8 서로의 마음을 생각하고 배려하며 말하는 태도를 가진 친구를 찾아봅니다.

9 남자아이는 넓은 구역을 청소하는 학생은 힘든 일을 오랫동안 하게 되므로 청소 구역을 자주 바꾸자는 의견을 말하고 있습니다.

10 여자아이는 남자아이의 말에 공감하고, 남자아이의 처지가 되어 생각하면서 말하고 있으므로 고마운 마음을 전달하는 것이 알맞습니다.

11 여자아이는 친구와 다툰 뒤에 어떻게 사과를 해야 할지 고민하고 있습니다.

12 직접 말하기에 어색하고 서먹서먹했을 때 누리 소통망 대화를 통해 마음을 전할 수 있습니다.

13 글은 쓰지 않고 그림말만 쓰면 무슨 말인지 알아듣기 어려울 수도 있습니다.

14 '나'는 비행기를 처음 보고 신기하고 놀라웠고, 하늘을 날고 싶다는 생각을 했습니다.

15 '나'는 자유롭게 날아오르는 비행기를 보고 하늘을 훨훨 날고 싶은 꿈을 갖게 되었습니다.

16 나머지는 모두 '비행기'를 가리키는 말입니다.

17 '내'가 살던 시대에 우리나라는 일본에 빼앗겼고, 빼앗긴 나라를 되찾기 위하여 독립운동을 했습니다.

18 '나'는 우리 땅에서 또 싸우다 잡히면 죽을 거라는 것을 알고, 가족을 떠나 중국으로 가는 배를 탔습니다.

19 '나'는 너무 힘들고 위험한 훈련을 하면서도 꿈을 따라서 산다는 게 꿈만 같아 하루하루가 행복했습니다.

20 당계요 장군이 처지를 바꾸어 생각을 했다면 '나'의 처지가 되어 생각한 다음에 배려하는 말을 했을 것입니다.

2회 단원 평가 실전
16~19쪽

1 ②   2 ③   3 ②   4 ⑤   5 ⑤   6 ②   7 ⑩ 어머니가 고맙게 느껴질 것이다.   8 (1) ⑩ 청소 구역을 번갈아 가며 바꾸자. (2) ⑩ 넓은 구역을 청소하는 학생은 힘든 일을 오랫동안 하게 된다.   9 ②   10 ④   11 ②   12 ⑩ 다른 사람을 헐뜯는 말을 했다.   13 ⑩ 조금만 더 힘내자!   14 ④, ⑤   15 (1) ○   16 ⑩ 우울한 일이 있을 때 누리 소통망에서 친구들에게 위로의 말을 전해 들었다. 공감해주고 격려해 주어서 기분이 좋아졌다.   17 ④   18 ①   19 ①, ②, ④   20 ⑩ 경찰관이 되고 싶다. 가까운 경찰서에 찾아가 경찰관이 어떤 일을 하는지 조사해 볼 것이다.

풀이

1 명준이는 지윤이에게 자기가 그린 그림이 뽑히지 않아서 서운하다는 말을 하고 싶었습니다.

2 명준이의 처지를 생각하지 않고 자기만 생각하는 지윤이가 밉고 기분이 나쁠 것입니다.

3 다른 사람의 말을 들을 때에는 말하는 사람을 바라보고 말하는 내용에 관심을 가져야 합니다.

4 모든 고민을 쉽게 해결할 수 있는 것은 아닙니다.

5 지윤이가 위로의 말을 했으므로 그에 대한 고마움을 표현하는 말을 하는 것이 알맞습니다.

6 어머니께서 말씀하신 "집안일을 도와주려고 설거지를 열심히 했구나." 부분에서 현욱이가 설거지를 한 까닭을 알 수 있습니다.

7 자신을 이해해 주고 자신과 공감하며 대화를 나누어 주신 어머니께 고마운 마음이 들 것입니다.

8 그림 ❶에서 남자아이가 의견을, 그림 ❷에서 그렇게 생각하는 까닭을 말하고 있습니다.

9 남자아이에게 주의를 기울여 집중해서 듣고 있습니다.

10 남자아이의 처지가 되어 생각하고 있으므로 어깨를 토닥여 주거나 눈을 맞추고 웃으며 고개를 끄덕이는 표정이나 행동이 어울립니다.

11 누리 소통망 대화에서 나가고 싶을 때에는 나간다는 말을 해야 합니다.

12 누리 소통망으로 대화를 할 때에는 다른 사람을 험담하는 말을 하지 말아야 합니다.

13 누리 소통망 대화는 얼굴이 안 보이기 때문에 더욱 예의 바르게 말해야 합니다. 다른 사람에게 마음의 상처를 주지 않도록 조심해야 합니다.

14 다리를 다친 남자아이에게 응원하고 격려하며 공감하는 말을 했습니다.

15 공감하며 고맙다고 표현해야 합니다.

16 상대방의 상황이 되어 누리 소통망에서 배려하는 말을 주고받은 경험을 떠올려 봅니다.

더 알아볼까요!

누리 소통망에서의 대화 예절
• 바르고 고운 말을 씁니다.
• 상대가 싫어하는 말을 하지 않습니다.
• 자신의 의견만 너무 강요하지 않습니다.
• 말하고 싶은 내용을 정확하게 전달합니다.

17 부모가 제 역할을 못해서 자식이 고생하는 것 같아 미안했기 때문입니다.

18 '나'는 비행기를 처음 보고 발을 동동 구를 정도로 신이 나고 하늘을 날고 싶다는 생각을 했습니다.

19 정말 자유롭고, 구름을 뚫고 올라 온 비행기에서 내려다 본 세상이 아름답다고 느꼈습니다. 비행기를 탄 최초의 여자로서 자랑스러워한 마음은 알맞지 않습니다.

20 이 글에서 '나'는 비행사가 되기 위해 힘든 훈련을 마다하지 않았습니다. 이처럼 자신의 꿈을 이루려고 어떤 노력을 할 것인지 구체적으로 정리해 봅니다.

창의서술형 평가

20~23쪽

1 예 ㉠, 상대에게 공감하며 말하면 기분 좋은 대화를 할 수 있기 때문이다.　**2** 예 상대의 처지를 이해할 수 있기 때문이다. / 처지를 바꾸어 생각하면 상대의 마음을 알 수 있기 때문이다.　**3** 예 대화하는 상대가 좋아한다. / 상대의 생각을 쉽게 알 수 있다. / 상대와 사이가 더 좋아진다.　**4** 예 친구의 기분을 생각하지 않고 말했다. / 자기가 하고 싶은 말만 했다.　**5** 예 그랬구나. 내가 너처럼 그림 그리기를 좋아하면 나도 서운했을 것 같아.　**6** 예 친구가 속상한 일을 말하고 있으므로 기분을 생각해서 위로해 주는 말을 하면 좋을 것 같아. 앞으로는 말하는 내용에 관심을 가지고, 귀를 기울여 들었으면 좋겠다.　**7** 예 현욱이에게 주의를 기울여 집중해서 들어주셨다. / 현욱이의 말을 반복해 주셨다.　**8** (1) 예 자신을 이해해 주고 공감하며 대화를 나누어 준 엄마가 고맙고 소중하다. (2) 예 집안일을 도와주려 한 현욱이가 기특하고 고맙다.　**9** 예 줄넘기 대회에서 우승을 하지 못하고 속상해하는 친구에게 용기를 내라며 다음에는 꼭 우승할 거라고 위로해 주었다. 내 말을 들은 친구가 고맙다고 더 열심히 할 거라고 웃으면서 말해 주어서 서로 기분이 좋아졌다.　**10** 예 대화의 분위기를 알기 힘들다. / 글자를 일일이 입력하는 것이 불편하다. / 얼굴을 보지 않고 대화해서 어색하다.　**11** 예 많은 사람에게 도움이 되는 내용을 올린다. / 예의 바르게 말한다. / 혼자만 계속 말하지 않는다.　**12** 예 친구들과 단체 소통망에서 알림장 내용을 공유한 적이 있다. 친구들과 오늘 있었던 일도 이야기하고, 필요한 정보도 나눌 수 있어서 좋았다.

풀이

1 기분 좋은 말은 어떤 말인지 생각해 봅니다.

상	정답과 까닭을 알맞게 썼다.
중	정답을 썼으나 까닭이 알맞지 않다.
하	정답을 쓰지 못했다.

상대에게 공감하며 말하면 기분 좋은 대화를 할 수 있고, 대화를 즐겁게 이어갈 수도 있습니다.

상	까닭 두 가지를 알맞게 썼다.
중	까닭을 한 가지만 알맞게 썼다.
하	정답을 쓰지 못했다.

3 상대방과 대화를 나누면서 어떨 때 기분이 좋아지는지 생각해 봅니다.

상	기분 좋은 대화의 좋은 점을 알고 정확한 문장으로 썼다.
중	답을 썼으나 문장이 미흡하다.
하	정답을 쓰지 못했다.

4 여자아이는 남자아이의 말에 별로 중요한 일이 아니라고 말했습니다.

상	만화를 보고 여자아이가 잘못한 점을 잘 파악했다.
중	여자아이가 잘못한 것을 알았으나 답이 미흡하다.
하	정답을 쓰지 못했다.

5 남자아이가 고민을 편안하게 말할 수 있도록 잘 들어 주어야 합니다.

상	상대의 처지를 고려하는 방법을 알고 정확한 문장으로 답을 썼다.
중	상대의 처지를 고려하는 방법을 알고 있으나 문장이 미흡하다.
하	정답을 쓰지 못했다.

6 여자아이는 상대의 기분을 생각하지 않고 자신의 생각만 말하고 있으므로, 공감하며 대화하는 방법에 대한 조언을 해 주는 것이 알맞습니다.

상	여자아이가 잘못한 점을 알고 그에 맞는 조언을 정확하게 썼다.
중	여자아이가 잘못한 점을 알고 조언했으나 구체적이지 않다.
하	정답을 쓰지 못했다.

7 엄마는 현욱이가 하는 말을 집중해서 듣고, 현욱이의 말을 반복해서 말씀하셨습니다.

상	공감하며 대화하는 방법을 알고 해당하는 것을 정확하게 썼다.
중	공감하며 대화하는 방법을 알고 있으나 정확하게 쓰지 못했다.
하	정답을 쓰지 못했다.

8 상대방과 대화를 나누면서 어떨 때 기분이 좋아지는지 생각해 봅니다.

상	두 인물의 마음을 모두 정확하게 파악해 썼다.
중	한 인물의 마음만 파악해 썼다.
하	정답을 쓰지 못했다.

9 서로 이해하고 배려해 주는 대화를 한 경험을 떠올려 봅니다.

상	비슷한 경험을 정확한 문장으로 썼다.
중	문장이 정확하지 못했다.
하	정답을 쓰지 못했다.

10 직접 대화를 나눌 때와 비교해 봅니다.

상	누리 소통망 대화가 무엇인지 알고 불편한 점을 정확하게 썼다.
중	불편한 점을 썼으나 답이 미흡하다.
하	정답을 쓰지 못했다.

11 누리 소통망 대화는 많은 사람에게 알릴 것이 있거나 자신의 생각을 나누고 싶을 때 사용합니다.

상	누리 소통망에서 예절을 지키는 방법을 정확하게 파악했다.
중	예절을 지키는 방법이 미흡하다.
하	정답을 쓰지 못했다.

12 누리 소통망을 사용해 누구와 어떤 대화를 나누었는지 떠올려 봅니다.

상	알맞은 경험을 올바르게 썼다.
중	경험을 썼으나 문장이 미흡하다.
하	정답을 쓰지 못했다.

---

2   지식이나 경험을 활용해요

개념을 확인해요   25쪽

1 지식 **2** 새롭게 **3** 지식 **4** 비교 **5** 제목 **6** 기억 **7** 자세히 **8** 생생 **9** 과장 **10** 조직

개념을 다져요   26~27쪽

1 ① **2** (1) ○ (3) ○ **3** (1) 알고 싶은 것 (2) 새롭게 안 것 (3) 짐작한 것 **4** ② **5** ② **6** ⑩ 미리 정한 평가 기준을 생각하며 말한다.

풀이

1 지식이나 경험을 활용해 글을 읽는다고 해서 글 내용을 모두 외울 수 있는 것은 아닙니다.

2 글을 골라 읽을 때에는 관련 있는 지식이나 경험이 많은 것으로 고르고, 글을 읽다가 잘 모르는 내용이 나오면 먼저 관련 있는 지식을 공부합니다.

3 알고 싶은 것, 짐작한 것, 새롭게 알게 된 것을 분류해 봅니다.

4 남자아이가 미술관에 다녀온 경험과 좋아하는 작가의 작품을 보고 난 뒤의 느낌을 말했으므로, 좋아하는 작가는 누구인지, 미술관에서 또 어떤 작품을 보았는지, 가장 기억에 남는 작품은 무엇인지와 같은 질문을 하는 것이 알맞습니다.

5 ㉣은 '조직'에 대한 평가 기준이고, 나머지는 모두 '내용'에 대한 평가 기준입니다.

6 너무 심하게 비난하며 말하지 않아야 하고, 어떻게 고치면 좋을지를 함께 말해야 합니다.

 1회 단원 평가 도전
28~31쪽

1 ② 2 ⑤ 3 예 3학년 때 학교 체육대회에서 줄다리기를 한 적이 있다. 상대편보다 힘이 센 친구들이 많아서 우리 편이 이겼는데 날아갈 듯 기뻤다.
4 ③ 5 ①, ④ 6 『삼국사기』 7 ② 8 도염 9 예 바깥의 공기가 들어가는 것을 막기 위해서 10 (1) ○ (3) ○ 11 국립한글박물관의 한글 놀이터, 한글 배움터, 특별 전시실을 관람했다. 12 (1) ㉠ (2) ㉢ (3) ㉡ 13 체험한 일에 대한 감상 / 생각이나 느낌 14 ③ 15 승환 16 ① 17 ⑤ 18 ①, ②, ⑤ 19 (1) 이동 시간 (2) 예 배울 점 20 예 고구마, 딸기 같은 농작물을 수확하는 곳으로 현장 체험학습을 가고 싶다. 먹기만 하던 것들을 직접 수확해 보면서 감사하는 마음을 직접 느끼고 싶다.

풀이

1 줄다리기에 쓰이는 줄에 대해 설명하고 있습니다.
2 ⑤는 줄다리기에 대해 아는 지식이나 경험이 아니고 궁금한 점을 떠올린 것입니다.
3 줄다리기를 하거나 보면서 느낀 점도 함께 써 봅니다.
4 줄다리기는 정월에 준비해 마을 사람 모두가 줄다리기를 했습니다. 줄다리기에 필요한 돈과 일손을 내어 주는 것이 쉽지 않았지만 해마다 거르는 법이 없었습니다.
5 풍년을 기원하고, 마을 사람들이 마음을 한데 모아 무사히 한 해 농사를 지으려는 지혜가 담겨 있습니다.
6 우리나라에서 얼음을 보관하기 시작한 것은 『삼국사기』의 기록에서 찾아볼 수 있습니다.
7 냉장고와 석빙고의 다른 점을 설명하고 있습니다.
8 석빙고에 대해 궁금한 점을 떠올린 친구는 도염입니다.

9 석빙고는 온도 변화가 적은 반지하 구조로 한쪽이 긴 흙무덤의 모양이며, 바깥의 공기가 들어가는 것을 막기 위해 출입구의 동쪽이 담으로 막혀 있고 지붕에 구멍이 뚫려 있습니다.
10 지붕에는 잔디를 심어 태양의 열을 차단하였고, 내부 바닥 한가운데에 배수로를 5도 경사지게 파서 얼음에서 녹은 물이 밖으로 흘러 나갈 수 있도록 한 아주 과학적인 구조를 갖추고 있습니다.
11 국립한글박물관의 한글 놀이터, 한글 배움터, 특별 전시실을 관람했습니다.
12 한글 놀이터, 한글 배움터, 특별 전시실에서 무엇을 할 수 있는지 찾아봅니다.
13 국립한글박물관 체험에 대한 생각이나 느낌을 생생하게 나타내었습니다.

더 알아볼까요!

> **체험과 감상이 드러나는 글을 쓰는 방법**
> • 인상 깊은 체험을 중심으로 쓰되, 내용이 잘 드러나게 자세히 풀어 씁니다.
> • 체험한 일에 대한 생각이나 느낌이 생생하게 전달되도록 씁니다.
> • 체험할 때 느낀 감동을 과장하지 않고 느낀 만큼 솔직하게 씁니다.

14 미리 정한 평가 기준을 생각하며 글쓴이의 입장을 헤아려 말합니다. 고칠 점과 함께 좋은 점에 대한 의견도 함께 말하면 글을 고칠 때 도움이 됩니다. 단, 강요하며 말하면 안 됩니다.
15 승환이는 겪은 일에 대한 감상을 충분히 쓰는 것이 좋다고 생각했습니다.
16 지원이는 우리가 4학년 때 배웠던 지식을 활용하자는 의견을 말했습니다.
17 내가 좋아하는 표현이 들어 있는지를 평가할 필요는 없습니다.
18 글을 비교하면 기분이 나쁠 수 있으므로 글쓴이의 기분이 어떨지 생각해 보고 무조건적인 비난을 하지 않아야 합니다.
19 정한 장소로 현장 체험학습을 가려면 가서 배울 수 있는 것은 무엇인지, 함께 체험할 수 있는 것은 어떤 것이 있는지, 가는 데 걸리는 시간은 어느 정도인지를 알아야 합니다.
20 현장 체험학습도 그저 즐겁기만 한 곳이 아니라 모두가 함께 배울 수 있고 가치 있는 체험을 할 수 있는 곳이어야 함을 생각하며 적절한 장소를 생각해 봅니다.

정답과 풀이

2회 단원 평가 실전

1 ④   2 비녀목   3 용   4 ①   5 (1) 쉽게 (2) 흥미
6 (1) 왕실의 제사에 쓰일 얼음을 보관 (2) 왕실과 고급 관리들의 음식 저장용, 식용 또는 의료용으로 쓸 얼음 공급   7 ①   8 새롭게 안 것   9 ⓒ   10 ⑤
11 ②, ③   12 ②   13 (2) ○   14 (1) 인상 깊은 (2) 자세히   15 ①   16 ④   17 (1) 새로 스물여덟 자를 만드니 (2) 쉽게 익혀서 편히 쓰니 (3) 세상에 널리 퍼져 나아가니   18 ④   19 ③   20 ⑩ 문장 중간중간에 감상을 넣어 주면 글쓴이의 느낌을 생생하게 느낄 수 있을 것 같다. 지금은 체험에 비해 감상이 부족하다.

풀이

1 글의 내용을 잘 읽어 봅니다. 줄을 다 만들면 줄다리기 할 곳으로 줄을 옮깁니다.

2 낱말 대신 그 뜻을 넣어 말이 통하는지 확인합니다.

3 우리 조상들은 용이 물을 다스리는 신이라고 생각했습니다.

4 태서는 알고 있는 지식을 활용해서 이 글을 읽었습니다.

5 글 내용을 쉽고 깊이 이해할 수 있고, 글 내용에 흥미를 느낄 수 있으며, 이미 아는 내용과 비교하며 글을 읽을 수 있습니다.

6 동빙고는 왕실의 제사에 쓰일 얼음을 보관했고, 서빙고는 왕실과 고급 관리들의 음식 저장용, 식용 또는 의료용으로 쓸 얼음을 공급했습니다.

7 남한에는 경주, 안동, 영산, 창녕, 청도, 현풍에 각각 한 개가, 북한 해주에 한 개가 남아 있습니다.

8 새롭게 알게 된 것에 대한 것입니다.

9 ㉠은 짐작한 것, ㉡은 새롭게 안 것을 나타낸 것입니다.

10 글 내용과 지식이나 경험을 관련지어 생각한 질문은 ⑤입니다.

11 지식이나 경험을 활용해 글을 읽으면 글을 읽을 때 더 집중할 수 있고, 내가 아는 지식이나 경험이 더 풍부해집니다.

12 갯벌 체험 간 일에 대한 까닭이 알맞지 않습니다.

13 체험한 일을 글로 쓸 때에는 본 것, 들은 것, 한 것 등을 자세히 풀어 쓰고, 여러 가지 감상을 써야 합니다.

14 인상 깊은 체험을 중심으로 쓰되, 내용이 잘 드러나게 자세히 풀어 씁니다.

15 두 번째 문단은 글쓴이가 체험한 일에 대한 감상을 나타낸 것입니다.

16 국립한글박물관은 '한글'로만 기록한 한글 자료와 한글을 활용한 작품들을 전시해 놓은 곳으로, 용산 국립중앙박물관 옆에 있습니다. 상설 전시실은 2층에 있습니다.

17 1부 주제는 '새로 스물여덟 자를 만드니', 2부 주제는 '쉽게 익혀서 편히 쓰니', 3부 주제는 '세상에 널리 퍼져 나아가니'입니다.

18 글쓴이가 체험을 하고 느낀 점은 이 글의 맨 마지막에 나와 있습니다.

19 함께 글을 고칠 때에는 평가 기준인 '내용', '조직', '표현'을 살펴보아야 합니다.

더 알아볼까요!

지식이나 경험을 활용해 함께 글 고치기

	평가 기준
내용	• 체험한 일을 자세히 풀어 썼는가? • 글 내용이 정확한가? • 어떤 일인지 이해하기 쉬운가?
조직	• 글 내용에 따라 문단을 구분했는가? • 처음, 가운데, 끝으로 나누었는가? • 사실과 의견을 구분해 썼는가?
표현	• 체험한 일을 생생하게 표현했는가? • 정확한 표현을 사용했는가? • 알기 쉬운 표현을 사용했는가?

20 '조직'에 있어서 고쳐야 할 점이 무엇인지 생각해 봅니다.

창의서술형 평가

1 ⑩ 시원한 수건을 목에 두르고 있다. / 선풍기를 틀고 시원한 수박을 먹는다. / 무서운 영화를 보면서 더위를 이겨 낸다.   2 ⑩ 석빙고의 어떤 점에 대해 설명한 글일까?   3 ⑩ 얼음 창고에 관한 일을 맡아 보던 '빙고전'이라는 기관이 있었다니 신기하다.   4 (1) ⑩ 갯벌 체험 (2) ⑩ 경주 문화재 견학 (3) ⑩ 수영 교실   5 ⑩ 가족과 갯벌 체험을 갔던 일을 글로 쓰고 싶다. 갯벌이 어떤 환경에서 어떻게 자라는지 알

게 되니 신기했다. 6 ⓔ 네가 좋아하는 작가는 누구이니? / 그 작가를 좋아하는 까닭은 무엇이니? / 네가 좋아하는 작가의 작품은 어떤 점이 신기했어? 7 ⓔ 체험한 일을 자세히 풀어 쓴다. / 체험에 대한 감상을 생생하게 전달되도록 쓴다. 8 ⓔ 글의 중간중간에 체험에 대한 감상을 생생하게 쓰면 좋겠다. / 감상이 부족해서 글쓴이가 체험하면서 느낀 생각을 알 수가 없다. 9 ⓔ 친구들과 부평역사박물관으로 현장 체험학습을 다녀왔다. 우리 고장의 이름이 지어진 까닭, 예전의 모습 등을 알 수 있게 되어 재미있고 뿌듯했다. 10 ⓔ 내 경험으로 지하철역에서 국립한글박물관까지 걸어가는 길 주변 건물의 숲이 인상 깊었다. 이런 부분을 조금 더 쓰면 글이 더 생생하게 느껴질 것 같다. 11 ⓔ 평가 기준에 맞추어 말한다. / 같은 의견이라도 상대가 기분 나쁘지 않게 말한다. / 고칠 점과 함께 좋은 점에 대한 의견도 함께 말한다. 12 ⓔ 배운 지식을 활용하면 글 내용을 더 정확하고 자세하게 나타낼 수 있다. / 서로의 경험을 활용해서 글 내용을 생생하게 고칠 수 있어서 좋다.

풀이

1 무더위를 이기기 위해 우리가 실천할 수 있는 방법을 생각해 봅니다.

상	나만의 방법을 정확한 문장으로 썼다.
중	문장이 정확하지 못했다.
하	방법을 쓰지 못했다.

2 지식이나 경험을 활용하며 글을 읽을 때에는 스스로 질문을 만들고 질문에 대한 답을 찾아 가며 읽어야 합니다.

상	제목과 관련한 질문을 정확하게 썼다.
중	질문을 쓰긴 했으나 제목과 관련성이 부족하다.
하	정답을 쓰지 못했다.

3 이 글을 읽고 새롭게 알게 된 사실을 찾아봅니다.

상	새롭게 안 것을 정확한 문장으로 썼다.
중	새롭게 안 것을 썼으나 문장이 미흡하다.
하	정답을 쓰지 못했다.

4 체험한 일 가운데에서 가장 기억에 남는 일을 써 봅니다.

상	체험한 일을 세 가지 모두 썼다.
중	체험한 일을 한 가지 이상 썼다.
하	정답을 쓰지 못했다.

5 체험한 일과 그때의 느낌을 떠올려 봅니다.

상	체험한 일과 그에 대한 생각과 느낌을 정확하게 썼다.
중	체험한 일에 대한 생각이나 느낌이 부족하다.
하	정답을 쓰지 못했다.

6 미술관에서 어떤 작품을 관람했는지, 친구가 좋아하는 작가는 누구인지, 그 작가의 작품은 어떤 점이 신기했는지 따위를 물어볼 수 있습니다.

상	미술관에 다녀온 친구에게 물어볼 수 있는 질문을 정확하게 썼다.
중	질문을 썼으나 내용이 미흡하다.
하	정답을 쓰지 못했다.

7 체험에서 본 것, 들은 것, 한 것 등을 자세히 풀어 쓰고, 체험에 대한 감상은 당시의 생각이나 느낌이 잘 드러나도록 씁니다.

상	체험한 일에 대한 감상을 쓰는 방법을 정확하게 알고 썼다.
중	체험한 일에 대한 감상을 쓰는 방법을 일부분 알고 썼다.
하	정답을 쓰지 못했다.

8 이 글에는 글쓴이가 체험하면서 느낀 생각이 별로 나타나 있지 않습니다.

상	글을 읽고 고쳐야 할 점과 그 까닭을 정확하게 파악했다.
중	고쳐야 할 점을 썼으나 까닭이 정확하지 않다.
하	정답을 쓰지 못했다.

9 인상 깊은 체험을 중심으로 쓰되, 내용이 잘 드러나게 쓰고, 체험에 대한 생각이나 느낌을 함께 씁니다.

상	경험과 느낌을 구체적으로 썼다.
중	경험과 느낌을 썼으나 구체적이지 않다.
하	정답을 쓰지 못했다.

10 내용, 조직, 표현 면에서 고쳐야 할 점이 무엇인지 생각해 봅니다.

상	글을 읽고 고쳐야 할 점을 정확하게 파악했다.
중	글을 읽고 고쳐야할 점을 파악했으나 문장이 미흡하다.
하	정답을 쓰지 못했다.

11 너무 심하게 비난하며 말하지 않고, 어떻게 고치면 좋을지를 말하면 좋습니다.

상	글쓴이의 입장을 헤아려 말하는 방법을 정확하게 알고 썼다.
중	글쓴이의 입장을 헤아려 말하는 방법을 일부 알고 썼다.
하	정답을 쓰지 못했다.

12 글쓴이가 잘못 이해하고 쓴 내용도 다른 친구들이 바르게 고쳐 줄 수 있습니다.

상	지식이나 경험을 활용해 글을 고치는 방법과 좋은 점을 정확하게 알고 썼다.
중	지식이나 경험을 활용해 글을 고치는 방법과 좋은 점을 일부 알고 썼다.
하	정답을 쓰지 못했다.

---

3 의견을 조정하며 토의해요

개념을 확인해요 41쪽

1 토의 **2** 합리적 **3** 결과 **4** 집중, 적극적 **5** 장점 **6** 다양한 **7** 의견 모으기 **8** 이해 **9** 예상 **10** 출처

개념을 다져요 42~43쪽

1 ① **2** ④ **3** ⑤ **4** ㉤ **5** ③ **6** ③

풀이 ▶

1 미세 먼지에 대처하는 방안에 대한 토의를 시작하고 있습니다.

2 토의를 할 때에 갈등이 계속되면 문제를 토의로 해결하려고 하지 않을 것입니다.

3 토의를 할 때에는 상대방에게 배려하는 말투를 사용해야 하고, 자신의 의견을 강요해서는 안 됩니다.

4 결정한 의견을 따라야지 자신의 의견을 끝까지 내세우면 의견을 조정할 수가 없습니다.

5 신문 기사를 자료로 제시하면서 의견을 말하고 있습니다.

6 구체적인 숫자를 간단히 확인할 수 있고, 수치가 어떻게 변하는지 알기 쉽게 확인할 수 있습니다.

1회 단원 평가 **도전** 44~47쪽

1 예 미세 먼지에 대한 대처 방안 **2** ④ **3** ⑤ **4** ① **5** ② **6** 준하 **7** (3) ○ **8** (1) ㉠ (2) ㉣ (3) ㉢ (4) ㉤ **9** (1) 비용이 많이 들 수 있다. (2) 일회용이라 쓰레기 문제가 일어날 수 있다. **10** ④ **11** 학교 곳곳에 공기 청정기를 설치한다. **12** ④ **13** ① **14** 건강한 학교생활을 하려면 틈새 시간을 어떻게 사용하는 것이 좋을까? **15** (1) 건강 달리기를 하자. (2) 식물을 기르자. **16** ③ **17** ② **18** ③ **19** ① **20** 지혜

풀이 ▶

1 그림 ❶에서 사회자가 '날이 갈수록 심해지는 미세 먼지에 어떻게 대처해야 할까요?'라고 토의 주제를 말했습니다.

2 남자아이는 몸에 해로운 미세 먼지를 막아 주기 때문에 마스크를 쓰고 생활하자고 의견을 말했습니다.

3 여자아이가 공기 청정기를 설치해야한다고 했으므로 공기 청정기를 설치했을 때의 문제점에 대한 내용이 단점이 될 수 있습니다.

4 남자아이는 '그깟', '모르시는군요'와 같은 말을 사용하여 여자아이를 무시하듯 말했습니다.

5 의견을 조정하지 않으면 모두가 받아들일 수 있는 의견을 정할 수 없게 됩니다.

6 의견을 조정하지 않으면 참여자 모두가 동의하는 의견을 찾을 수 없게 되어 합리적인 해결이 어렵습니다.

7 토의 진행과 관련한 문제로 의견 조정 시간이 부족하거나 의견 수가 부족했던 문제가 있습니다.

8 문제 파악하기에서는 해결하려는 문제를 정확히 파악하고, 의견 실천에 필요한 조건 따지기에서는 의견을 실천하려면 무엇이 필요한지 따져 봅니다. 또, 결과 예측하기에서는 의견대로 실천했을 때의 결과를 생각하고, 반응 살펴보기에서는 의견에 대한 참여자의 생각을 들어 봅니다.

9 공기 청정기를 설치하면 비용이 많이 들 수 있고, 마스크를 사용하면 일회용이라 쓰레기 문제가 일어날 수 있다고 했습니다.

10 사회자는 마지막으로 의견에 대한 여러 사람의 다양한 의견을 들어 보기 위해서 토의에 참여한 모든 사람의 생각을 물어보았습니다.

11 공기 청정기가 학교 곳곳에 공기를 깨끗하게 해 준다는 근거를 들어 학교 곳곳에 공기 청정기를 설치해야 한다는 의견을 말하고 있습니다.

12 그림 ❷에서 남자아이는 신문 기사를 자료로 제시하며 의견을 뒷받침하고 있습니다.

13 사진, 그림, 그래프 따위의 자료를 제시하면 정보를 눈으로 직접 확인할 수 있어 신뢰감을 줄 수 있고, 내용을 이해하기 쉽습니다.

14 사회자가 토의 주제를 말하고 있습니다.

15 여자아이는 건강 달리기를 하면 좋겠다고 생각하고, 남자아이는 건강한 학교생활을 하려면 틈새 시간에 식물 기르기를 하면 좋겠다고 생각하고 있습니다.

16 토의 주제와 관련한 기사가 너무나 많으면 시간과 노력을 절약하기 위해서 제목을 중심으로 훑어 읽습니다. 제목을 읽으면 본문 내용을 어느 정도 예상할 수 있기 때문입니다.

17 '아동 비만', '건강 달리기'와 같은 말을 통해 알 수 있듯이 '아동 비만 문제를 해결하는 방안'을 토의 주제로 정할 수 있습니다.

18 많은 내용을 글로만 설명해서 이해하기 쉽지 않기 때문에 간단히 읽을 수 있도록 표나 그래프를 이용하여 쉽게 요약합니다.

19 학교 운동장에서 많은 아이가 이용을 해서 안전사고가 많이 일어난다는 문제가 있습니다.

20 급식실에서 일어날 수 있는 문제점에 대하여 말한 친구를 찾아봅니다.

2회 단원 평가 실전

48~51쪽

1 ③　**2** ②　**3** ⑩ 예의를 지키지 않아 기분이 나쁠 것이다. / 기분이 나빠져서 상대 의견을 비판하기만 할 것이다.　**4** ④　**5** ②　**6** ⑴ 기사문/보도문 ⑵ 책　**7** ⑤　**8** 믿을 수 있는, 정확한 자료임을 나타내기 위해서　**9** ③　**10** ①　**11** ④　**12** ⑵ ○ ⑶ ○
13 ⑴ ⑩ 학교 운동장에서 일어나는 문제 ⑵ ⑩ 학교 급식실에서 일어나는 문제　**14** ①　**15** ㉠, ㉡, ㉣
16 결과 예측하기　**17** ⑤　**18** ⑩ 일주일에 한 번씩 급식을 남기지 않는 날로 정한다. 일주일에 한 번이라도 음식물 쓰레기가 줄어들 것이다.　**19** ⑤
20 ③

풀이 ▶

1 마스크가 몸에 해로운 미세 먼지를 막아 주고, 공기 청정기가 공기를 깨끗하게 해 줄 것이라는 의견과 근거를 미루어 볼 때, 미세 먼지를 어떻게 대처해야 하는지에 대한 토의를 하고 있음을 알 수 있습니다.

정답과 풀이

2 학교 곳곳에 공기 청정기를 설치하면 공기를 깨끗하게 할 수는 있지만, 전기 소모가 많을 수 있고, 공기 청정기가 없는 곳에서는 생활을 하기 힘든 문제점이 생길 수 있습니다.

3 토의를 할 때에는 상대 의견의 장점을 받아들이고, 예의를 지켜 말해야 합니다.

4 미세 먼지를 대처하는 방법에 대한 주제와 관련 없는 근거를 말했습니다.

5 의견을 조정하는 방법에는 '문제 파악하기 → 의견 실행에 필요한 조건 따지기 → 결과 예측하기 → 반응 살펴보기'가 있습니다.

6 글 ㈎는 기사문이나 보도문, 글 ㈏는 책을 찾아본 것입니다.

7 자료 읽기에 필요한 시간과 노력을 절약하기 위해서 자료를 훑어 읽는 것입니다.

8 믿을 수 있고, 정확한 자료라는 것을 나타내기 위해서 자료의 출처를 쓰는 것입니다.

9 신문 자료에는 영국의 한 초등학교에서 건강 달리기를 실시하면서부터 비만 학생이 해마다 줄어들고 있다는 내용이 담겨 있습니다.

10 찬원이는 찾은 자료 내용을 읽기 쉽게 간단히 요약했습니다.

11 글씨를 알록달록한 색깔로 표현하면 무엇이 중요한지 파악하기 어려우므로 가장 중요한 부분만 강조해서 표현하는 것이 좋습니다.

12 친구들이 좋아하는 자료가 아니라 주제에 관련 있는 자료를 배치했는지 검토해야 합니다.

13 그림 ❶은 학교 운동장, 그림 ❷는 학교 급식실에서 일어나는 문제를 나타낸 것입니다.

14 음식물 쓰레기가 많은 문제점, 더 먹고 싶은데 번번이 더 달라고 할 수 없는 문제점을 해결하기 위해서 자율 배식을 하자는 의견을 내세울 수 있습니다.

15 토의 참여자 모두와 관련이 있는지, 해결 방법을 찾을 수 있는지, 우리가 변화를 이끌어 낼 수 있는지를 생각해야 합니다.

16 의견을 조정할 때에는 '문제 파악하기 → 의견 실행에 필요한 조건 따지기 → 결과 예측하기 → 반응 살펴보기'의 절차에 따라 진행합니다.

17 의견을 보고 조정한 의견이 무엇인지 생각해 봅니다.

18 급식을 먹을 때 음식물 쓰레기를 줄일 수 있는 여러 가지 방법을 떠올려 봅니다.

19 교실을 깨끗하게 하기 위한 방법과 그 까닭을 살펴보고, 교실을 깨끗이 하기 위해 실천할 수 있는 일인지를 생각해 봅니다.

20 토의 과정에서 토의 주제를 바꿀 수는 없습니다. 의견을 조정하는 방법을 잘 알고 있는지를 생각해야 합니다.

창의서술형 평가 52~55쪽

1 ⓔ 고양이 걱정 없이 편히 지낼 수 있는 방법을 알기 위해서 / 고양이 때문에 한시도 편할 날이 없어서
2 ⓔ 실행하기 어려운 의견만 말하고 있다. / 모두가 자기 의견만 말한다.
3 ⓔ 쥐들이 돌아가면서 집 주변을 지킨다. 고양이가 오는 것을 미리 알고 도망가거나 피할 수 있다.
4 ⓔ 미세 먼지가 많은 날은 친구들이 알 수 있게 농도 수치를 적어 놓고 외부 활동을 자제한다. 미세 먼지를 조금이라도 피할 수 있기 때문이다.
5 ⓔ 기분이 나빠져 더 이상 말을 하기 싫어질 것이다. / 친구와 사이가 나빠질 것이다./ 차라리 토의를 하지 않는 것이 낫겠다고 생각할 것이다.
6 ⓔ 친구가 자기 의견만 옳다고 고집을 부린 적이 있다. 그때 기분이 언짢아서 토의를 끝까지 진행하기 어려웠다.
7 ⓔ 사회자의 질문이나 상대의 의견을 귀 기울여 듣고 있다.
8 ⓔ 사람마다 생각이 다양하고 그에 따른 의견이 서로 충돌하는 것은 자연스러운 일이기 때문이다.
9 ⓔ 미세 먼지 마스크를 사용해야 한다는 의견이 더 좋다고 생각한다. 우리가 당장 할 수 있는 일이기 때문이다.
10 ⑴ 비만 문제가 해결된다. ⑵ 집중력이 향상되고 우울증과 불안감이 줄어든다.
11 ⓔ 내용을 이해하기 쉽고 기억에 오래 남을 수 있다. / 한눈에 알아보기 쉽고 편하다.
12 ⓔ 건강 달리기를 하면 건강이 보인다 / 건강 달리기로 하루를 시작하세요 / 비만, 우울증, 불안감 해결, 건강 달리기로 한번에!

쥐들이 고양이 걱정 없이 편히 지낼 수 있는 방법을 생각하기 위해서 토의를 하고 있습니다.

상 토의를 하는 까닭을 정확하게 파악했다.

중 까닭이 정확하지 못했다.

하 방법을 쓰지 못했다.

서로 자기 의견만 말하고 있고, 실행하기 어려운 의견을 말해서 토의가 제대로 이루어지지 않고 있습니다.

상 문제점을 정확하게 파악해 한 문장으로 썼다.

중 문제점을 파악했으나 문장이 미흡하다.

하 정답을 쓰지 못했다.

쥐들이 실천 가능한 해결 방법을 말해야 합니다.

상 의견과 근거를 모두 정확하게 썼다.

중 의견과 근거 가운데 한 가지만 썼다.

하 정답을 쓰지 못했다.

미세먼지에 대처하는 방안에 대한 의견을 써 봅니다.

상 토의 주제에 알맞은 의견과 까닭을 정확하게 썼다.

중 토의 주제에 알맞은 의견을 썼으나 문장이 미흡하다.

하 정답을 쓰지 못했다.

그림 ❶에서는 상대의 의견을 비판하기만 하고, 그림 ❷에서는 상대를 무시하는 듯한 말을 했습니다.

상 그림에서 잘못된 점을 파악하고 상대의 기분을 알맞게 생각했다.

중 상대의 기분을 썼으나 까닭이 미흡하다.

하 정답을 쓰지 못했다.

6 토의 과정에서 자신의 의견만 옳다고 고집을 부리거나, 배려하지 않고 무시하는 듯한 말투를 써서 당황스러웠던 경험 등을 떠올려 봅니다.

상 일어난 일을 정확하게 떠올려 썼다.

중 일어난 일을 떠올려 썼으나 원인과 결과가 미흡하다.

하 정답을 쓰지 못했다.

7 토의 참여자들은 의견을 조정하면서 상대의 의견을 귀 기울여 듣고 있습니다.

상 그림을 보고 상황을 잘 파악했다.

중 그림을 보고 상황을 파악했으나 문장이 미흡하다.

하 정답을 쓰지 못했다.

8 사람마다 생각이 다양합니다. 다양한 생각들을 서로 조정하면서 최선의 해결 방안을 마련하는 과정을 거쳐야 갈등이 줄어들 수 있습니다.

상 까닭을 정확하게 썼다.

중 까닭을 썼으나 설명이 미흡하다.

하 정답을 쓰지 못했다.

9 미세 먼지 마스크를 사용했을 때의 장점, 학교 곳곳에 공기 청정기를 설치했을 때의 장점을 따져 봅니다.

상 자신이 선택한 의견과 그 까닭을 정확하게 썼다.

중 자신이 선택한 의견과 그 까닭을 썼으나 까닭이 미흡하다.

하 정답을 쓰지 못했다.

10 신문 자료를 읽고 건강 달리기의 효과에 대한 내용을 쉽게 요약해 봅니다.

상	두 가지 효과를 모두 요약했다.
중	한 가지 효과를 요약했다.
하	정답을 쓰지 못했다.

11 글만 있는 내용을 표나 그래프, 그림이나 사진 따위로 표현하면 이해하기 쉽고 오래 기억에 남을 수 있습니다.

상	자료를 알기 쉽게 표현하는 방법을 알고 정확하게 썼다.
중	자료를 알기 쉽게 표현하는 방법을 알고 썼으나 답이 미흡하다.
하	정답을 쓰지 못했다.

12 제목은 글의 내용을 대표할 수 있는 것으로 정합니다.

상	글의 내용을 한눈에 알 수 있는 제목을 썼다.
중	제목을 정해 썼으나 내용을 잘 알 수 없다.
하	정답을 쓰지 못했다.

4 겪은 일을 써요

개념을 확인해요 57쪽

1 문장 성분 2 시간 3 이해 4 조직 5 표현하기
6 글감 7 원인 8 글머리 9 흥미 10 정보

개념을 다져요 58~59쪽

1 ② 2 ② 3 ① 4 ⑤ 5 ③ 6 ②, ⑤

풀이

1 키는 크거나 자랐다고 해야 하고 몸무게는 늘었다고 해야 합니다.
2 ①은 '빵을 먹고, 우유를 마신다', ③은 '내렸다', ④는 '잡수신다(드신다)', ⑤는 '좋아하지 않는다'로 고쳐야 합니다.
3 글쓰기의 첫 단계인 계획하기에서 글을 쓰는 목적, 읽는 사람, 글의 주제, 글의 종류 등을 정합니다.
4 누구나 경험하지 못한 특별한 일, 주제가 잘 드러나고 내용을 자세히 풀어 쓸 수 있는 일을 글감으로 고르는 것이 좋습니다. 등장인물의 변화가 너무 많으면 글을 이해하기 힘듭니다.
5 머릿속에서 생각나는 대로 글을 쓰면 이야기가 복잡해져서 이해하기 힘들고 흥미를 떨어뜨릴 수 있습니다.
6 그동안 학습한 내용을 정리하고 발표할 수 있는 기회를 갖고, 글쓰기 능력을 향상시키기 위해서 글 모음집을 만듭니다.

1회 단원 평가 도전 60~63쪽

1 어제저녁 2 ④, ⑤ 3 예 어제저녁에 방에서 컴퓨터를 하다가 졸음이 밀려왔다. 4 ⑤ 5 (1) 보이지 않았다 (2) 부르셨다 6 ⑤ 7 ③ 8 (1) 높임 (2) 서술어 9 ① 10 ⑤ 11 결코, 전혀, 별로
12 (1) 소중하다는 것이다 (2) 생각하지 않았다 (3) 전혀 쉽지 않아서 (4) 별로 읽지 않는 편이다 13 내용 생성하기 14 ① 15 (1) 글감 (2) 주제 16 ②
17 ① 18 ㉠, ㉢ 19 ② 20 ②

풀이

1 어제저녁에 동생 용준이와 일어난 일에 대해 쓴 글입니다.
2 동생을 아프게 한 적이 없는데 동생을 울렸다고 글쓴이를 혼내신 아버지의 말씀을 듣고 속상하고 억울하면서도 화가 났습니다.
3 어제저녁에 일어난 과거의 일이므로 '졸음이 밀려왔다'로 고쳐야 합니다.

'잘못은 용준이가 했는데 저만 야단맞아서요.' 부분에서 윤서가 아버지께 야단을 맞았다는 것을 알 수 있습니다.

문장 성분의 호응이 바르게 되도록 고쳐 봅니다. ① '아버지께서 동생을 부르셨다.', ② '할아버지께서 집으로 오셨다.', ③ '웃음이 '피식' 하고 나왔다.', ④ '어머니의 표정이 별로 좋아 보이지 않았다.'로 써야 합니다.

'계획하기 → 내용 생성하기 → 내용 조직하기 → 표현하기 → 고쳐쓰기'의 과정을 거쳐 씁니다.

높임의 대상을 나타내는 말(할아버지)과 서술어(먹고)의 호응 관계가 알맞지 않아서입니다.

여자아이는 '고쳐쓰기' 단계를 생각하고 있습니다.

◯ '결코, 전혀, 별로'와 같은 부사어와 서술어가 어울리지 않기 때문입니다.

◻ '결코, 전혀, 별로'는 '~지 못하다/~지 않다'라는 서술어와 호응하는 부사어입니다.

2 '느낀 점은~ 느꼈다.'가 되기 때문에 '느꼈다'는 '느낀 점'이라는 주어에 맞는 서술어가 아닙니다. 그리고 '결코, 전혀, 별로' 뒤에는 '~지 않다/~지 못하다'와 같은 부정적인 의미의 서술어가 와야 합니다.

3 글을 쓸 때에는 '계획하기 → 내용 생성하기 → 내용 조직하기 → 표현하기 → 고쳐쓰기'의 과정을 거칩니다.

4 읽는 사람이 흥미를 느낄 수 있고, 주제가 잘 드러나는 일을 글감으로 고르는 것이 좋습니다. 누구나 경험할 만하거나 장소나 등장인물의 변화가 너무 많은 것은 글감으로 좋지 않습니다.

5 좋은 주제와 제목은 읽는 사람에게 관심을 끌어 읽고 싶은 생각이 들게 합니다.

6 인물의 생김새와 특징을 설명하면서 글머리를 시작하고 있습니다.

7 읽는 사람에 따라서 이해하기 쉬운 낱말을 써야 합니다.

3 누리집, 블로그, 누리 소통망, 전자 우편과 같은 매체를 어떻게 활용해야 하는지 생각해 봅니다.

9 학교 숙제를 할 때 편리해서라는 까닭은 알맞지 않습니다.

◯ 컴퓨터로 편집하면 깔끔하고 수정하거나 인쇄하기 쉽지만 직접 그린 그림이나 손 글씨를 보여 주기 어렵습니다.

1 ① 2 ㉢ 3 ① 4 ③ 5 ④ 6 ③ 7 ㉡ 8 (1) ㉡ (2) ㉢ (3) ㉠ (4) ㉣ (5) ㉤ 9 ③ 10 예 나는 과일을 별로 좋아하지 않는다. / 소정이는 밖에서 노는 것을 좋아하지 않는 편이다. 11 ⑤ 12 ② 13 (1) 예 글 모음집에 실으려고 (2) 예 친구, 부모님 (3) 예 가족의 사랑 (4) 예 겪은 일을 쓴 글 14 ④ 15 ② 16 ② 17 ② 18 (1) ㉡, ㉣ (2) ㉠, ㉢, ㉤ 19 ③ 20 ㉠, ㉢

풀이

1 주어는 서술어가 나타내는 동작이나 상태의 주체가 되는 말로 '~은/는/이/가'를 붙여 쓰고, 목적어는 동작의 대상이 되는 말로 '~을/를'을 붙여 씁니다.

2 과거를 나타낼 때에는 서술어를 '~었다', 현재를 나타낼 때에는 '~ㄴ다', '~고 있다', 미래를 나타낼 때에는 '~ 것이다', '~하겠다'로 써야 합니다.

3 '전혀 ~하지 않다/못하다', '도저히~없다', '반드시~해야만 한다/할 것이다', '여간~아니다'로 호응해야 알맞습니다.

4 윤서는 동생 용준이와 장난을 치다가 아버지께 혼자만 혼이 나서 속상해했습니다.

5 '결코' 뒤에 오는 서술어는 부정을 나타내는 '~없다', '~ 않다'로 써야 합니다.

6 동생은 윤서에게 미안하다고 사과했고, 아버지는 윤서를 향해 손 하트를 보여 주어서 윤서의 속상하던 마음이 풀렸습니다.

7 문장 성분의 호응이 이루어지도록 글을 써야 문장의 뜻을 바르게 이해할 수 있습니다.

8 글쓰기 과정은 '계획하기 → 내용 생성하기 → 내용 조직하기 → 표현하기 → 고쳐쓰기'의 단계로 이루어집니다.

9 '우리가 환경을 보호해야 하는 까닭은'은 주어로, 까닭은 뒤에 '~때문이다'라는 서술어가 와야 합니다.

10 '별로' 뒤에는 서술어가 '~지 않다'가 와야 합니다.

11 겪은 일이 드러나게 글을 쓸 때 계획하기 단계에서는 '쓰는 목적, 읽는 사람, 글의 주제, 글의 종류' 등을 생각해야 합니다.

12 '내용 생성하기' 단계에서 이루어지는 활동입니다.

13 겪은 일 가운데에서 인상 깊은 일을 떠올려 보고, 그것을 바탕으로 하여 글을 쓰기 위한 계획을 세워 봅니다.

14 속담과 격언으로 시작하고 있습니다.

15 반복되는 말, 꾸며 주는 말은 시에서 주로 사용합니다. 겪은 일이 드러나는 글을 쓸 때 반복되는 말이나 꾸며 주는 말을 많이 쓸 필요는 없습니다.

16 매체를 활용해 글을 쓰거나 의견을 나눌 때에는 누가 쓴 글인지 이름을 밝힙니다.

17 자신이 썼던 글을 모아 둘 수 있는 방법에는 포트폴리오와 글 모음집 등이 있습니다.

18 손으로 직접 쓴 것은 직접 그린 그림이나 손 글씨를 보여 주어 정감이 있는 반면에 컴퓨터로 편집한 것은 깔끔하고 수정하거나 인쇄하기 쉽습니다.

19 글 모음집은 판매하려는 목적이 아닙니다.

20 글 모음집은 반 친구 모두가 함께 만드는 협동 작품이고, 선생님, 부모님도 함께 볼 수 있으므로 은어나 비속어를 넣으면 안 됩니다.

창의서술형 평가　　　　　　68~71쪽

1 ⑩ 아픈 건 윤서인데 먼저 장난을 친 동생이 울어서 놀랐고도 당황스러웠을 것이다. / 어이가 없을 것이다.　2 (1) 하는 (2) ⑩ 아버지는 높여야 하는 대상이기 때문에 높임 표현을 써야 한다.　3 ⑩ 친구가 거짓말을 한 사실을 결코 용납하지 않을 것이다. / 나는 결코 나쁜 행동을 하지 않았다.　4 ⑩ 동생과 아버지가 윤서의 속상한 기분을 풀어주려고 노력해서　5 (1) ⑩ 풀이 죽은 듯이 힘이 없는 말투 (2) ⑩ 밝고 명랑한 말투　6 (1) ⑩ 나는 그만 '피식'하고 웃어버렸다. (2) ⑩ '웃어버렸다'에 대한 주어가 잘못되었기 때문　7 (1) ⑩ 높임의 대상을 나타내는 말과 서술어의 호응 관계가 알맞지 않다. (2) ⑩ 시간을 나타내는 말과 서술어의 호응 관계가 알맞지 않다. (3) ⑩ 주어와 서술어의 호응 관계가 알맞지 않다.　8 ⑩ 글의 내용을 제대로 이해할 수가 없다. / 말하려는 내용이 무엇인지 제대로 전달이 안 된다.　9 (1) ⑩ 자신감이 넘치는 것이 아니다. (2) ⑩ 우리에게 항상 인사를 잘하라고 하신다. (3) ⑩ 친한 친구와 영화를 보러 갈 것이다.　10 ⑩ 글을 읽는 사람이 흥미를 느끼는 글감 / 내용을 자세히 풀어 쓸 수 있는 글감 / 주제가

잘 드러나는 글감　11 ⑩ 봄에 가족과 캠핑을 다녀온 일이 기억에 남는다. 그때 불꽃놀이를 했는데 펑펑 터지는 그 모습이 꽃을 닮아서 신기하고 행복했다.　12 ⑩ "펑! 펑! 펑!" / 캄캄한 밤하늘을 알록달록 꽃으로 수놓았다.

풀이 ▶

1 동생 용준이는 혼날까 봐 누나(윤서)를 따라 울었습니다.

상	토의를 하는 까닭을 정확하게 파악했다.
중	까닭이 정확하지 못했다.
하	방법을 쓰지 못했다.

2 높임의 대상에 따라 달라지는 서술어가 있습니다.

상	글을 읽고 인물의 마음을 잘 파악했다.
중	인물의 마음을 파악했으나 답이 미흡하다.
하	정답을 쓰지 못했다.

3 '결코'와 같은 낱말은 '~지 않다', '~지 못하다'와 같은 부정적인 서술어와 호응합니다.

상	해당하는 낱말을 넣어 정확한 문장으로 썼다.
중	문장을 썼으나 문장이 미흡하다.
하	정답을 쓰지 못했다.

4 동생과 아버지는 윤서의 속상한 마음을 풀어주기 해서 씨익 웃고, 손으로 하트를 만들어 주기도 했니다.

상	까닭을 잘 파악해 썼다.
중	까닭을 썼으나 답이 미흡하다.
하	정답을 쓰지 못했다.

㉠은 속상한 마음이 드러나는 말투, ㉡은 화가 다 풀린 듯 후련한 마음이 드러나는 말투가 어울립니다.

상 어울리는 말투를 두 가지 모두 썼다.

중 어울리는 말투를 한 가지만 썼다.

하 정답을 쓰지 못했다.

문장 성분 간 호응 관계를 바르게 고쳐 봅니다.

상 바르게 고치고 까닭을 정확하게 썼다.

중 바르게 고쳤으나 까닭이 미흡하다.

하 정답을 쓰지 못했다.

문장 성분의 호응 관계가 알맞지 않습니다.

상 세 가지 까닭을 모두 정확하게 썼다.

중 까닭을 두 가지 정확하게 썼다.

하 까닭을 한 가지 정확하게 썼다.

문장 성분의 호응이 제대로 이루어져야 전하려는 뜻을 바르게 이해할 수 있습니다.

상 문장 성분의 호응이 제대로 이루어져야 하는 까닭을 잘 알고 있다.

중 답을 썼으나 문장이 미흡하다.

하 정답을 쓰지 못했다.

문장 성분의 호응 관계가 바르게 이루어지도록 문장을 완성해 봅니다.

상 세 가지 문장을 모두 정확하게 썼다.

중 문장을 두 가지 정확하게 썼다.

하 문장을 한 가지 정확하게 썼다.

10 좋은 글감은 읽는 사람에게 관심을 끌어 읽고 싶은 생각이 들게 합니다.

상 좋은 글감을 고르는 방법을 정확하게 알고 썼다.

중 글감을 떠올렸으나 답이 미흡하다.

하 정답을 쓰지 못했다.

11 누구와 언제 어디에서 겪은 일인지 인상 깊었던 경험을 떠올려 봅니다.

상 기억에 남는 일과 까닭을 모두 정확하게 썼다.

중 기억에 남는 일과 까닭을 한 가지만 썼다.

하 정답을 쓰지 못했다.

12 글머리는 글의 전체적인 인상을 만들어 주는 중요한 역할을 합니다.

상 글머리를 시작하는 방법을 정확하게 알고 썼다.

중 글머리를 시작하는 방법을 일부분 알고 썼다.

하 정답을 쓰지 못했다.

5 여러 가지 매체 자료

 73쪽

1 영상   2 영상   3 시각   4 상황   5 음악   6 탐구   7 소개   8 효과   9 정보   10 예절

정답과 풀이

개념을 다져요
74~75쪽

1 (1) ⓒ (2) ⓛ (3) ㉠ **2** ⓒ **3** ② **4** 선호 **5** ⑤
6 (1) ○ (2) × (3) ○

1 인터넷 매체 자료는 전자 기기의 힘을 이용하는 매체 자료이므로 동영상, 문자, 음성, 음악, 음향 등 인쇄 매체 자료와 영상 매체 자료의 표현 수단을 모두 활용할 수 있습니다.

2 인터넷 매체 자료는 정보를 전달하려고 인쇄 매체 자료와 영상 매체 자료에서 사용하는 방식을 모두 사용하므로 글과 그림과 사진이 주는 시각 정보를 잘 살펴볼 뿐만 아니라 화면 구성과 소리에 담긴 정보도 탐색해야 합니다.

3 인쇄 매체 자료는 글과 그림과 사진이 주는 시각 정보를 잘 살펴보아야 하며, 영상 매체 자료는 화면 구성을 잘 살피고 소리에 담긴 정보도 탐색해야 합니다.

4 소개할 인물의 성격이나 본받을 점을 친구들과 이야기해 보아야 합니다.

5 이야기의 내용을 파악하고, 제목의 의미를 생각하며, 인터넷 매체 자료를 이용하는 방법에 대해 이야기를 나누는 등의 방법으로 이야기를 현실 세계와 비교할 수 있습니다.

6 혼자서만 너무 길게 말하거나 한두 문장으로 짧게 말하지 않습니다.

1회 단원 평가 도전
76~79쪽

1 ㉮ **2** 철수 **3** ④ **4** 예 영화 **5** ③ **6** ①, ⑤
7 예 뜸이나 침을 이용해 마을 사람들을 치료하는 장면을 연달아 보여 준다. **8** ② **9** ③ **10** ⑤
11 영주 **12** ④ **13** ④ **14** ② **15** 예 공부를 포기하지 않는 김득신을 대견스럽게 여겼다. **16** 민서영과 흑설 공주 **17** ④ **18** 마녀사냥 **19** 인터넷 카페 **20** ④

풀이 ▶

1 ㉮는 대량 인쇄하는 매체 자료로 신문, 잡지, 서 따위를 아우릅니다.

2 인터넷 매체 자료는 전자 기기의 힘을 이용하는 체 자료로 동영상, 문자, 음성, 음악, 음향 등 인 매체 자료와 영상 매체 자료의 표현 수단을 모두 용할 수 있습니다.

더 알아볼까요!

여러 가지 매체 자료

매체 자료	정보 전달 방법
인쇄 매체 자료	글, 그림, 사진
영상 매체 자료	소리, 자막 따위의 여러 가지 연출 방법
인터넷 매체 자료	인쇄 매체 자료와 영상 매체 자료에서 사용하는 방식을 모두 사용함.

3 영화는 영상 매체 자료에 해당합니다.

4 영화, 드라마 등의 영상 매체 자료는 소리, 자막 등 러 가지 연출 방법을 사용하여 정보를 전달합니다.

5 전화, 문자와 같은 인터넷 매체 자료는 인쇄 매체 료와 영상 매체 자료에서 사용하는 방식을 모두 용하여 정보를 전달합니다.

6 영상 매체 자료는 소리, 자막 따위의 여러 가지 연 방법을 사용하여 정보를 전달합니다.

7 어떤 장면을 연달아 보여 주면 주인공이 밤새도 치료하는 상황을 표현할 수 있는지 생각해 봅니다.

8 허준이 촉박한 상황에서 마을 사람들을 치료하는 면에는 비장한 느낌의 음악이 어울립니다.

9 무엇인가 이상하다는 상황을 표현하려면 허준이 위를 두리번거리는 모습을 가까이 보여주는 것이 울립니다.

10 영상 매체 자료는 소리, 자막, 음악 연출, 영상 연 등 여러 가지 방법으로 표현합니다.

11 문자 메시지는 인터넷 매체 자료에 속합니다.

12 매체 자료에 따른 읽기 방법을 생각하여 매체 자 를 읽는다.

13 동화는 인쇄 매체 자료이고, 영화는 영상 매체 자 입니다.

14 김득신의 삶을 돌아보게 하는 차분한 느낌이 들 하는 마무리 부분의 음악은 고요하고 평화로운 이 가장 어울릴 것입니다.

15 글 ㉮ 부분에 정리되어 있습니다.

6 인터넷 카페에서 민서영과 흑설 공주가 갈등을 겪는 내용의 글입니다.

7 민서영은 흑설 공주의 글이 모두 사실이 아니라는 걸 당당하게 밝혀 놓은 글을 올렸습니다.

8 마녀사냥은 15세기 이후 이교도를 박해하는 수단으로 쓰였던 방법입니다.

9 이 글은 인터넷 카페인 핑공 카페에서 일어난 일을 다루고 있습니다.

0 적절하지 않은 근거를 바탕으로 판단하지 않아야 합니다. 또 정보를 분별하는 능력을 가져야 가짜 뉴스로 상처받는 사람을 만들지 않을 수 있습니다.

 2회 단원 평가 실전

80～83쪽

1 ①, ②, ⑤   2 예 영화, 드라마   3 ⑤   4 예 글과 그림과 사진이 주는 시각 정보를 잘 살펴볼 뿐만 아니라 화면 구성과 소리에 담긴 정보도 탐색해야 한다.
5 ⑤   6 ④   7 ⑴ 허준 ⑵ 영상 매체 자료   8 ③
9 ④   10 예 정신을 차려야 한다. ㅋㅋ 여기서 무너지면 안 돼! ╰(^ ^)╯   11 ③   12 ⑤   13 예 정약용, 인터넷에서 자료를 검색한다.   14 ⑤   15 철호, 영훈   16 예 흑설 공주가 다시 반박 글을 올려 흑설 공주와 민서영의 진실 싸움으로 바뀜.   17 예 적절한 정보를 어디에서 어떻게 찾을지를 정확히 아는 자세가 필요하다. / 정보를 분별하는 능력이 있어야 한다.   18 ④   19 ④   20 예 동화 작가 권정생에 대해 조사하려고 작가 소개가 나오는 다큐멘터리를 본다.

풀이 ▶

글과 사진으로 표현된 인쇄 매체 자료를 잘 이해하려면 사진과 글을 모두 살펴보아야 합니다.

소리, 자막 등 여러 가지 연출 방법으로 정보를 전달하는 영상 매체 자료의 예를 써 봅니다.

인터넷 매체 자료는 그림말과 문자를 함께 보며 읽어야 합니다.

인터넷 매체 자료는 전자 기기의 힘을 이용하는 매체 자료입니다.

인터넷 매체 자료의 정보 전달 방법과 성격이 비슷한 매체 자료를 찾아봅니다.

6 복도 알림판에 붙은 광고지는 인쇄 매체 자료이며, 음악, 음향 등은 영상 매체 자료와 인터넷 매체 자료의 표현 수단 가운데 하나입니다. 장면과 어우러지는 음악이나 연출 기법의 의미를 생각하며 읽어야 하는 것은 영상 매체 자료입니다.

7 허준에 대한 영상 매체 자료의 두 장면이 제시돼 있습니다.

8 허준의 마음이 어떤 상황일지 생각해 봅니다.

9 영상 매체 자료는 소리, 화면에 담긴 정보를 잘 살펴야 합니다.

10 졸림, 의지 등을 잘 표현할 수 있는 그림말을 사용하여 나타냅니다.

11 인물의 교우 관계에 대한 내용은 나타나 있지 않습니다.

12 김득신은 공부를 해도 잘하지 못했지만 실망하지 않았습니다.

13 책, 인터넷 검색, 영상 매체 자료 조사 등 다양한 방법을 활용하여 조사할 수 있습니다.

14 자신의 우둔함을 탓하며 공부를 포기하지 않고, 더욱 노력하여 59세에 문과에 급제한 김득신의 행동과 연관 지어 생각해 봅니다.

15 다큐멘터리는 영상 매체 자료이므로 영상 매체 자료 외의 자료를 이용해 조사한 사례로 알맞지 않습니다.

16 글을 읽고 부분의 내용을 정리합니다.

17 이 밖에 '다른 사람에게 예의를 갖추는 것이 반드시 필요하다.', 부정확한 근거로 상처받는 사람이 없도록 인터넷 매체 자료를 이용하는 바른 방법을 알고 지키도록 한다.' 등도 정답으로 처리합니다.

더 알아볼까요!

> **인터넷 매체를 이용하는 방법**
> • 적절한 정보를 어디에서 어떻게 찾을지를 정확히 아는 자세가 필요합니다.
> • 정보를 분별하는 능력이 있어야 합니다.
> • 인간에 대한 예의를 갖추는 것이 반드시 필요합니다.

18 은서는 마녀사냥과 관계없는 주제로 이야기하였습니다.

19 인물이 가까이 지낸 사람들과 같이 의미 있는 내용을 실어서 인물을 소개하도록 합니다.

20 적절한 매체 자료를 선정하여 매체 자료에서 알 수 있는 주요 내용을 정리하여 인물을 조사합니다.

84~87쪽

창의서술형 평가

1 예 인물의 속마음을 그대로 들려준다.   2 예 무엇인가 이상하다.   3 예 다양한 표현 방법을 활용하기 때문에 활용한 요소들이 나타내는 바가 무엇인지 생각해 보며 읽는다.   4 예 인터넷 매체 자료는 인쇄 매체 자료와 영상 매체 자료에서 사용하는 방식을 모두 사용한다.   5 예 그림말을 사용하지 않고 딱딱하게 메시지를 썼기 때문이다.   6 (1) 예 언제 오냐?(⊙.⊙;;) (2) 예 아니, 왜?^_^;;   7 예 경쾌한 느낌 / 춤을 추고 싶은 생각이 들게 함.   8 예 자기 자신의 부족한 점에 실망하거나 포기하지 않고 꾸준히 노력하는 자세를 본받을 만하다.   9 (1) 예 김득신이 소개된 책을 찾아 읽겠다. / 인터넷에서 자료를 검색하겠다. (2) 예 인쇄 매체 자료는 글로 표현한 내용을 머릿속으로 떠올리면서 내용을 꼼꼼히 확인하며 읽어야 합니다.   10 예 적절한 정보를 어디에서 어떻게 찾을지를 정확히 아는 자세가 필요하다. / 정보를 분별하는 능력이 있어야 한다. / 다른 사람에게 예의를 갖추는 것이 반드시 필요하다.   11 예 근거도 없이 의심받아서 답답하고 슬프고 억울할 것이다.

풀이

1 피곤해도 절대로 쓰러지면 안 된다고 다짐하는 허준의 생각을 표현하려고 허준의 속마음을 혼잣말로 그대로 들려주고 있습니다.

상	영상에 표현된 연출 방법을 정확하게 파악했다.
중	영상에 표현된 연출 방법을 일부분 파악했다.
하	방법을 쓰지 못했다.

2 무엇인가 이상하다는 상황을 표현하려고 허준이 주위를 두리번거리는 모습을 가까이 보여주었습니다.

| 상 | 영상 표현 방법을 잘 알고 나타내려는 상황을 정확하게 파악했다. |
| 중 | 영상 표현 방법을 잘 알고 있으나 나타내려는 상황 파악이 미흡하다. |

| 하 | 정답을 쓰지 못했다. |

3 영상 매체 자료를 읽을 때에는 화면 구성을 잘 살피고 소리에 담긴 정보도 탐색해야 합니다.

상	영상 매체 자료를 읽는 방법을 정확하게 알고 썼다.
중	영상 매체 자료를 읽는 방법을 일부분 알고 썼다.
하	정답을 쓰지 못했다.

4 누리소통망[SNS], 문자 메시지 등은 인터넷 매체 자료에 속합니다.

상	인터넷 매체 자료의 정보 전달 방법을 정확하게 알고 썼다.
중	매체 자료의 정보 전달 방법을 알고 있으나 추가 학습이 필요하다.
하	정답을 쓰지 못했다.

5 그림말을 사용하여 문자 메시지를 작성하면 마음을 잘 드러낼 수 있습니다.

상	'그림말'을 이용해서 까닭을 썼다.
중	'그림말'을 이용하지 않고 까닭을 썼다.
하	정답을 쓰지 못했다.

6 ㉠은 궁금해하는 마음, ㉡은 당황하거나 놀라는 마음이 담긴 그림말을 써서 나타냅니다.

상	그림말을 두 가지 모두 알맞게 썼다.
중	그림말을 한 가지만 썼다.
하	정답을 쓰지 못했다.

7 장면이 전환되며 바뀌는 부분에서 경쾌한 느낌, 춤을 추고 싶은 생각이 들게 하는 음악을 사용함으로써 읽은 내용을 자꾸 잊어버리는 우스꽝스러우면서도 안타까운 김득신의 모습이 강조되는 음악을 사용하였습니다.

상	영상 매체 자료에서 음악이 어떤 역할을 하는지 알고 느낌을 정확하게 썼다.
중	느낌을 썼으나 음악의 역할을 정확하게 알지 못했다.
하	정답을 쓰지 못했다.

글로 표현한 내용을 머릿속으로 떠올리면서 내용을 꼼꼼히 확인하며 읽어 봅니다.

상	글을 읽고 인물의 성격을 정확하게 파악해 본받을 점을 썼다.
중	글을 읽고 인물의 성격을 일부 파악해 본받을 점을 썼다.
하	정답을 쓰지 못했다.

자신이 선정한 매체 자료에 알맞은 읽기 방법을 서술합니다.

상	각 매체 자료와 읽기 방법을 모두 알고 정확하게 썼다.
중	각 매체 자료와 읽기 방법을 일부 알고 정확하게 썼다.
하	정답을 쓰지 못했다.

가짜 뉴스에 주의하며, 얼굴을 보지 않아도 인터넷 대화방에서 누군가를 비난하지 않도록 주의합니다.

상	인터넷 매체 자료를 이용하는 방법과 예절을 정확하게 알고 썼다.
중	인터넷 매체 자료를 이용하는 방법을 일부 알고 썼다.
하	정답을 쓰지 못했다.

민서영의 말과 행동을 통해 짐작해 봅니다.

상	인물의 마음을 정확하게 파악했다.
중	인물의 마음을 정확하게 파악했으나 답이 미흡하다.
하	정답을 쓰지 못했다.

6 타당성을 생각하며 토론해요

개념을 확인해요
89쪽

1 해결   **2** 토론   **3** 근거   **4** 조사 대상   **5** 출처
6 전문가   **7** 반론   **8** 다지기   **9** 절차   **10** 까닭

개념을 다져요
90~91쪽

1 ③   **2** ④   **3** 설문 조사 자료   **4** (1) 요약 (2) 질문 (3) 자료   **5** ⑤   **6** ④

풀이 ▶

1 ③은 토의 주제로 알맞으며, 쓰레기통 주변이 오히려 더 지저분해 쓰레기통을 없애자는 문제에 대한 의견이 서로 다른 경우에는 토론이 필요합니다.

2 문제 해결에 더 나은 방법이 무엇인지 결정하는 데 도움이 되며 토론 과정에서 자신의 주장과 근거를 명확하게 정리할 수 있습니다. 또 자신과 생각이 다른 사람의 입장도 이해할 수 있으며 타당한 근거를 들어 말하기 때문에 문제 해결에 도움이 됩니다.

3 설문 자료를 근거로 제시할 때에는 출처를 적어야 하고, 정확한 수치를 드러내야 하며, 조사 범위를 정확히 제시해야 합니다.

4 토론의 절차 가운데 반론하기 방법을 정리합니다.

5 토론의 논제는 학생들이 일상생활에서 직면할 수 있는 것으로 정합니다.

6 독서 토론도 토론이므로 타당한 근거를 들어 말해야 합니다.

1회 단원 평가
92~95쪽

1 ④   **2** (1) 다른 (2) 의견이   **3** ②   **4** 은수   **5** ①
6 (1) 자신의 꿈이 '연예인'으로 바뀌었다고 하는 학생 (2) 직업 평론가 ○○○씨   **7** 그렇다.   **8** 예 해당 분야 전문가의 말이기 때문이다.   **9** ⑤   **10** (1) 연예인 (2) 32 (3) 글쓴이가 속한 학급   **11** 예 학급 임원은 반드시 필요하다.   **12** 주장 펼치기   **13** ②   **14** ②
15 믿을 만하다   **16** ②   **17** (1) ○   **18** 예 성장이 빠른 시기이기 때문에 교복도 여러 번 사야 한다.
19 예 사람보다 기계를 더 믿는 세상   **20** 하영

풀이

1 학교 앞에 불법 주차를 하고 차가 빨리 달려 학교 앞 횡단보도를 건널 때마다 위험한 문제가 나타나 있습니다.

2 문제에 대한 의견이 대립하고 있는 상황입니다.

3 찬반 양쪽이 나뉜 상태에서 양편 각각 자기 쪽의 의견을 받아들이도록 상대편을 설득하는 토론으로 문제를 해결할 수 있습니다.

4 은수가 말한 상황은 토의가 필요한 경우입니다.

5 상대의 생각을 삐딱하게 받아들여 토론을 하여서는 문제를 해결할 수 없습니다.

6 면담 자료에 면담 대상이 나타나 있습니다.

7 글쓴이는 주장을 뒷받침하기 위해 면담 자료와 설문 조사 자료를 활용했습니다.

8 면담 자료를 평가할 때에는 믿을 만한 전문가의 의견인지 살펴보아야 합니다.

9 ❹는 출처가 명확하고 조사 범위가 적절한 자료입니다.

10 전체 32명, 우리 반 친구들의 희망 직업, 막대그래프의 길이 등을 바탕으로 자료의 내용을 정리할 수 있습니다.

11 글 ㈎에서 사회자가 한 말에 토론 주제가 나타나 있습니다.

12 구체적인 자료를 제시하여 근거를 들어 주장을 펼치고 있습니다.

더 알아볼까요!

토론 절차와 방법

주장 펼치기	• 근거를 들어 주장을 펼칩니다. • 근거와 관련해 구체적인 자료를 제시합니다.
반론하기	• 상대편 토론자의 주장을 요약합니다. • 상대편의 주장이 타당하지 않다는 것을 밝히기 위한 질문을 합니다. • 주장에 대한 근거나 그에 대한 자료가 적절하지 않다는 것을 밝힙니다.
주장 다지기	• 자기편의 주장을 요약합니다. • 상대편에서 제기한 반론이 타당하지 않음을 지적합니다. • 자기편 주장의 장점을 정리합니다.

13 반대편 주장의 근거로 적절한 것을 찾습니다.

14 주장 펼치기에 이어질 '반론하기' 는 '찬성편(상대편)의 주장 요약하기-반대편의 반론과 질문'의 절차로 이루어집니다.

15 주장을 펼칠 때 근거에 대해 구체적인 자료를 제시해야 상대편이 주장에 대한 근거가 믿을 만하다고 생각합니다.

16 토론 주제는 학생들이 일상생활에서 직면할 수 있는 논제로, 찬반 양론이 뚜렷하며 찬성편과 반대편의 여론이 비슷해야 합니다.

17 '초등학생도 교복을 입어야 한다'라는 토론 주제에 대한 찬성편과 반대편 주장 가운데 어느 쪽의 근거와 관계가 있는지 생각해 봅니다.

18 상대편의 주장과 근거에 반론을 제기할 때에는 '주장 펼치기'의 내용에 대해서만 반론할 수 있습니다.

19 시에서 말하는 이가 고모의 행동을 보고 문제라고 생각한 것이 무엇인지 생각하며 주제를 찾아봅니다.

20 하영은 의견에 대한 까닭을 구체적으로 말하지 않아서 토론이 이루어질 수 없습니다.

2회 단원 평가 실전

96~99쪽

1 ⑤ 2 남학생 3 ㉮ 4 ③, ④ 5 ⑤ 6 ④
7 ㉙ 직업의 선택은 유행이 아니라 자신의 흥미와 적성, 특기를 알고, 이것을 바탕으로 하여 이루어져야 한다. 8 ①, ⑤ 9 ① 10 ❹ 11 반론하기
12 ③, ⑤ 13 (1) ㉙ 학급 임원이 꼭 필요하다는 근거를 다시 제시하셔야 하지 않을까요? (2) ㉙ 모든 학생이 돌아가면서 학급 임원을 맡는다면 그 가운데에는 하고 싶은 마음도 없는 학생이 대표가 될 수 있다. 그것은 그 학생에게 부담이 되는 일이다. 14 ③
15 주장 펼치기, 반론하기 16 (1) 주장과 근거 (2) ㉙ 장점 17 (1) ㉙ 초등학생은 교복을 입으면 안 된다. (2) ㉙ 각자의 개성을 존중해야 하기 때문이다. / 교복은 불편한 점이 많다. 18 ①, ④, ⑤ 19 경훈
20 ④

풀이

1 학교에서 인사말을 '착한 사람이 되겠습니다.'로 하는 문제 상황이 대화의 주제입니다.

2 여학생과 달리 남학생은 전통적인 인사말도 우리가 지켜야 하는 것이라고 이야기했습니다.

3 글 ❹와 같이 대답했을 때 두 사람의 대화는 앞으로 서로 기분을 상하게 하면서 자신이 옳다고 우기기만

하는 쪽으로 이어질 것입니다.

4 자신의 의견을 상대가 받아들이도록 하기 위해서는 타당한 근거를 들어 말해야 합니다.

5 토론으로 문제를 해결하면, 자신과 생각이 다른 사람의 입장도 이해할 수 있으며, 토론 과정에서 자신의 주장과 근거를 명확하게 정리할 수 있고, 타당한 근거를 들어 말하기 때문에 문제 해결에 도움이 됩니다.

더 알아볼까요!

토론을 하면 좋은 점
- 타당한 근거를 들어 말하기 때문에 문제 해결에 도움이 됩니다.
- 토론 과정에서 자신의 주장과 근거를 명확하게 정리할 수 있습니다.
- 자신과 생각이 다른 사람의 입장도 이해할 수 있습니다.
- 문제 해결에 더 나은 방법이 무엇인지 결정하는 데 도움이 됩니다.

5 글 ㈏에는 직업 평론가 ○○○씨의 면담 내용이 나타나 있습니다.

7 글 ㈏의 뒷부분에 글쓴이의 주장이 나타나 있습니다.

3 글 ㈏는 면담 자료로서, 해당 분야 전문가의 말을 근거 자료로 주장을 뒷받침하고 있습니다.

9 자료 ㉮에는 출처가 드러나 있지 않습니다.

10 자료 ㉯는 출처가 명확하고 주장을 뒷받침할 수 있습니다.

1 사회자의 말을 통해 반론하기 단계임을 알 수 있습니다.

2 이 밖에 상대편의 주장이 타당하지 않다는 것을 밝히기 위한 질문을 합니다.

3 반대편의 반론 맨 끝에 질문이 나타나 있습니다.

4 찬성편의 반박론과 질문-반대편의 반박과 답변이 이어질 차례입니다.

5 토론에서 반론하기 다음에는 주장 다지기 단계가 이어집니다.

6 주장 다지기 단계에서는 자기편의 주장을 요약하고 상대편에서 제기한 반론이 타당하지 않음을 지적합니다. 또 자기편 주장의 장점을 강조합니다.

7 주제에 대해 찬성편 또는 반대편 입장 중 어느 쪽 입장에서 토론할 것인지 정하여 주장과 근거를 씁니다.

8 주장을 뒷받침할 수 있는 근거를 마련하려면 자료를 조사해야 합니다.

9 기계를 더 믿는 사례를 찾아봅니다.

10 '사람보다 기계를 더 믿는 세상'을 주제로 쓴 시입니다.

창의서술형 평가

100~103쪽

1 ⑩ 학교 안에서 스마트폰을 사용하는 문제에 대해 토론이 필요했어. **2** (1) ⑩ 금지해야 한다. (2) ⑩ 필요하다. **3** ⑩ 다른 사람의 의견을 반영할 수 없다. **4** ⑩ 설문 조사의 대상과 범위가 글의 내용에 맞지 않아 주장을 뒷받침하기에 적절하지 않다. **5** ⑩ 면담 자료를 근거 자료로 사용했다. **6** ⑩ 주장을 뒷받침하는 근거가 타당하지 않다. / 학생 10명의 의견이 학교의 모든 5학년을 대표하는 것처럼 주장하고 있다. **7** ⑩ 찬성편의 반론을 반박해 주시기 바랍니다. **8** (1) ⑩ 학급 임원을 뽑는 기준에 문제가 있다고 생각하는 학생이 많다는 점을 보여 주기 위한 자료이다. (2) ⑩ 우리 학교 선생님을 면담한 결과를 보여 주겠다. **9** ⑩ 아버지께서 아시던 길보다 자동차 길 도우미의 안내를 더 믿으셨던 적이 있다. **10** ⑩ 인공 지능 시대에 사람의 가치는 낮아질 것인가 **11** ⑩ 친구들과 독서 토론을 하면서 글에 대한 이해가 더 깊어지고 더 다양한 관점에서 글을 이해할 수 있다.

풀이

1 일상생활에서 토론으로 문제를 해결할 수 있는 경우를 떠올려 봅니다.

상	토론과 토의를 구분할 줄 알고 알맞은 토론 주제를 썼다.
중	주제를 썼으나 토론과 토의를 정확하게 구분하지 못했다.
하	방법을 쓰지 못했다.

2 찬반 양론이 뚜렷하며 찬성편과 반대편의 여론이 비슷해야 합니다.

상	두 가지 모두 정확하게 썼다.
중	한 가지만 썼다.
하	정답을 쓰지 못했다.

3 한 사람이 문제를 해결하는 방법의 단점을 생각해 봅니다.

정답과 풀이 **21**

상	토론의 장점을 정확하게 알고 지문의 방법에 알맞은 단점을 썼다.
중	답을 썼으나 단점이 명확하지 않다.
하	정답을 쓰지 못했다.

4 조사 범위가 적절한지 생각해 봐야 하고 주장을 뒷받침하기에 적절한 자료를 사용했는지 생각해 봐야 합니다.

상	설문 조사 자료를 평가하는 기준을 정확하게 알고 답을 썼다.
중	답을 썼으나 까닭이 명확하지 않다.
하	정답을 쓰지 못했다.

5 자신의 꿈이 '연예인'으로 바뀌었다고 하는 학생을 면담했습니다.

상	근거 자료의 뜻을 정확하게 알고 알맞은 답을 썼다.
중	답을 썼으나 근거 자료의 뜻을 정확하게 알지 못했다.
하	정답을 쓰지 못했다.

6 5학년 학생 전체의 의견이라고 주장하려면 조사 대상이 5학년 2반 학생 10명이 아니라 5학년 전체 학생이어야 자료로서 타당합니다.

상	근거 자료를 평가하는 기준에 맞게 알맞은 답을 찾아 썼다.
중	답을 썼으나 근거 자료를 평가하는 기준을 정확하게 알지 못했다.
하	정답을 쓰지 못했다.

7 토의 참여자들은 의견을 조정하면서 상대의 의견을 귀 기울여 듣고 있습니다.

| 상 | 토론의 절차를 정확하게 알고 알맞은 문장으로 답을 썼다. |
| 중 | 토론의 절차를 정확하게 알고 있으나 문장이 미흡하다. |

| 하 | 정답을 쓰지 못했다. |

8 상대방의 '주장'에 대해 반대하거나 되받아 논의하는 것은 '반론', 상대방의 '반론'에 대해 반대 의견은 펼치는 것을 '반박'입니다.

상	내용을 정확하게 파악해 정리했다.
중	내용을 정리했으나 문장이 어색하다.
하	정답을 쓰지 못했다.

9 사람보다 기계를 더 믿는 상황과 관계있는 경험을 떠올려 봅니다.

상	시의 내용을 정확하게 파악하고 비슷한 경험을 썼다.
중	경험을 썼으나 말하는 이가 무엇을 말하려고 했는지 정확하게 파악하지 못했다.
하	정답을 쓰지 못했다.

10 '사람보다 기계를 더 믿는 세상'이라는 시의 주제와 연관 지어 토론 주제를 정해 봅니다.

상	작품의 내용을 잘 이해하고 토론 주제를 정확하게 썼다.
중	토론 주제를 썼으나 시의 주제가 잘 나타나지 않는다.
하	정답을 쓰지 못했다.

11 토론 과정에서 자신의 주장과 근거를 명확하게 정리할 수 있으며 자신과 생각이 다른 사람의 입장도 이해할 수 있습니다. 또 문제 해결에 더 나은 방법이 무엇인지 결정하는 데 도움이 됩니다.

상	독서 토론의 느낌과 좋은 점을 모두 정확하게 썼다.
중	독서 토론의 느낌과 좋은 점 중 한가지만 정확하게 썼다.
하	정답을 쓰지 못했다.

7 중요한 내용을 요약해요

1 짐작 2 내용 3 손수 4 꼴 5 요약 6 중심
내용 7 자신 8 삭제 9 구조 10 문장

개념을 다져요
106~107쪽

1 ③ 2 ⑤ 3 ③ 4 은하 5 ②, ③, ⑤ 6 (1)
파악하며 (2) 간추린다 (3) 틀 (4) 간결한

 풀이

앞뒤 상황을 통해 해당 낱말을 비슷한 말, 반대말 등으로 대신 넣으면 낱말의 뜻을 제대로 짐작할 수 있습니다.

글을 읽으면서 모르는 낱말이 나올 때마다 사전을 찾아보면 글을 읽는 데 오히려 방해가 됩니다.

켈러 선생님께서 호통을 치시면서 내일까지 숙제를 해 오라는 긴장되는 상황을 만드신 것에서 짐작할 수 있습니다.

글을 요약하는 까닭은 주어진 글의 중심 내용을 잘 파악하기 위해서입니다.

중요한 내용을 너무 많이 줄이거나 글의 분량이 길고 중요하지 않은 내용이 들어가지 않도록 합니다. 즉, 중요한 내용이 드러나게 글을 요약해야 합니다.

그동안 학습한 내용을 정리하고 발표할 수 있는 기회를 갖고, 글쓰기 능력을 향상시키기 위해서 글 모음집을 만듭니다.

1회 단원 평가 도전
108~111쪽

1 (귀가) 잘 들리지 않아 2 ② 3 ② 4 (1) 예 어떤 마음이나 감정을 품다. (2) 예 경기에서 점수를 잃다. 5 예 너는 발이 넓어서 좋겠다. 6 예 매우 잘하고 싶어 하면서도 걱정스러워한다. 7 ② 8 ①
9 ③, ⑤ 10 예 화가 났다. 퍼트리샤의 작품이 마음에 들지 않는다. 11 ③ 12 예 사람들이 집을 지을 때 정성을 기울이는 것처럼 식물도 그러합니다.
13 철호 14 ④ 15 ② 16 예 한지를 만드는 과정
17 ② 18 (1) 3 (2) 2 (3) 4 (4) 1 19 ③ 20 ②

풀이

1 잘 모르는 낱말 앞뒤의 내용을 자세히 살펴보거나 이미 아는 친숙한 낱말로 바꾸어 뜻을 짐작합니다.

2 '호전'은 일의 형세가 좋은 쪽으로 바뀜을 뜻하는 말로, 반대 뜻을 가진 말을 떠올려 봅니다.

3 낱말의 뜻을 제대로 짐작하지 못해서 글의 내용을 잘 이해할 수 없습니다.

더 알아볼까요!

낱말의 뜻을 짐작하며 읽어야 하는 까닭
• 낱말의 뜻을 제대로 이해하지 못하면 글을 제대로 이해할 수 없기 때문입니다.
• 글을 읽으면서 모르는 낱말이 나올 때마다 사전을 찾아볼 수 없기 때문입니다.

4 그림의 상황을 자세히 살펴보고 낱말의 뜻을 짐작합니다.

5 그림의 '발'은 '활동하는 범위'의 뜻을 지닌 말입니다.

6 마른침을 삼키는 모습이나 '진짜 잘 써야 하는데!'라는 생각 등을 통해 알 수 있습니다.

7 마른침이란 긴장했을 때 삼키는 침이라는 뜻입니다.

8 '마녀'는 '악마처럼 성질이 악한 여자.'를 뜻합니다.

9 '나는 얼른 교실에서 큰 소리로 발표하고 싶어 ~' 부분에서 뜻을 짐작할 수 있습니다.

10 켈러 선생님은 숨소리가 점점 거칠어지면서 화를 냈습니다.

11 '그리고'는 단어, 구, 절, 문장 따위를 병렬적으로 연결할 때 쓰는 말입니다.

12 글의 내용을 요약해 간추린 문장을 쓸 때 문장 사이의 연결을 매끄럽게 해서 자연스럽게 써야 합니다.

13 글의 분량이 적절하면서도 중요한 내용이 잘 드러나서 글의 핵심 내용을 잘 이해할 수 있습니다.

14 사람들과 함께 나누고 싶은 생각을 나누는 데 쓸 수 있는 좀 더 쓰기 쉽고 그리기 편한 것, 옮기기 쉽고 간직하기 좋은 것을 찾다가, 종이를 발명했습니다.

15 흙을 빚어 점토판을 만들어 쓰기도 했으나, 밀반죽판을 만들어 썼다는 내용은 나타나 있지 않습니다.

16 한지를 만드는 앞부분의 과정을 설명하고 있습니다.

17 먼저, 그러고는, 이제, 그런 다음, 마지막으로 따위의 시간 순서를 나타내는 말이 나타나 있습니다.

18 시간 순서대로 중요한 내용을 잘 드러나게 글을 요약합니다.

19 '마지막으로' 부분에 시간 순서가 나타나 있습니다.

20 이 글은 시간 순서에 따라 설명하는 글의 구조입니다.

1 ②　　**2** ④　　**3** 예 잘 모르는 낱말 앞뒤의 내용을 자세히 살펴본다. / 이미 아는 친숙한 낱말로 바꾸어 본다.　　**4** 예 돌·바람·여자는 제주도의 얼굴이다.　　**5** ③　　**6** ⑤　　**7** 유의어　　**8** 예 저는 초등학교 4학년 때 담임 선생님이셨던 ○○○ 선생님을 잊을 수가 없습니다. 그 시절, 제 학교 생활은 항상 무지갯빛이었습니다.　　**9** 예 상대의 마음에 들기 위한 글이 아니라 자신의 진실한 감정이 담긴 글을, 다양한 낱말을 활용해 쓰는 것이다.　　**10** ④　　**11** 볼주머니　　**12** ⑤　　**13** (1) 볼주머니를 이용해 먹이를 저장하는 동물 (2) 도토리 같은 열매 열 개 이상을 볼주머니에 저장할 수 있다.　　**14** 순서 구조　　**15** (1) 닥나무 (2) 속껍질　　**16** (2) ○　　**17** ⑤　　**18** 예 바늘, 실, 골무, 헝겊 따위의 바느질 도구를 담는 그릇　　**19** 순서 구조　　**20** ④

풀이▶

1 떠올린 낱말로 바꾸어 써도 문장의 뜻이 자연스러운지 생각해 봅니다. 걸림돌은 일을 해 나가는 데에 걸리거나 막히는 장애물을 비유적으로 이르는 말입니다.

더 알아볼까요!

낱말의 뜻을 짐작하는 방법
• 잘 모르는 낱말의 앞뒤 상황을 살펴봅니다.
• 이미 아는 친숙한 낱말로 바꾸었을 때 문장의 의미가 자연스러운지 살펴보며 낱말의 뜻을 짐작할 수 있습니다.

2 이 글에는 일반적으로 음악 듣기가 고난도 학습이나 업무를 하는 데 큰 도움이 되지 않는다는 뇌 과학자들의 설명이 나타나 있습니다.

3 낱말의 앞뒤 내용을 통해 상황을 짐작할 수 있습니다.

4 ㉠의 '얼굴'은 '어떤 사물의 진면목을 보여 주는 상징'을 뜻하는 말입니다.

5 ㉡의 '얼굴'은 '어떤 분야에 활동하는 사람.'을 뜻하는 말입니다.

6 감정을 전하는 낱말의 차이를 이해해야 한다고 하였습니다.

7 켈러 선생님께서 사랑이라는 낱말을 쓰지 않으면서 사랑을 나타내는 낱말들을 써 보라고 하시는 상황으로 보아 알 수 있습니다.

8 읽는 이가 내 마음을 느낄 수 있도록 읽는 이가 예상하지 못한 독창적인 방법으로 표현해 봅니다.

9 글쓰기에서 중요한 것이 무엇인지 설명하는 켈러 선생님의 말에 이야기의 주제가 담겨 있습니다.

10 '날개를 달다'는 '생각, 감정, 기세 따위를 힘차게 펼치다.'를 뜻하는 말입니다.

11 이 글은 볼주머니를 이용해 먹이를 저장하는 동물에 대해 설명하는 글입니다.

더 알아볼까요!

글을 요약하는 방법
• 중요한 내용이 잘 드러나게 글을 요약합니다.
• 글의 내용을 그대로 옮기지 않고 자신의 말로 바꾸어서 요약합니다.
• 반복해서 나타나는 낱말을 찾아 전체를 대표하는 낱말로 바꿉니다.
• 필요 없는 부분을 찾아 삭제합니다.

12 나열한 어휘들을 대표하는 어휘로 대체해 이를 중심 낱말로 활용할 수 있습니다.

13 주제에 대해 주요 내용을 나열한 구조로 요약한 표입니다.

더 알아볼까요!

글의 구조

비교와 대조 구조	두 대상의 공통점과 차이점을 중심으로 설명하는 글의 구조를 말함.
나열 구조	하나의 주제에 대해 몇 가지 특징을 늘어놓는 글의 구조를 말함.
문제와 해결 구조	해결할 문제와 문제의 해결 방법을 제시하는 글의 구조를 말함.
순서 구조	시간이나 공간의 순서에 따라 설명하는 글의 구조를 말함.

14 한지가 만들어지는 과정을 시간 순서대로 설명한 순서 구조의 글입니다.

15 한지를 만드는 첫 번째 ~ 네 번째 과정을 요약합니다.

16 '한지의 쓰임새'를 설명하는 이 글은 나열 구조로 요약하기에 좋습니다.

더 알아볼까요!

글의 구조에 따라 요약하기
• 글의 구조를 파악하며 읽습니다.
• 문단의 중심 내용을 간추립니다.
• 글의 구조에 알맞은 틀을 그려 내용을 정리합니다.
• 정리한 내용은 중요한 내용이 잘 드러나도록 간결한 문장으로 씁니다.

.7 글 ㈎ 뒷부분에서 버선본으로 쓰인다고 하였습니다.

.8 '바느질 도구 넣는'이라는 표현을 보고 그 뜻을 짐작할 수 있습니다.

.9 조선의 건국 과정을 시간의 흐름에 따라 표현하였습니다.

0 글에 있는 중요한 정보를 간추리는 활동은 요약하기이고, 글 내용을 잘 이해하려면 낱말의 뜻을 짐작하며 읽어야 합니다. 또 주제에 대해 중요한 내용을 늘어놓는 글의 구조는 나열 구조이고, 시간이나 공간의 순서에 따라서 설명하는 글의 구조는 순서 구조입니다.

창의서술형 평가
116~119쪽

1 예 1. 귀를 건강하게 하려면 이어폰 같은 음향 기기를 하루 2시간 이내로 사용한다. 2. 이어폰을 사용할 때에는 소리 크기를 60퍼센트로 유지한다. 3. 귀를 건조하게 하고 깨끗한 이어폰을 사용한다.   2 (1) 예 방해물 (2) 예 걸림돌을 제거하기 위해 협상에 들어갔다.   3 예 이미 아는 친숙한 낱말로 바꾸었을 때 문장의 뜻이 자연스러운지 살펴보며 낱말의 뜻을 짐작한다.   4 예 켈러 선생님의 생각이나 가치관 등을 이해하는 데 도움이 된다.   5 예 생각, 감정, 기세 따위를 힘차게 펼치다.   6 예 나를 가장 예뻐해 주시는 우리 어머니 마음   7 예 줄기 한 마디에 두 장의 잎이 마주 보는 '마주나기'가 있습니다.   8 예 글의 중요한 내용을 한눈에 파악할 수 있어 글의 핵심 내용을 잘 이해할 수 있다.   9 (1) 예 한지의 쓰임새 (2) 예 방 안 온도 및 습도 조절 (3) 예 놀이용품(연, 제기, 고깔 장식 따위) 재료   10 예 한지는 쓰임새도 많다. 방 안 온도와 습도를 조절하고, 안경집, 갓집, 버선본, 붓통, 표주박, 찻상, 부채, 탈 따위의 생활용품의 재료나 연, 제기, 고깔 장식 따위의 놀이용품의 재료로 널리 사용된다.

01

이 글의 뒷부분에 귀를 건강하게 하는 방법이 정리돼 있습니다.

상 세 가지 방법을 모두 정확하게 썼다.

중 방법을 한 가지 이상 썼다.

하 방법을 쓰지 못했다.

2 '걸림돌'은 일을 해 나가는 데에 걸리거나 막히는 장애물을 비유적으로 이르는 말입니다.

상 단어의 뜻을 정확하게 짐작하고 알맞은 문장을 만들었다.

중 단어의 뜻을 정확하게 짐작했으나 문장이 미흡하다.

하 정답을 쓰지 못했다.

3 낱말의 뜻을 짐작하며 읽는 두 가지 방법 가운데 어느 것에 해당하는지 생각해 봅니다.

상 낱말의 뜻을 짐작하는 방법을 알고 답을 썼다.

중 답을 썼으나 문장이 미흡하다.

하 정답을 쓰지 못했다.

4 글 속에는 글쓴이가 전하고자 하는 진실한 마음, 진짜 감정을 느낄 수 있어야 한다고 강조한 켈러 선생님의 말을 통하여 그의 생각이나 가치관을 알 수 있습니다.

상 인물의 말과 행동을 보고 인물을 정확하게 파악해 알맞은 문장으로 썼다.

중 인물을 파악했으나 문장이 미흡하다.

하 정답을 쓰지 못했다.

5 이 말은 '상상의 날개를 달아라.'등과 같이 활용됩니다.

상 뜻을 잘 모르는 낱말의 뜻을 짐작하는 방법에 맞게 뜻을 짐작해 썼다.

중 뜻을 짐작해 썼으나 답이 미흡하다.

하 정답을 쓰지 못했다.

6 '사랑'은 어떤 사람이나 존재를 몹시 아끼고 귀중히 여기는 마음. 또는 그런 일을 뜻하는 말입니다. 자신의 경험을 바탕으로 이것을 독창적으로 표현해 봅니다.

상 단어를 자신의 경험과 연관지어 설명했다.

중 단어를 설명했으나 창의성이 미흡하다.

하 정답을 쓰지 못했다.

7 글을 읽지 않아도 글의 중요한 내용을 잘 이해할 수 있도록 요약합니다.

상 중요한 내용만 이해할 수 있게 간추렸다.

중 내용을 간추렸으나 내용이 미흡하다.

하 정답을 쓰지 못했다.

8 생각 그물을 활용해 요약하면 글의 분량이 적절하면 서도 중요한 내용이 잘 드러나서 글의 핵심 내용을 잘 이해할 수 있습니다.

상 글을 생각그물로 요약하면 좋은 점을 알고 정확한 문장 으로 썼다.

중 글을 생각그물로 요약하면 좋은 점을 알았으나 문장이 미흡하다.

하 정답을 쓰지 못했다.

9 '한지의 쓰임새'를 나열 구조로 쓴 글입니다.

상 세 가지 모두 정확하게 썼다.

중 한 가지 이상 썼다.

하 정답을 쓰지 못했다.

10 불필요하거나 중요하지 않은 부분은 삭제하고 중요한 부분을 중심으로 문단의 중심 내용을 찾아 요약합니다.

상 핵심 내용이 다 들어가게 요약했다.

중 핵심 내용이 일부 빠져있거나 문장이 미흡하다.

하 정답을 쓰지 못했다.

---

8 우리말 지킴이

개념을 확인해요
121쪽

1 편견 2 줄임 말 3 정신 4 설문지 5 면담
6 제목 7 자료 8 제목 9 화면 10 넓은

개념을 다져요
122~123쪽

1 ① 2 ④ 3 ③ 4 ⑤ 5 ④ 6 ㄹ, ㄴ, ㄷ, ㄱ

풀이

1 '열공'은 '열심히 공부했더니', '삼김'은 '삼각김밥'을 줄여 말한 것입니다.

더 알아볼까요!

우리말이 훼손되는 사례가 생기는 까닭
• 영어를 쓰면 고급스러워 보인다는 편견 때문입니다.
• 줄임 말을 쓰면 간단하게 표현할 수 있기 때문입니다.
• 인터넷에서 무분별하게 신조어를 사용하고 있기 때문입니다.

2 우리말을 바르게 사용하지 않으면 상대방과 뜻이 통하지 않을 수 있습니다.

3 조사 방법 가운데 관찰법에 대한 내용입니다.

4 자료, 발표 제목, 조사 주제는 시작하는 말에, 설명하는 말은 전달하는 내용에 넣어 원고를 구성합니다.

더 알아볼까요!

발표 원고를 구성하는 방법
• '시작하는 말'에 들어갈 내용: 모둠 이름, 조사 주제, 발표 제목
• '전달하려는 내용'에 들어갈 내용: 자료, 설명하는 말
• '끝맺는 말'에 들어가야 할 내용: 발표한 내용, 모둠의 의견이나 전망
• 자료를 제시할 때 밝힐 내용: 저작자나 출처

5 처음 시작하는 말에 주제를 제시하고, 주의 집중이 필요한 부분에서 목소리를 조금 작게 합니다. 설명하는 부분에서는 듣는 사람과 눈 맞춤을 하며 몸을 조금 앞으로 숙이며, 자료를 큰 화면으로 보여 주어 한참 볼 수 있도록 화면을 켜 둡니다.

6 만화의 표현 방법을 탐색할 때에는 자신이 필요한 상황을 떠올리고 적절한 표정과 몸짓을 그림으로 표현해 봅니다. 예를 들어, 후회하는 장면은 눈썹을 지게 그리거나 눈 밑에 주름을 그리는 등의 방법으로 표현할 수 있습니다.

1회 단원 평가 도전
124~127쪽

1 ④　2 주문하신 사과 주스 나왔습니다.　3 ①
4 ①　5 ②　6 적절하지 않다　7 ①, ②, ③　8
(나) ㄴ (다) ㄷ ㄱ　9 ③, ④　10 (1) 우리말이 있는데도
영어를 사용하는 예 (2) 방송에서 쓰는 영어　11 ③
12 저작자나 출처　13 ④　14 설명하는 말　15 ⑤
16 (1) ㄴ (2) ㄱ (3) ㄷ　17 예 듣는 사람과 눈을 맞
추며 발표해야 한다. / 바른 자세로 서서 진지하게
발표해야 한다.　18 ③　19 (1) 예 당황함. (2) 예 뉘
우침.　20 ⑤

풀이

1 ❶은 우리말이 있는데도 영어를 사용한 경우입니다.
2 사람이 아닌 사물을 높이는 표현은 우리말 규칙에
맞지 않습니다.
3 '멍멍이'의 '멍멍'에 모양이 비슷한 '댕댕'을 넣어 만
든 신조어이다. '멍멍이'와 마찬가지로 강아지를 뜻
합니다.
4 같은 의미를 지닌 우리말이 있는데도 영어를 그대로
간판에 사용했습니다.
5 우리말은 소리 나는 대로 쓰면 안 되고, 표준어로 표
기해야 합니다.
6 실제로 조사할 수 있는지, 조사 방법과 기간이 적절
한지 주의해야 합니다.
7 내가 조사하고 싶은 주제의 적절성을 검토해야 합니
다. 또한, 아이들에게 얼마나 영향을 많이 주는지를
고려하여 주제를 정합니다.
8 하루 동안 잘못 사용하는 말을 찾아보는 것은 조사
대상이 제한적이며, 우리 지역의 모든 간판을 찾아
잘못된 간판을 찾는 것은 시간적, 지리적으로 한계
가 있습니다.
9 여진이와 아이들이 나눈 대화의 장면 ❸, ❹를 통하
여 알 수 있습니다.
10 장면 ❶에 조사 주제가, 장면 ❹에 조사 대상이 나타
나 있습니다.
11 면담은 서로 만나서 이야기하는 조사 방법이므로 자
세한 정보를 수집할 수 있으나 시간이 오래 걸립니
다. 책은 면담에 비하여 정확하고 다양한 정보를 얻
을 수 있습니다.

12 저작권을 허락받은 경우에도 자료의 출처를 밝히도
록 해야 합니다.
13 ④의 '새롭게 …… 들었는가?'는 발표를 들을 때 주
의할 내용입니다.
14 전달하려는 내용에 들어갈 내용은 자료와 설명하는
말입니다.
15 ㅁ은 모둠의 의견이나 전망을 나타낸 것입니다.
16 발표를 할 때에는 듣는 사람과 눈을 맞추며 알맞은
속도와 알맞은 크기의 목소리로 말합니다.
17 발표를 할 때에는 듣는 사람을 바라보며 바른 자세
로, 자료를 보여 줄 때에는 자신 있는 표정을 지으며
손으로 화면을 가리키며 말합니다.
18 발표 주제가 무엇인지 알아야 하며, 발표 내용이 주
제와 관련 있는지 판단하며 들어야 고, 자료에 대한
설명이 바른지 판단하며 들어야 합니다.
19 눈썹 앞쪽을 찡그리는 표정을 통해 당황하는 마음
을, 이마 부분에 세로선을 여러 개 그림으로써 뉘우
치는 마음을 나타내고 있습니다.
20 여러 장면 가운데에서 가장 자세하게 그려야 하는 장
면을 골라 가장 넓은 지면을 주도록 면을 나눕니다.

2회 단원 평가 실전

128~131쪽

1 (3) ○　2 예 새것 같지 않고 우아하게 옷을 입으
세요.　3 ㄹ　4 (1) 예 독특한 반려동물 가게 (2) 예
달콤한 찻집　5 ⑤　6 (1) 예 여러 사람을 한꺼번에
조사할 수 있다. (2) 예 응답 내용 외에는 더 자세한
내용을 알기 어렵다.　7 ④　8 예 실제로 조사할
수 있는지 주의해야 한다. / 조사 방법과 기간이 적
절한지 주의해야 한다.　9 ③　10 ⑤　11 ④
12 주제　13 ㄷ　14 ③　15 ②　16 ③　17 ②
18 (1) ㄷ (2) ㄴ (3) ㄱ　19 영우　20 ④

풀이 ▶

1 (1) '응, 재미가 없었어.', (2) 휴대 전화가 고장 났습니다.'와 같이 고쳐서 사용해야 합니다.

2 올드(old; 나이 먹은, 늙은, 노년의)와 엘레강스(elegance; 우아하다)를 우리말로 풀어서 사용해야 합니다.

3 사람이 아닌 사물이나 동식물을 높이는 것은 우리말 규칙에 맞지 않습니다.

4 유니크(unique; 유일한 · 독특한 · 진기한), sweet(달콤한, 단, 향기로운)를 우리말로 바꾸어 써 봅니다.

5 꿀잼 → 아주 재미있다. / 안물안궁 → 안 물어보았고 안 궁금하다. / 나이스하다 → 멋지다 / 낄끼빠빠 → 낄 때 끼고 빠질 때 빠져라로 바르게 고쳐 써야 합니다.

6 조사 방법의 장단점을 파악한 뒤 적절한 방법으로 조사합니다.

7 조사 당일의 날씨는 조사 계획을 정리하고 발표할 때 들어갈 내용이 아닙니다.

8 조사 방법에 대한 장점과 단점, 실제 조사 가능성, 조사 방법과 기간의 적절성 등을 고려하여 조사 주제를 정해야 합니다.

9 수입한 옷은 자국의 언어를 사용한 경우일 수 있으므로 영어를 무분별하게 사용한 예로 적절하지 않기 때문입니다.

10 아이들에게 영향을 많이 주는 방송은 영어를 무분별하게 사용하면 안 되므로, 이를 조사하기로 하였습니다.

11 발표 화면에 너무 많은 내용을 담아 듣는 사람이 무엇을 보아야 할지 알기 어렵습니다.

12 발표 내용이 주제와 관련 있는지 판단하며 들어야 합니다.

13 발표를 들을 때에는 발표 자료가 정확한지 주의하며 들어야 합니다.

14 발표를 시작할 때 듣는 사람을 바라보며 바른 자세로 발표하고, 자료를 보여 줄 때 자신 있는 표정을 지으며 화면을 손으로 가리키면 좋습니다.

15 발표자는 목소리가 작지 않도록 노력해야 하며, 발표 흐름이 자연스럽게 이어질 수 있도록 자료를 보여 주는 화면과 설명하는 말이 어긋나지 않게 합니다.

16 줄임 말 때문에 의사소통이 되지 않는 내용의 만화입니다.

17 삼각김밥을 '삼김'이라고 줄여 말해서 상대방이 알아듣지 못하였습니다.

18 일상생활에서 흔히 사용하는 외국어를 아름다운 우리말로 바꾸어 쓰도록 합니다.

19 영우는 '영어를 지나치게 많이 사용하지 말자.'와 같은 주제로 말하는 것이 더 적절합니다.

20 만화의 내용에 너무 많은 내용을 넣지 않도록 합니다.

창의서술형 평가
132~135쪽

1 예 영어를 쓰면 고급스러워 보인다는 편견 때문이다. 2 (1) 팔렸습니다. (2) 옷을 입으세요. 3 예 뜻이 통하지 않을 수 있다. / 아름다운 우리말이 사라질 수 있다. / 말에 담긴 우리의 정신도 훼손될 수 있다. 4 (1) 예 줄임 말을 사용한 사례 (2) 예 사물을 높이는 표현을 사용한 사례 (3) 예 인터넷에서 무분별하게 신조어를 사용한 사례 5 예 뜻이 통하지 않을 수 있습니다. / 아름다운 우리말이 사라질 수 있습니다. / 말에 담긴 우리의 정신도 훼손될 수 있습니다. 6 (1) 예 신박하다 (2) 예 문제가 되는 '새롭고 놀랍다'란 뜻으로 신기하면서도 참신한 경우에 사용되는 형용사 신조어. (3) 예 뜻이 잘 통하지 않는 신조어이기 때문이다. 7 예 자료를 보여 줄 때 출처를 말이나 글로 밝혀야 한다. 8 예 우리말을 바르게 사용하는 습관을 기릅시다. 9 예 손으로 편의점을 가리키는 동작을 그렸다. 10 예 줄임 말을 지나치게 많이 사용했다는 것을 느꼈다.

풀이 ▶

1 '한마음 꽃집', '여러분을 위한 음식점'과 같은 우리말을 사용하지 않은 까닭을 생각해 봅니다.

상	우리말을 사용하지 않는 까닭을 정확히 알고 썼다.
중	답을 썼으나 문장이 미흡하다.
하	방법을 쓰지 못했다.

사물의 높이는 표현을 사용하지 않도록 하고, 영어를 자연스러운 우리말로 바꾸어 쓰도록 합니다.

상 두 가지 모두 알맞은 표현으로 바꾸어 썼다.

중 한 가지만 알맞은 표현으로 바꾸어 썼다.

하 정답을 쓰지 못했다.

우리말을 사용하지 않는 사람이 많아지다 보면 말뜻이 통하지 않을 수 있고, 아름다운 우리말이 사라질 수 있으며, 우리말에 담긴 우리의 정신을 지키기 어려워질 것입니다.

상 우리말을 바르게 사용해야 하는 까닭을 두 가지 이상 썼다.

중 우리말을 바르게 사용해야 하는 까닭을 한 가지만 썼다.

하 정답을 쓰지 못했다.

댕댕이란 '멍멍이'의 '멍멍'에 모양이 비슷한 '댕댕'을 넣어 만든 신조어입니다.

상 잘못된 까닭을 모두 맞게 썼다.

중 잘못된 까닭을 일부 맞게 썼다.

하 정답을 쓰지 못했다.

줄임 말로 간단하게 표현하거나 인터넷에서 무분별하게 신조어를 사용하는 등의 현상이 많아지면 어떤 일이 일어날지 생각해 봅니다.

상 우리말을 바르게 사용하지 않으면 일어날 일을 두 가지 이상 생각해 썼다.

중 우리말을 바르게 사용하지 않으면 일어날 일을 한 가지만 생각해 썼다.

하 정답을 쓰지 못했다.

평소 경험한 것이나 자신의 언어 생활을 떠올려 봅니다.

상 바르지 못한 표현과 뜻, 그 이유를 모두 정확하게 썼다.

중 바르지 못한 표현과 뜻, 그 이유를 일부 정확하게 썼다.

하 정답을 쓰지 못했다.

7 자료를 발표할 때에는 저작권을 침해하지 않도록 출처를 밝힙니다.

상 자료를 제시할 때 밝힐 내용을 알고 정확한 문장으로 썼다.

중 자료를 제시할 때 밝힐 내용을 알고 문장이 정확하지 못하다.

하 정답을 쓰지 못했다.

8 우리말을 보존하기 위해서는 무분별한 영어 사용을 자제하고, 우리말을 바르게 사용하는 습관을 길러야 합니다.

상 글의 내용에 맞게 끝맺는 말을 썼다.

중 끝맺는 말을 썼으나 내용이 미흡하다.

하 정답을 쓰지 못했다.

9 장면 ❷에 표현된 여자아이4의 모습을 자세히 살펴봅니다.

상 만화가 장면을 표현하는 방법을 알고 정확하게 썼다.

중 만화가 장면을 표현하는 방법을 알고 있으나 내용이 미흡하다.

하 정답을 쓰지 못했다.

10 만화의 장면 전환은 이야기의 구성과 같은 역할을 합니다.

상 만화의 표현 방법을 알고 느낀 점을 알맞게 썼다.

중 만화의 표현 방법을 알고 느낀 점을 썼으나 문장이 미흡하다.

하 정답을 쓰지 못했다.

정답과 풀이

1 ⑩ 지난번 질서 지키기 그림대회에서 자신이 그린 그림이 뽑히지 않아서 서운했다는 것 **2** ②, ④ **3** ④ **4** ② **5** ⑩ 그렇게 말씀해 주셔서 고맙습니다. 앞으로 어머니를 자주 도와 드릴게요. **6** ③ **7** ⑤ **8** 박물관 **9** ③ **10** ① **11** ② **12** ② **13** 책 **14** ④ **15** ⑩ 교실에 미세 먼지를 줄여 주는 식물을 기른다. 여러 가지 식물들이 미세 먼지를 흡입하고 좋은 공기를 배출해 주기 때문이다. **16** ④ **17** (1) 밀려온다 (2) ⑩ '어제저녁'이 과거를 나타내는 말이므로 서술어를 '밀려왔다'로 써야 한다. **18** ⑤ **19** ⑤ **20** ①

풀이 ▶

1 그림 ❷에서 남자아이가 한 말을 살펴봅니다.

2 여자아이는 남자아이의 말에 귀 기울여 듣고 말하는 내용에 관심을 가져야 합니다.

3 상대의 처지를 고려해 위로하고 공감하는 말을 해야 합니다.

4 어머니께서는 현욱이의 처지가 되어 생각하고 현욱이가 기분 나쁘지 않게 배려하며 말씀하셨습니다.

5 집안일을 도와주어서 고맙다고 말씀하시는 어머니께 감사의 말씀을 드리는 것이 알맞습니다.

6 석빙고는 온도 변화가 적은 반지하 구조로 한쪽이 긴 흙무덤 모양입니다.

7 글을 읽고 새롭게 안 내용을 말한 것입니다.

8 '박물관을 관람하면서~' 부분에서 박물관을 관람하면서 느낀 점을 쓴 글이라는 것을 알 수 있습니다.

9 이 글은 박물관 관람에 대한 감상을 쓴 것이므로 그 앞에는 박물관을 체험한 일에 대한 내용이 와야 합니다.

10 복장은 굳이 쓸 필요가 없습니다.

11 사회자는 박이슬에게 발언권을 주며 의견을 묻고 있습니다.

12 여자아이는 토의 과정에 적극적으로 참여하지 않고 있습니다.

13 여자아이는 책을 자료로 제시하고 있습니다.

14 책을 자료를 제시할 때에는 필요한 내용을 요약하고, 저작권을 침해하면 안 됩니다.

15 미세 먼지를 줄일 수 있는 방법을 생각해 봅니다.

16 윤서는 잘못은 동생이 먼저 했는데 자기만 아버지께 꾸중을 들어서 억울하고 속상했습니다.

17 시간을 나타내는 말에 어울리는 서술어를 써야 합니다.

18 주어는 주체가 되는 말 뒤에 '~은/는/이/가'가 붙고, 목적어는 '~을/를'이 붙습니다.

19 '전혀', '결코'와 같은 말에 어울리는 서술어는 부정적인 의미의 '~지 않다/ ~아니다'를 써야 하고, 시간을 나타내는 말과 높임의 대상에 따라 달라지는 서술어를 써야 합니다.

20 대화 글로 시작하고 있습니다.

1 ② **2** ②, ③, ⑤ **3** ⑩ 문자 메시지는 그림말과 문자를 함께 보며 읽어야 한다. 또 화면 구성과 소리에 담긴 정보도 탐색해야 한다. **4** ② **5** (2) ○ **6** ⑩ 쓰레기를 줄이기 위하여 학교 운동장을 외부인에게 개방하지 말자. **7** ③, ④ **8** ⑩ 믿을 만한 전문가의 의견인가? / 주장을 뒷받침하는 자료인가? **9** ⑤ **10** (1) 직업 평론가 ○○○씨 (2) 자신의 흥미나 사회의 다양한 직업에 대해 알아보려고 하지 않는다는 것이 문제라는 내용 **11** ③ **12** ⑩ 나에게 어제 뜬금없는 돈이 생겼어. **13** ② **14** ⑩ 긴장했을 때 삼키는 침 **15** ④ **16** 시가 정말 재미있네. **17** ⑩ "한마음플라워" → 한마음 꽃집 **18** ⑩ 지나치게 말을 줄여서 사용했다. **19** ②, ⑤ **20** ③, ④

풀이 ▶

1 ①, ④, ⑤는 인터넷 매체 자료, ③은 인쇄 매체 자료에 대한 설명입니다.

2 신문과 같이 인쇄 매체 자료에 속하는 것을 찾아봅니다.

3 문자 메시지는 인터넷 매체 자료이므로 인쇄 매체 자료와 영상 매체 자료를 읽는 방식을 모두 사용해야 합니다.

4 김치는 김득신의 아버지이며, 김득신은 우둔하여 열 살에 글을 배우기 시작했고 59세에 성균관에 입학하였습니다.

5 표현에 활용한 요소들이 나타내는 바가 무엇인지 생각하며 봐야 하는 것은 영상 매체 자료입니다.

6 찬반 양쪽이 나뉜 상태에서 양편 각각 자기 쪽의 의견을 받아들이도록 상대편을 설득할 수 있는 주제를 정합니다.

7 ③, ④는 토론을 하면 좋은 점에 관한 내용입니다.

8 평가 기준을 정하여 주장을 뒷받침하는 근거 자료의 타당성을 평가합니다.

9 ㈎는 32명을 대상으로 조사하여 초등학생들의 희망 직업을 알아내기에 부족한 자료입니다.

10 ㈏는 해당 분야 전문가를 면담한 것입니다.

11 낱말의 앞뒤 내용을 자세히 살펴봅니다.

12 '뜬금없는'은 '엉뚱한'과 바꾸어 쓸 수 있습니다.

13 낱말의 뜻을 짐작하기 위해서 해당 낱말의 뜻과 비슷하거나 반대인 낱말을 대신 넣어 봅니다. 또 뜻을 잘 모르는 낱말의 앞뒤 상황을 살펴봅니다.

14 '마른침'의 앞뒤 상황으로 보아 긴장된 상황을 짐작할 수 있습니다. 마른침은 애가 타거나 긴장했을 때 입안이 말라 무의식중에 힘들게 삼키는 아주 적은 양의 침을 뜻합니다.

15 슐로스 할아버지는 '나(패트리샤)'의 삶을 밝혀 주는 자상한 인물입니다.

16 사물을 높이는 표현을 찾아 바르게 고쳐 씁니다.

17 우리말이 있는데도 영어를 그대로 간판에 사용한 것을 찾아 바르게 고쳐 써 봅니다.

18 '열심히 공부했더니', '삼각김밥'으로 고쳐 써야 합니다.

19 ③, ④는 어느 부분에서 어떤 표정과 몸짓을 할지 생각한 내용입니다.

20 (3)은 말끝을 흐리며 작게 말하고 있습니다.

3회 100점 예상문제

148~151쪽

1 ④ **2** ②, ⑤ **3** ③ **4** 영산 줄다리기 **5** 알고 싶은 것 **6** 고양이 걱정 없이 편히 지낼 수 있는 방법 **7** ③, ⑤ **8** 예 고양이 목에 방울을 단다. 고양이가 오면 방울소리로 확인해 미리 도망을 갈 수 있다. **9** ② **10** ③ **11** ⑤ **12** ② **13** ④ **14** ③ **15** ①

16 ② **17** 예 줄기 한 마디에 잎 두 장이 마주 보는 '마주나기', 한 마디에 잎이 석 장 이상 돌려나는 '돌려나기' **18** 민욱 **19** ⑤ **20** (1) 재미가 없었어 (2) 나왔습니다

풀이

1 그림 ❶은 상대를 생각하지 않고 자신만 생각하는 말을 했고, 그림 ❷는 상대의 처지를 생각해서 배려하며 말을 했습니다.

2 자신의 말을 무시하는 기분이 들어 화가 나고 기분이 나쁠 것입니다.

3 이 글은 '줄다리기'에 대해 알려 주는 설명문입니다.

4 영산 줄다리기는 1969년에 국가 무형 문화재 제26호로 지정되었답니다.

5 또 다른 국가 무형 문화재에 무엇이 있는지 알고 싶어 합니다.

6 쥐들은 고양이 걱정 없이 편히 지낼 수 있는 방법이 무엇인지에 대해 토의를 하고 있습니다.

7 서로 자기 의견만 옳다고 고집하고 다른 사람의 의견은 듣지 않고 있습니다. 또, 실행하기 어려운 의견만 말하면서 주제에 어울리는 근거는 말하지 않고 있습니다.

8 쥐들이 근거 없이 의견만 내세우고 있으므로, 그에 알맞은 근거를 생각해 글로 써 봅니다.

9 컴퓨터의 내용을 보면 주찬이가 윤서가 쓴 글에서 재미있다고 생각한 부분, 잘못된 부분을 알려 주었다는 것을 알 수 있습니다.

10 매체를 활용하면 다른 사람이 쓴 글도 쉽게 읽을 수 있고 다른 사람들의 생각도 알아볼 수 있습니다. 매체를 활용한다고 해서 글의 내용을 오래 기억할 수 있는 것은 아닙니다.

11 신문은 인쇄 매체 자료의 일종이며, 글, 그림, 사진을 사용하여 내용을 전달합니다.

12 그림말을 사용하면 문자만으로 내용을 전달하는 것보다 훨씬 실감 나게 감정을 표현할 수 있습니다.

13 정보를 분별하는 능력을 갖출 수 있어야 하며, 적절한 정보를 어디에서 어떻게 찾을지를 정확히 아는 자세가 필요합니다.

14 주장 펼치기 단계에서는 근거를 들어 주장을 펼치고, 근거와 관련해 구체적인 자료를 제시합니다.

정답과 풀이

15 '사람보다 기계를 더 믿는 세상'을 주제로 한 시입니다.

16 식물이 잎을 붙여 나가는 모양인 잎차례에 대해 설명하는 글입니다.

17 글의 분량을 짧게, 사소한 내용은 삭제하고 중요한 내용만 요약하여, 글의 중요한 내용을 이해할 수 있게 간추립니다.

18 필요 없는 부분을 찾아 삭제하고, 글의 내용을 그대로 옮겨서 요약하지 않아야 합니다.

19 줄임 말의 경우라고 하더라도 필요한 경우에는 활용하는 것이 언어생활에 도움이 될 수 있습니다.

20 영어와 한글 줄임 말을 혼합해 만든 국적 불명의 말을 바르게 고쳐 쓰고, 사물을 높이는 표현으로, 우리 말 규칙에 맞게 고쳐 씁니다.

4회 100점 예상문제　　152~155쪽

1 ①　2 ③　3 예 이해해 주셔서 감사해요. 앞으로 더 멋진 아들이 될게요.　4 ②　5 (3) ○　6 ③
7 (1) 건강 달리기의 효과 (2) 우울증 (3) 불안감　8 (1) 좋아하지 않는다고 (2) 바른 행동이라고 생각하지 않는다. (3) 소중하다는 것이다.　9 ④　10 (1) 어떤 내용을 쓸지 생각한다. (2) 글을 쓴다.　11 예 흑설 공주는 터무니없는 글로 '나'와 '나'의 엄마, 아빠를 모함해서　12 ②　13 예 친구의 말을 인정하고 적극적으로 반응한다. / 다른 사람의 말이 끝날 때까지 기다렸다가 말한다.　14 반론하기　15 ⑤　16 ⑤
17 ②　18 (1) 구조 (2) 틀　19 ②　20 ③

풀이

1 공감한다는 의미에서 고개를 끄덕이거나, 어깨를 토닥여 주거나 주먹을 불끈 쥐며 말하는 것이 어울립니다.

2 공감하며 듣고 말하는 방법에는 '경청하기', '처지를 바꾸어 생각하기', '공감하며 말하기', '생각을 정확히 전달하기'가 있습니다.

3 자신을 이해해 주고 고맙다고 말씀해 주신 어머니 감사의 말씀과 함께 앞으로 더 잘하겠다는 말씀 드리는 것이 알맞습니다.

4 석빙고의 구조를 설명하면서 과학적이라고 말하 있습니다.

5 이 글을 자세히 읽고 관련된 사진을 찾아봅니다.

6 신문 기사에서 찾은 '건강 달리기'에 대한 자료입니다

7 글을 읽고 가장 중요한 내용이 무엇인지 요약해 니다.

8 문장 성분의 호응 관계가 바르지 않은 부분에 밑 을 긋고 바르게 고쳐 씁니다.

9 '키가 자랐다'와 '몸무게가 늘었다'처럼 호응하는 술어가 다르기 때문에 잘못된 문장입니다.

10 경험이 드러나는 글을 쓸 때에는 '계획하기 → 내 생성하기 → 내용 조직하기 → 표현하기 → 고쳐 기'의 과정을 거칩니다.

11 흑설 공주의 근거 없는 모함의 글을 읽고, 글쓴이 반박 글을 쓴 것입니다.

12 민서영이 흑설 공주의 글에 대한 반박 글을 올린 입니다.

13 이 밖에 대화 내용에 집중하며 관련 있는 내용을 하고 말하는 시간을 너무 길거나 짧지 않고 적당 게 한다 등도 정답으로 인정합니다.

14 반론하기는 '상대편 토론자의 주장을 요약합니다. 상대편의 주장이 타당하지 않다는 것을 밝히기 위 질문을 합니다. – 주장에 대한 근거나 그에 대한 료가 적절하지 않다는 것을 밝힙니다.'의 순서로 루어집니다.

15 반론하기의 시작 부분에서는 가장 먼저 찬성편의 장을 요약합니다.

16 글 (가)는 순서 구조로 한지가 만들어지는 과정을, (나)는 나열 구조로 한지의 쓰임새를 설명한 글입니다.

17 글 (나)는 나열 구조로 설명할 수 잇는 글을 찾아 니다.

18 글의 구조에 알맞은 틀에 중심 내용을 정리한 뒤 내용을 간결하게 다듬어 다시 한번 정리합니다.

19 자료 조사 방법 가운데 면담에 관한 내용입니다.

20 자료를 제시할 때에는 저작자나 출처를 밝힙니다.

변형 국배판 / 1~6학년 / 학기별

★ 디자인을 참신하게 하여 학습 효율성을 높였습니다.

★ 단원 평가에 완벽하게 대비할 수 있도록 전 범위를 수록하였습니다.

★ 교과 내용과 관련된 사진 자료 등을 풍부하게 실어 학습에 흥미를 느낄 수 있도록 하였습니다.

★ 수준 높은 서술형 문제를 실었습니다.

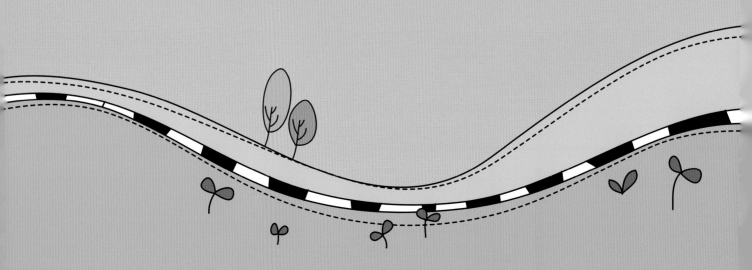

국어

정답과 풀이

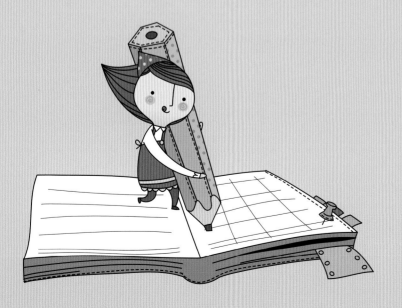

차례

⭐ 읽을 책 정하기

◆ 친구들의 관심 분야 알아보기

- 자신의 관심 분야 말하기

> 나는 여행을 좋아해서 다양한 여행지를 알고 싶어.

> 나는 과학에 관심이 많아.

> 나는 수학의 역사나 더 유명한 수학자에 대해 더 알아보고 싶어.

> 나는 영화를 좋아해서 영화가 만들어지는 방법을 알고 싶어.

- 관심 분야가 비슷한 친구들을 찾아 이야기 나누기

- 관심 분야와 관련한 인물이나 사건을 다룬 책 찾아보기

> 관심 분야의 책을 찾아볼 때에는 여러 가지 방법을 함께 사용하는 것이 좋아요.

- 관심 분야와 관련 있는 책 목록 정리하기

◆ 관심 있는 분야와 관련해 읽을 책 정하기

- 누구와 읽을지 정하기

- 친구들에게 책 추천하기

- 읽을 책을 정할 때 고려할 점 생각하기

  - 자신의 관심 분야와 관련이 있는가?
  - 책 분량이 알맞은가?
  - 책 내용이 너무 어렵거나 쉽지 않은가?
  - 자신에게 도움이 되는가?

- 한 학기 동안 읽을 책을 정하고 그 까닭 이야기하기

☆ **책 훑어보기**

◈ **책에 대해 자신이 아는 내용 쓰기**

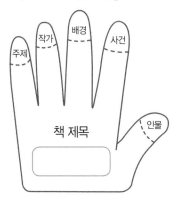

❶ 종이에 자신의 손바닥을 대고 손을 따라 그린다.

❷ 각 손가락 끝에 〈보기〉와 같이 '주제', '작가', '배경', '사건', '인물'이라고 쓴다.

❸ 각 손가락에 해당하는 내용을 쓴다. 해당하는 내용이 없으면 쓰지 않아도 된다.

◈ **책 차례를 보고 관심이 가는 부분 생각하기**

• 책 차례를 보고 내용을 예상해 본 뒤에 친구들과 핵심어 정하기
• 기대하는 부분(쪽)에 책갈피 꽂아 두기
• 가장 중요하다고 생각하는 부분(쪽)에 붙임쪽지로 표시하기

핵심어는 책의 특징이나 중요한
내용을 담은 낱말을 말해요.

핵심어	
기대하는 부분	
가장 중요하다고 생각하는 부분	

책에서 자주 나오는 낱말이 무엇인지 살펴봐요.

책 차례에서 평소에 관심이 가는 부분이 있는지 찾아봐요.

다음과 같은 점을 생각하며 앞에서 정한 책을 깊이 있게 읽기

비판하며 읽기

선입견, 과장, 왜곡이 있는지 생각하며 읽어요.

질문하며 읽기

궁금한 점이 있으면 스스로 질문하고 답하며 읽어요.

책을 읽을 때 생각할 점

상상하며 읽기

자신이 그런 상황이라면 어떻게 했을지 상상하며 읽어요.

경험이나 지식을 떠올리며 읽기

책을 읽는 동안에 책 내용과 관련 있는 자신의 경험이나 지식을 떠올리며 읽어요.

사실을 확인하며 읽기

책에 나오는 내용이 사실인지 생각하며 읽어요.

책을 읽으면서 '질문하며 읽기'나 '비판하며 읽기'가 어려울 때 참고 1 이나 참고 2 살펴보기

참고 1 질문하여 읽기가 어려울 때 참고하기

질문하며 읽는다는 것이 무슨 뜻일까?

책을 읽으면서 더 알고 싶은 것을 질문으로 만들고 스스로 답을 찾으며 읽는 것이 아닐까?

예를 들어 위인전을 읽을 때 그 당시 시대 상황에 대해 궁금한 점을 질문으로 만들 수 있을 것 같아.

문학 작품을 읽을 때 글에서 인물의 속마음이 드러나지 않으면 속마음을 알아보는 질문을 할 수 있어.

참고 2 비판하여 읽기가 어려울 때 참고하기

책을 비판하며 읽으려면 어떻게 해야 할까?

선입견, 과장, 왜곡이 있는지 생각하며 읽어야 해.

- 콜럼버스는 아메리카 대륙을 우연히 발견했는데 위대하다고 할 수 있을까?
- 이미 사람이 살고 있던 대륙을 콜럼버스가 '발견'했다고 할 수 있을까?
- 아메리카 원주민들이 큰 혜택을 누리게 되었다는 것이 사실일까?
- 신대륙 발견이 세계 역사를 바꾸었다는 것은 과장된 표현인 것 같아.
- 콜럼버스가 태어난 해와 죽은 해는 정확할까?

책 내용이 사실인지 질문할 수도 있고 책
내용을 비판하는 질문을 할 수도 있어요.

책 내용을 간추리고 생각 나누기

☆ 책 내용 간추리기

🌀 책을 읽고 난 뒤 내용 정리하기

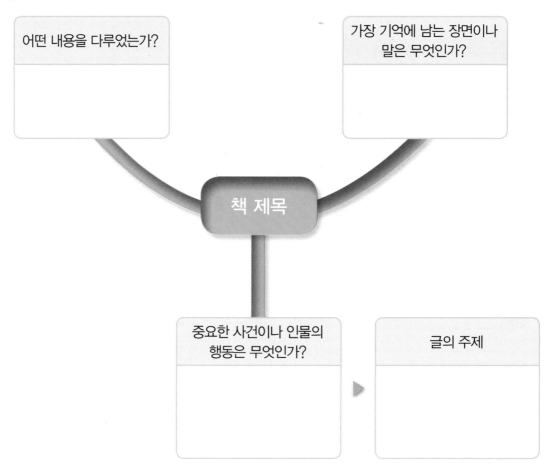

| 어떤 내용을 다루었는가? | 가장 기억에 남는 장면이나 말은 무엇인가? |

책 제목

| 중요한 사건이나 인물의 행동은 무엇인가? | 글의 주제 |

🌀 책을 읽고 배운 점 정리하기

인상 깊은 인물의 행동이나 사건	
인상 깊은 까닭	
배운 점	
글의 주제와 관련한 질문 만들기	

☆ 생각 나누기

🔄 독서 토론 하기

• 친구들과 함께 토론하고 싶은 주제 생각하기

글쓴이의 의견과 비교해 생각하기

배경 생각하기

핵심어

다른 책의 내용과 연결 짓기

사실과 의견 구분하기

생각한 내용 가운데에서 토론 주제를 선택해 봐요.

친구와 자신이 읽은 책이 다르더라도 함께 이야기 나눌 수 있는 주제를 찾아봐요.

• 토론 주제를 선택할 때 주의할 점 말하기

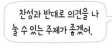

찬성과 반대로 의견을 나눌 수 있는 주제가 좋겠어.

책 내용을 깊이 이해하는 데 도움이 되는 주제여야 해.

• 토론 주제 정하기

• 토론 주제에 대한 자신의 의견 쓰기

• 독서 토론 하기

주장 펼치기 ▷ 반론하기 ▷ 주장 다지기

책 내용을 간추리고 생각 나누기

다음 활동 가운데에서 하나를 선택하기

선택 1 책 속 인물에게 편지 쓰기

🔆 자신이 읽은 책 속 인물에게 편지 쓰기

편지를 써 주고 싶은 인물	
편지를 쓰고 싶은 까닭	

자신이라면 어떻게 했을지 생각하며 인물에게 할 말을 떠올려 봐요.

책을 읽으며 인물에게 궁금했던 점을 떠올려 봐요.

책 내용을 바탕으로 하여 모둠 독서 신문 만들기

모둠 독서 신문	20○○년 ○○월 호

책 속 인물을 만나다
- 유관순과의 대화 -

기자: 유관순 열사님, 안녕하세요? 열사님께 묻고 싶은 것이 많습니다.

유관순: 하하, 무엇이든 물어보세요.

기자: 가장 앞장서서 만세 운동을 할 때 어떤 생각을 하셨나요?

유관순: 우리나라가 독립해서 백성들이 행복한 삶을 얼른 누렸으면 좋겠다는 생각뿐이었습니다.

기자: 여러 선생님과 친구가 잡혀간 뒤에도 독립 만세를 계속 부르려고 결심하신 계기가 있나요?

유관순: 누군가는 계속해야 하는 일이었기 때문입니다.

기자: 감옥에서 눈을 감기 전에 마지막으로 어떤 생각을 하셨나요?

유관순: 우리나라가 꼭 독립을 해야 한다고 생각했습니다.

이런 책 어때요

『세상을 바꾼 발명의 역사』

우리가 생활하면서 당연하게 쓰고 있는 것이 누군가의 노력으로 만들어졌음을 알게 되었습니다. 여러 물건에 숨어 있는 발명 이야기를 알고 나니 그 물건들이 다르게 보였습니다.

『내가 좋아하는 뮤지컬』

뮤지컬에 관심이 많았는데 이 책을 읽고 유명한 뮤지컬을 많이 알게 되었습니다. 책에서 소개한 뮤지컬 노래들을 누리집에서 찾아 들어보고 싶습니다.

우리 모둠 추천 도서

『마리 퀴리 이야기』

마리 퀴리는 여러 가지 어려운 상황에도 포기하지 않고 열심히 연구해 노벨상을 두 번이나 받았습니다. 어려운 상황에도 포기하지 않고 노력하는 모습을 배울 수 있어 우리 반 친구들에게 추천합니다.

책 광고, 인물에게 쓴 편지, 서평 같은 것을 신문 내용으로 넣을 수 있어요.

좋은 책을 소개하면 다른 친구들에게 도움을 줄 수 있어요.

연극의 특성 살펴보기

1 인물의 모습이나 상황을 상상하며 표현해 봅시다.

(1) '상상하며 걷기'를 해 보고 어떤 생각이나 느낌이 들었는지 이야기해 보세요.

> **활동 방법**
> ❶ 자유롭게 걸을 수 있는 곳으로 간다.
> ❷ 속도, 방향, 보폭 따위를 다르게 하며 자유롭게 걷는다.
> ❸ 선생님께서 말씀하시는 상황을 듣고 어울리는 걸음걸이를 상상한다.
> ❹ 선생님께서 '시작' 신호를 주시면 상상한 걸음걸이를 표현한다.

만약 자신이라면 어떻게 행동할지 상상해 봐요.

선생님 대신 친구들이 돌아가며 상황을 제시할 수도 있어요.

(2) 흥미로운 직업을 떠올리며 '상황 알아맞히기'를 해 보세요.

> **활동 방법**
> ❶ 각자 표현하고 싶은 직업과 그 일을 하는 상황을 생각한다.
> ❷ 붙임 1의 빈칸에 자신이 생각한 직업과 그 일을 하는 상황을 쓴다.
> ❸ 붙임 1의 문장을 한 개씩 뜯어 책상 위에 뒤집어 놓는다.
> ❹ 한 사람씩 문장을 골라 표정, 몸짓, 소리 따위로 표현한다.
> ❺ 친구가 표현하는 모습을 보고 직업과 상황을 알아맞힌다.

친구가 표현하는 모습을 주의 깊게 관찰하되, 다른 친구를 방해하지 않아야 해요.

(3) 인물의 모습이나 행동을 떠올리며 '카드 골라 표현하기'를 해 보세요.

> **활동 방법**
> ❶ 인물 카드, 감정 카드, 행동 카드를 잘라서 모아 둔다.
> ❷ 모둠에서 카드를 고를 사람 사람을 정한다.
> ❸ 카드를 고르는 사람은 인물 카드, 감정 카드, 행동 카드를 각각 한 장씩 뽑는다.
> ❹ 카드 세 장을 모아 다른 친구들에게 카드 내용을 말한다.
> ❺ 나머지 친구들은 카드 내용대로 표현한다.

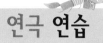

감정이나 생각을 몸짓으로 표현하기

1 다양한 감정을 느꼈던 때를 친구들과 함께 이야기해 봅시다.

(1) 어제 있었던 일을 떠올려 보고 자신의 감정을 말해 보세요.

(2) 종이를 이용해 그때의 감정을 표현해 보세요.

2 자신의 감정을 잘 드러낼 수 있는 색을 고르고 문장을 만들어 봅시다.

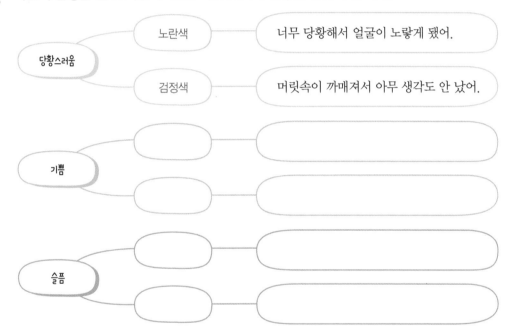

당황스러움 — 노란색 — 너무 당황해서 얼굴이 노랗게 됐어.

당황스러움 — 검정색 — 머릿속이 까매져서 아무 생각도 안 났어.

기쁨

슬픔

3 주변의 물건을 이용해 감정을 표현해 봅시다.

(1) 그림을 보고 느낄 수 있는 감정을 떠올려 보세요.

(2) 주변의 물건을 이용해 드러내고 싶은 감정을 표현해 보세요.

난 꽃을 들고 좋아하는 사람을 기다리고 있어.

맛있는 김밥을 만들어 볼까? 신난다.

난 공기통을 메고 있어. 바닷속은 참 신기해.

친구가 표현한 감정이 무엇인지 짐작해 봐요. 자신이라면 그 감정을 어떻게 표현했을지 생각해 봐요.

 감정이나 생각을 몸짓으로 표현하기

4 그림 ㉮와 ㉯의 상황을 말과 몸짓으로 표현해 봅시다.

(1) 그림 ㉮와 그림 ㉯의 인물들이 느낀 감정은 무엇인가요?

(2) 그림 ㉮와 그림 ㉯에서 인물의 감정이 잘 드러나려면 어떤 말과 몸짓을 해야 할까요?

5 친구들을 격려하거나 위로하는 행동이나 말에는 어떤 것이 있는지 이야기해 봅시다.

자신이 되고 싶은 인물을 떠올리며 즉흥 표현 하기

1 막대기를 활용해 즉흥 표현을 해 봅시다.

⑴ 신문지나 종이를 활용해 막대기를 만들어 보세요.

⑵ 막대기를 활용해 표현할 수 있는 장면이나 상황은 무엇인가요?

⑶ 떠올린 장면이나 상황을 친구들 앞에서 표현하고, 무엇을 표현했는지 이야기해 보세요.

> 즉흥 표현이란 생각이나 느낌을 자유롭게 생각나는
> 대로 말이나 행동, 표정으로 나타내는 활동을 말해요.

2 자신이 되고 싶은 인물을 떠올리며 즉흥 표현을 해 봅시다.

⑴ 자신이 되고 싶은 인물은 누구인가요?

⑵ 자신이 되고 싶은 인물의 가면을 만들어 보세요.

⑶ 가면을 쓰고 자기소개를 해 보세요.

⑷ 친구들의 자기소개를 듣고 궁금한 점을 질문해 보세요.

3 학교에서 겪은 일을 표현해 봅시다.

⑴ 학교에서 친구들과 함께 겪은 일 가운데에서 기억에 남은 장면은 무엇인가요?

⑵ 기억에 남은 장면에서 친구들은 어떻게 행동했는지 정지 동작으로 표현해 보세요.

⑶ 다른 친구들이 표현한 장면은 무엇무엇인가요?

⑷ 정지 동작으로 표현한 장면을 말과 몸짓으로 표현해 보세요.

4 친구들이 표현한 기억에 남은 장면에서 친구들은 어떤 마음이었을지 이야기해 봅시다.

> 친구들의 표정이나 말투를 보고
> 어떤 감정이었을지 생각해 봐요.

> 자신이 이해하지 못한 점
> 이 있었는지 이야기해 봐요.

이야기의 장면을 표현하며 재미 느끼기

1 이야기에서 인상 깊은 장면을 정해 봅시다.

(1) 어떤 이야기가 기억에 남나요?

(2) 기억에 남는 이야기 가운데에서 하나를 골라 인상 깊은 장면을 말해 보세요.

(3) 연극으로 표현하고 싶은 장면을 그려 보세요.

> 이야기 전체보다 사건 하나만 표현하는 편이 좋아요.

> 「흥부 놀부」에서 제비 다리를 고쳐 주는 장면처럼 짧으면서도 사건이 있는 부분을 골라요.

2 이야기의 장면을 연극으로 표현하는 방법을 알아봅시다.

(1) 등장인물의 감정은 어떠한가요?

(2) 인물의 감정을 잘 나타내려면 어떤 표정과 몸짓을 해야 할까요?

(3) 인물의 감정을 잘 나타내려면 어떻게 말해야 할까요?

목소리의 크기나 높낮이 형님이나 아우를 부를 때는 큰소리로 말한다.	목소리의 느낌 감격한 목소리
그렇게 생각한 까닭	

> 짝과 함께 말하기 연습을 해 봐요. 그 과정에서 인물에게 알맞은 목소리의 크기나 높낮이를 찾아봐요.

3 이야기 속 장면을 연습하고 표현해 봅시다.

(1) 이야기 속 장면을 잘 나타낼 수 있는 소품은 무엇인가요?

소품	활용 방법

소품은 연극이나 영화 따위에서 무대 장치나 분장에 쓰는 작은 도구류를 말해요.

(2) 이야기에 등장하는 인물에게 알맞은 말과 행동을 어떻게 표현해야 할까요?

인물이 말을 할 때 어떤 감정인지 이해해야 표정과 몸짓을 실감 나게 할 수 있어요.

실제로 말하듯이 자연스러운 말하기가 중요해요.

(3) 이야기의 장면을 상상하며 실감 나게 연습해 보세요.

(4) 친구들 앞에서 이야기의 장면을 실감 나게 표현해 보세요.

(5) 가장 기억에 남는 대사와 인상 깊은 장면은 무엇인가요?

(6) 연극 연습과 연극 발표를 하고 난 뒤, 어느 친구를 칭찬하고 싶은가요?

4 인상적인 장면을 연극으로 표현하면서 느낀 점을 친구들과 이야기해 봅시다.

1. 마음을 나누며 대화해요

◈ 공감하며 대화해야 하는 까닭

상대의 처지를 이해할 수 있기 때문입니다.

처지를 바꾸어 생각하면 상대의 마음을 알 수 있기 때문입니다.

상대에게 공감하며 말하면 기분 좋은 대화를 할 수 있기 때문입니다.

대화를 즐겁게 이어 갈 수 있기 때문입니다.

◈ 공감하며 대화하는 방법

방법	활동
경청하기	• 말하는 사람에게 주의를 기울여 집중해서 듣기 • 말이나 행동으로 맞장구치기 • 상대의 말 반복해 주기
처지를 바꾸어 생각하기	• 말하는 사람의 처지가 되어 생각하기 • 자신과 상대의 처지가 어떻게 다른지 생각하기
공감하며 말하기	• 상대의 기분을 고려해 말하기 • 자신의 잘못은 없는지 생각하며 말하기
생각을 정확히 전달하기	• 전하고 싶은 생각을 정확히 말하기 • 예의 바르게 또박또박 말하기

◈ 누리 소통망에서 예절을 지켜 대화하는 방법

말하고 싶은 내용을 정확하게 전달합니다.

이상한 말이나 줄임 말을 쓰지 않습니다.

상대가 대화하고 싶은지 확인하고 말을 걸어야 합니다.

혼자서 너무 많이 말하지 않도록 합니다.

2. 지식이나 경험을 활용해요

🔘 지식이나 경험을 활용해 글을 읽는 방법

글과 관련 있는 내용을 조사합니다.

책을 고를 때 책 내용과 관련한 지식이나 경험을 떠올리며 읽을 수 있을지 생각합니다.

글을 읽다가 잘 모르는 내용이 나오면 먼저 관련 있는 지식을 공부합니다.

글을 골라 읽을 때에는 관련 있는 지식이나 경험이 많은 것으로 고릅니다.

🔘 지식이나 경험을 활용해 글을 읽는 방법

책을 읽을 때 궁금한 점은 다른 책이나 자료를 찾아 가며 읽습니다.

자신이 아는 내용과 책 내용을 비교하며 읽습니다.

글을 읽기 전에 여러 가지 질문을 떠올려 본 뒤 떠올렸던 질문을 생각하며 글을 읽습니다.

🔘 지식이나 경험을 활용해 함께 글을 고치면 좋은 점

배운 지식을 활용하면 글 내용을 더 정확하고 자세하게 나타낼 수 있어서 좋습니다.

서로의 경험을 활용해서 글 내용을 생생하게 고칠 수 있어서 좋습니다.

글쓴이가 잘못 이해하고 쓴 내용도 다른 친구들이 바르게 고쳐 줄 수 있습니다.

◎ 의견을 조정해야 하는 까닭

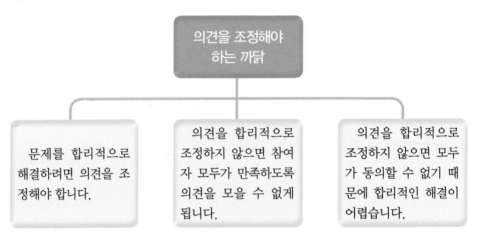

> 의견을 조정해야
> 하는 까닭

| 문제를 합리적으로 해결하려면 의견을 조정해야 합니다. | 의견을 합리적으로 조정하지 않으면 참여자 모두가 만족하도록 의견을 모을 수 없게 됩니다. | 의견을 합리적으로 조정하지 않으면 모두가 동의할 수 없기 때문에 합리적인 해결이 어렵습니다. |

◎ 의견을 조정하는 방법

문제 파악하기　▶　의견 실천에 필요한 조건 따지기

반응 살펴보기　◀　결과 예측하기

◎ 토의 주제를 정할 때 생각해야 할 점

| 우리 모두와 관련이 있는 문제인가요? | 해결 방법을 찾을 수 있는 문제인가요? | 우리가 변화를 이끌어 낼 수 있는 문제인가요? |

4. 겪은 일을 써요

겪은 일이 드러난 글을 쓰는 과정

계획하기	내용 생성하기	내용 조직하기
글 쓸 준비를 하는 단계	쓸 내용을 떠올리는 단계	쓸 내용을 나누는 단계

표현하기	고쳐쓰기
직접 글을 쓰는 단계	글을 고치는 단계

글을 조직하는 방법

처음-가운데-끝으로 나누어 일어난 일을 정리하거나 생각 또는 느낌의 변화를 쓸 수 있습니다.
시간의 순서, 장소의 변화에 따라 글을 쓸 수 있습니다.
일이 일어난 원인과 결과를 중심으로 글을 쓸 수 있습니다.

글머리를 시작하는 여러 가지 방법

방법	예
날씨 표현으로 시작하기	하늘에서 물을 바가지로 퍼붓는 듯 비가 내리는 날이었다.
대화 글로 시작하기	"괜찮아." 드디어 유나가 입을 열었다.
인물 설명으로 시작하기	키가 작고 눈이 동그란 그 친구는 항상 웃는 아이였다.
속담이나 격언으로 시작하기	"가는 날이 장날"이라더니 해변은 축제 때문에 사람들로 가득했다.
의성어나 의태어로 시작하기	꼼지락꼼지락, 희조는 이불 속에서 나올 생각을 안 한다.
상황 설명으로 시작하기	10월의 어느 날, 드디어 반 대항 축구 대회가 열리는 날이었다.

5. 여러 가지 매체 자료

여러 가지 매체 자료를 읽는 방법

인쇄 매체 자료	• 잡지, 신문 • 글과 그림과 사진으로 나타낸 시각 정보를 잘 살펴보는 것이 좋습니다.
영상 매체 자료	• 영화, 드라마 • 화면 구성을 잘 살피고 소리에 담긴 정보도 탐색해야 합니다.
인터넷 매체 자료	• 누리 소통망[SNS], 휴대 전화 문자 메시지 • 글과 그림과 사진이 주는 시각 정보를 잘 살펴볼 뿐만 아니라 화면 구성과 소리에 담긴 정보도 탐색해야 합니다.

인터넷 매체 자료를 바르게 이용하는 방법

적절한 정보를 어디에서 어떻게 찾을지를 정확히 아는 자세가 필요합니다.

정보를 분별하는 능력이 있어야 합니다.

다른 사람에게 예의를 갖추는 것이 반드시 필요합니다.

대화할 때 지켜야 하는 예절

다른 사람의 말이 끝나기 전에 끼어들면 안 됩니다.

이야깃거리와 관련 있는 내용을 말해야 합니다.

친구의 말을 무시하거나 친구의 말에 기분 나쁘게 대꾸하면 안 됩니다.

혼자 너무 길게 말하지 않아야 합니다.

6. 타당성을 생각하며 토론해요

토론이 필요한 경우

㉮ 학교 앞에 불법 주차를 한 차들이 많고 차들이 빨리 달린다는 문제

토론이 필요한 경우

㉮ 학교 운동장을 외부인에게 개방해서 쓰레기가 많아진 문제

면담 자료를 평가하는 기준

자료가 주장을 잘 뒷받침하는지 살펴보아야 합니다.
해당 분야 전문가를 면담한 것인지 따져 보아야 합니다.
조사 대상과 범위가 적절한지 따져 보아야 합니다.

토론 절차와 방법 알기

주장 펼치기 ▶ 반론하기 ▶ 주장 다지기

토론 절차	토론 방법
주장 펼치기	• 근거를 들어 주장을 펼칩니다. • 근거와 관련해 구체적인 자료를 제시합니다.
반론하기	• 상대편 토론자의 주장을 요약합니다. • 상대편의 주장이 타당하지 않다는 것을 밝히기 위한 질문을 합니다. • 주장에 대한 근거나 그에 대한 자료가 적절하지 않다는 것을 밝힙니다.
주장 다지기	• 자기편의 주장을 요약합니다. • 상대편에서 제기한 반론이 타당하지 않음을 지적합니다. • 자기편 주장의 장점을 정리합니다.

7. 중요한 내용을 요약해요

낱말의 뜻을 짐작하며 글을 읽어야 하는 까닭

낱말의 뜻을 제대로 이해하지 못하면 글을 제대로 이해할 수 없기 때문입니다.

글을 읽으면서 모르는 낱말이 나올 때마다 사전을 찾아볼 수 없기 때문입니다.

낱말의 뜻을 짐작하며 글을 읽는 방법

뜻을 잘 모르는 낱말의 앞뒤 상황을 살펴봅니다.

해당 낱말의 뜻과 비슷하거나 반대인 낱말을 대신 넣어봅니다.

낱말을 사용한 예를 떠올려 봅니다.

글을 요약하는 까닭

글을 요약하는 까닭	글의 중요한 내용을 한눈에 파악할 수 있어 글의 핵심 내용을 잘 이해할 수 있습니다.

요약하기 평가 기준

글을 짧게 간추렸나요?

사소한 내용은 삭제하고 중요한 내용만 간추렸나요?

글에서 중요한 내용을 이해할 수 있게 간추렸나요?

🖐 우리말을 바르게 사용해야 하는 까닭

뜻이 통하지 않을 수 있습니다.
아름다운 우리말이 사라질 수 있습니다.
말에 담긴 우리의 정신도 훼손될 수 있습니다.

🖐 주제에 따른 조사 방법의 장단점

조사 방법	장점	단점
관찰	현장에서 조사 대상을 직접 파악할 수 있다.	시간이 많이 걸린다.
설문지	여러 사람을 한꺼번에 조사할 수 있다.	응답 내용 외에는 자세한 내용을 알기 어렵다.
면담	자세한 정보를 수집할 수 있다.	시간이 오래 걸리고 원하는 인물과 면담을 하지 못할 수도 있다.
책이나 글	정확하고 다양한 정보를 얻을 수 있다.	내가 찾고 싶은 정보를 쉽게 찾지 못할 수도 있다.

🖐 발표할 때 주의할 점

목소리	• 처음 시작하는 말에서 주제를 제시하거나 중요한 내용을 말할 때 목소리를 크게 합니다. • 주의 집중이 필요한 부분에서 목소리를 조금 작게 합니다.
표정과 몸짓	• 자료가 새롭게 제시되는 부분에서 눈을 크게 뜨고 손으로 제목을 가리키는 방법이 있습니다. • 설명하는 부분에서는 듣는 사람과 눈을 맞추며 몸을 조금 앞으로 숙입니다.
발표의 흐름	• 자료를 보여주는 화면과 설명하는 말이 어긋나지 않도록 해야 합니다. • 듣는 사람이 기다리는 시간이 없도록 모둠원들이 발표를 도와야 합니다.
자료	• 자료를 큰 화면으로 보여 주고 한참 볼 수 있도록 화면을 켜 둡니다. • 사진이나 실물은 여러 개 준비해서 모둠원 여러 명이 보여 주며 다니면 좋습니다.

MEMO